中国税收教育研究会委托中央财经大学税收教育研究所组织编写

中国税务教育发展报告

(2019—2020 年)

马海涛 主编

中国财经出版传媒集团
中国财政经济出版社

图书在版编目（CIP）数据

中国税务教育发展报告.2019—2020年／马海涛主编．－－北京：中国财政经济出版社，2021.10
ISBN 978－7－5223－0816－6

Ⅰ.①中… Ⅱ.①马… Ⅲ.①税收管理－教育－研究报告－中国－2019－2020 Ⅳ.①F812.423－4

中国版本图书馆CIP数据核字（2021）第198621号

责任编辑：翁晓红　　　　　　责任校对：张　凡
封面设计：孙俪铭

中国税务教育发展报告
ZHONGGUO SHUIWU JIAOYU FAZHAN BAOGAO

中国财政经济出版社 出版

URL：http://www.cfeph.cn
E－mail：cfeph@cfeph.cn

（版权所有　翻印必究）

社址：北京市海淀区阜成路甲28号　邮政编码：100142
营销中心电话：010－88191522
天猫网店：中国财政经济出版社旗舰店
网址：https://zgczjjcbs.tmall.com
北京财经印刷厂印刷　各地新华书店经销
成品尺寸：170mm×240mm　16开　17印张　270 000字
2021年10月第1版　2021年10月北京第1次印刷
定价：46.00元
ISBN 978－7－5223－0816－6
（图书出现印装问题，本社负责调换，电话：010－88190548）
本社质量投诉电话：010－88190744
打击盗版举报热线：010－88191661　QQ：2242791300

《中国税务教育发展报告（2019—2020年）》
编辑委员会

顾　问：郝昭成　李俊生

主　任：马海涛

委　员（按姓氏笔画排列）：

　　　　于海峰　计金标　白彦锋　吕　炜　朱承斌
　　　　刘　怡　刘　蓉　刘小兵　汤贡亮　李　锋
　　　　李永友　李林军　李春根　杨志清　张　斌
　　　　张克中　岳树民　贾绍华　赵惠敏　高永清
　　　　程永昌　童锦治　樊　勇　樊丽明

主　编：马海涛

副主编：樊　勇　何　杨

主　笔（按姓氏笔画排列）：

　　　　丁　芸　王鸿貌　田建利　李为人　杨　杨
　　　　余　英　郝琳琳　崔志坤

序

　　税收事业是中国共产党百年奋斗历程的重要组成部分，税务教育事业是推动税收事业发展的重要基础。现在呈献给读者的《中国税务教育发展报告（2019—2020年）》，是"中国税务教育发展系列报告"中的第五部。中国税收教育研究会委托中央财经大学税收教育研究所组织编写"中国税务教育发展系列报告"，旨在认真梳理新中国成立以来中国税务教育的发展历程，探寻税务教育规律，总结税务教育经验，在为广大税务教育工作者和纳税人、税务执法人员了解中国税务教育的发展状况提供帮助，为从事税务理论研究和实务教育的同仁提供素材，为我国税务教育事业的长期发展积累相关资料的同时，记录历史、明辨事理、遵教崇德、砥砺前行，为中国税务教育事业添砖加瓦，始得玉成。基于这一理念，中国税收教育研究会自2013年出版第一部《中国税务教育发展报告（1949—2012年）》以来，于2015年、2017年、2019年分别出版了《中国税务教育发展报告（2013—2014年）》《中国税务教育发展报告（2015—2016年）》《中国税务教育发展报告（2017—2018年）》，均受到社会各界的肯定，已成为全国省级以上图书馆和高等院校的馆藏图书。诚然，编撰系列发展报告也是中国税收教育研究会为广大税务教育工作者提供的一个税务教育教学经验交流平台，其目的亦在于通过搭建这个平台，可以更好地发挥中国税务教育思想库的作用。

编撰《中国税务教育发展报告（2019—2020年）》（即系列发展报告的第五部）的过程中，遭遇突如其来的新冠肺炎疫情大考，给税务教育的发展带来了较大的冲击，也给发展报告的编撰工作带来了一定影响。在以习近平总书记为核心的党中央的坚强领导下，广大税务教育工作者不忘初心、牢记使命、知难而进，在继续探索和发掘传统的课堂教学和利用电视、报纸、杂志等进行税法宣传教育的同时，充分利用现代数字技术，通过开发远程网络教育、多媒体教育、税收宣传公众号等形式，向特定的培训对象提供税务教育的内容，化危机为契机，促使全社会大力发展教育信息化，加强线上教育与线下教育协同共进，为中国税务教育事业进行深层次、系统性的改革开了一个好头，为"十四五"时期税务教育改革与发展奠定了良好的基础，为我国未来税务教育的发展提供了一些具有前瞻性的思路。可以说，在2020年抗击新冠肺炎的中国行动中，广大税务教育工作者逆行出征，及时把国家各项减税降费政策落实落细，也将抗击疫情演变成了一场税务教育的宣传战，使人们更加深刻地认识到了税收在国家治理当中的基础性、支柱性、保障性作用，为成功抗疫和全面复工复产交出了一份人民满意的答卷。2020年中国税务教育工作者特殊的抗疫故事也在中国税务教育事业上留下了浓墨重彩的一笔，以特殊的方式向建党百年华诞献礼。

《中国税务教育发展报告（2019—2020年）》在编写体例上，继续保持并加强了研究特色。其中，总报告以"新技术视角下的中国税务教育发展展望"为题，从新技术赋能税务教育，使税务教育环境发生变化，为税务教育带来的机遇与挑战的角度，探索多样化的税务教育改革，同时秉承"税务教育最终的目的是人的教育，培养高素质复合型的人才才是归宿"的理念，为后续的分报告及专题研究报告提纲挈领。分报告一"中国税务学历教育——税务专业学位研究生教育专题研究报告",不同以往全面地分析税务学历教育的各个层次,而是从税务学历教育中一个层次"税务专业学位研究生"教育着手,对税务专业硕士发展的现状以及存在的一些问题进行深度剖析,也为之后几年内对税务学历教育的各个层次都有系统又深入的探究和分析起到良好的开端。分报告二"中国税务公务员教育发展报告",对2019—2020年税务公务员教育培训的基本情况及面临的问题进行了全面的梳理,指出当今世界面临百年未有之大变局,面对国内经济社会发展中的新问题新挑战,面对税收工作正在发生的深刻变革以及疫情防控及减税降费政策形势愈发重要等问题,新时代税务公务员教育地位更加重要、责任更加重大、任务更加紧迫。分报告三"中国税务服务执业教育发展报告"从税务服务业的发展历程出发,对税务服务的机构及服务内容、税务中介组织机构从业人员及税务中介组织机构从业人员的执业教育等方面进行概述,针对目前我国税务服务执业教育存在的问题,提出了新形势下我国税务执业教育的发展思路及措施应对。分报告四"纳税人社会宣传与教育发展报告"分析了我国纳税人的教育现状及存在的主要问题,提出了完善中国纳税人社会宣传教育的政策建议。

同以往的发展报告一样,本报告继续设置了若干专题性质的分报告,并对往期发展报告中的专题研究报告尚未涉及的领域进行补充。其中,专题研究报告一"中国税务教育的数字化转型:趋向及思考"指出当前我国正处于产业升级的关键时期,数字化转型在产业升级中发挥着不可替代的作用,传统的税务教育也正经历数字化转型。从这一角度出发,对如何继续发挥税务教育的传统优势并在数字化转型中实时变革和调整,实现技能型人才向综合性人才的转换成为当前税务教育亟须解决的问题进行剖析,并提出对策建议。专题研究报告二"中国税务教育70年:历程、成就与展望"则回顾了自1949年新中国成立之时历经的初创、发展、转型、完善四个不同阶段的税务教育,积极探索与总结以往税务教育的经验与教训,阐发了"疫后图新——新时代中国税务教育的反思与展望",这对于促进我国税务教育事业的发展具有非常重要的意义。专题研究报告三"企业税务会计人员职业发展分析"则从如今企业对税务会计人员需求的视角出发,对税务会计人员未来机遇、职业转型与发展进行了较为详尽的分析。同时,作为忠实记载 2019—2020 年我国税务教育工作中的重要文献、重要活动、重要成果等的"中国税务教育大事记",则与《中国税务教育发展报告(2019—2020 年)》合二为一,列为附录。

总之,作为一部专门记述和研究我国税务教育发展历程的专业性质的、非官方的发展报告,本系列报告已经出版四部,这是第五部,前后花费了 11 年的时间进行研究和编撰。研究和编撰这个系列发展报告的初衷就是通过记录、梳理和研究我国税务教育的发展历程,为历史留下真实且有价值的资料,为现实提供不断发展与完善的参考。这里"非官方"的含义是指此系列报告完全是出于研究与编撰人员作为共和国税务教育的亲历者、实践者和探索者的责任感,自愿组合、自筹资金组织筹划和安排的,是非营利性质的。

作为《中国税务教育发展报告(2019—2020 年)》的主编,我在撰写序言的过程中感慨万千,感激之情难以言表。尽管如此,我还是想借此机会向所有参加此系列发展报告研究、讨论、编撰的专家、学者和相关部门的领导表示衷心的感谢!感谢他们无私、睿智、专业的奉献。特别要感谢的是此系列发展报告前四部的主编李俊生教授。俊生教授是我的师长和老领导,实际上也是此系列发展报告项目的发起人、组织者。11 年的实践证明,由中国税收教育研究会牵头组织研究和编撰的此系列发展报告,具有突出的公益性质和较高的学术价值。我还要感谢的是为本报告付出辛劳的汤贡亮、贾绍华、崔志坤、李为人、彭骥鸣、田建利、丁芸、郝琳琳、王鸿貌、余英、杨杨等专家和教授,他们各自都有繁重的教学、科研等学术工作任务,但是大家基于税务教育工作者的责任感和使命感,积极承担了总报告、分报告、专题研究报告和大事记的研究与撰写工作,或者承担了组织、协调、筹资及统稿工作。如果没有他们的辛勤工作、潜心研究,就没有系列发展报告今天的成果。最后,还要特别感谢此系列发展报告编委会的顾问郝昭成先生,感谢编委会的全体成员,感谢所有对此系列发展报告在研究、撰写、编辑和出版方面给予无私帮助的专家学者和有关部门、机构的领导!

2021年是建党百年,习近平总书记在天安门城楼向全世界庄严宣告,我国全面建成了小康社会。2021年3月,中共中央办公厅、国务院办公厅印发了《关于进一步深化税收征管改革的意见》,要求大力开展税费法律法规的普及宣传,持续深化青少年税收法治教育,发挥税法宣传教育的预防和引导作用,在全社会营造诚信纳税的浓厚氛围。站在"两个百年"的历史交汇点上,希望社会各界,特别是从事税务教育和税收宣传的专家学者、从事税收征管的税务人员和税务中介服务人员对此报告继续予以关注、建言献策,为不断推进我国税务教育事业的繁荣发展,推动我国教育事业的繁荣发展而不懈努力!

是为序。

马海涛

2021年9月

目 录

总报告

总报告：新技术视角下的中国税务教育发展展望 …………（ 3 ）
  一、新技术应用与发展越来越得到重视 ……………………（ 3 ）
  二、新技术视角下中国税务教育的机遇 ……………………（ 5 ）
  三、新技术赋能税务教育的实践探索 ………………………（ 11 ）
  四、新技术与税务教育结合应注意的问题 …………………（ 17 ）
  五、新技术赋能中国税务教育发展的展望 …………………（ 19 ）

分报告

分报告一：中国税务学历教育——税务专业学位研究生教育专题研究报告 ……………………………………（ 29 ）
  一、引言 ………………………………………………………（ 29 ）
  二、税务专业学位教育的背景和环境 ………………………（ 31 ）
  三、税务专业学位研究生教育现状 …………………………（ 33 ）
  四、税务专业学位教育取得的经验与成绩 …………………（ 55 ）

五、税务专业学位教育发展存在的主要问题 ……………………（59）
　　六、促进税务专业学位教育进一步发展的对策建议 ……………（62）

分报告二：中国税务公务员教育发展报告 ………………………（65）
　　一、2019 年税务公务员教育的发展 ……………………………（66）
　　二、2020 年税务公务员教育的发展 ……………………………（74）

分报告三：中国税务服务执业教育发展报告 ……………………（86）
　　一、中国税务服务执业教育概述 …………………………………（87）
　　二、中国税务服务执业教育的创新发展及成效 …………………（104）
　　三、中国税务中介机构执业教育存在的问题及挑战 ……………（134）
　　四、新形势下我国税务服务执业教育的发展思路及措施 ………（137）

分报告四：纳税人社会宣传与教育发展报告 ……………………（141）
　　一、我国纳税人社会教育现状 ……………………………………（143）
　　二、纳税人社会宣传教育存在的主要问题 ………………………（163）
　　三、完善我国纳税人社会宣传教育对策 …………………………（165）

专题研究报告

专题研究报告一：中国税务教育的数字化转型：趋向及思考 …………………………………………………………（171）
　　一、税务教育数字化转型中人才培养目标的转换 ………………（171）
　　二、税务教育数字化转型中教育组织形式的创新 ………………（173）
　　三、税务教育数字化转型中教育工作者的角色转换 ……………（178）
　　四、税务教育数字化转型中受教育者的角色转换 ………………（181）

专题研究报告二：中国税务教育70年：历程、成就与展望 ……………………………………………（185）
  一、中国税务教育的发展历程 …………………………（185）
  二、中国税务教育的成就与经验 ………………………（189）
  三、中国税务教育的反思与展望 ………………………（193）

专题研究报告三：企业税务会计人员职业发展分析 …………（197）
  一、企业税务会计人员职业发展概况 …………………（197）
  二、企业税务会计人员供应变化分析 …………………（207）
  三、企业税务会计人员需求变化分析 …………………（211）
  四、典型企业税务会计需求调研分析 …………………（220）
  五、未来税务会计人员的机遇与挑战 …………………（225）
  六、未来税务会计人员的职业转型分析 ………………（227）
  七、未来税务会计人员职业转型与发展建议 …………（231）

附 录

中国税务教育大事记（2019—2020年） …………………………（235）
  2019年 ……………………………………………………（235）
  2020年 ……………………………………………………（243）

参考文献 ……………………………………………………………（252）

后　记 ………………………………………………………………（254）

总报告
GENERAL REPORT

总报告：

新技术视角下的中国税务教育发展展望[*]

教育技术与信息技术的发展以前所未有的速度改变对教育的认知，使得教育的基本态势和发展前景发生巨大变化，呈现出网络化、数字化、智能化和多媒体化、共享化的特点。以区块链、大数据、云计算、人工智能、5G等为代表的新一代技术深刻影响了经济社会的发展，促进各行各业的变革，对公众的生产和生活方式产生了革命性的变化，同样对税务教育也带来了新的挑战。创新税务教育方式，巩固税务教育成果，需要打造税务教育与新技术有机结合的机制与平台。中国共产党第十九届中央委员会第五次全体会议通过《中共中央关于制定国民经济和社会发展第十四个五年规划和二〇三五年远景目标的建议》，提出"发挥在线教育优势，完善终身学习体系"，这为新技术赋能税务教育提出了目标，税务教育发展将迎来新的契机。近年来，各级税务部门、各培养税务人才的高等院校、社会各界对如何运用新技术开展税务教育做了有益探索，取得了一定成效。放眼现在与未来，新技术正在引起税务教育环境的改变，需要进一步思考如何运用这些新技术更好地为税务教育服务，寻求新技术在税务教育中的作用点，创新新技术在税务教育中的策略，发挥新技术在税务人才培养、税务教育事业发展中的重要支撑作用。

一、新技术应用与发展越来越得到重视

新技术以人们意想不到的方式呈现在眼前，深刻改变着生产、工作及学

---

[*] 主笔：崔志坤，上海海关学院教授。

习方式。近年来国家高度重视新技术在应用层面的展开与推广。2017年12月8日中共中央政治局就"实施国家大数据战略加快建设数字中国"进行集体学习，提出大数据发展日新月异，我们应该审时度势、精心谋划、超前布局、力争主动，深入了解大数据发展现状和趋势及其对经济社会发展的影响，分析我国大数据发展取得的成绩和存在的问题，推动实施国家大数据战略，加快完善数字基础设施，推进数据资源整合和开放共享，保障数据安全，加快建设数字中国，更好地服务我国经济社会发展和人民生活改善。2018年10月31日中共中央政治局就"人工智能发展现状和趋势"进行集体学习，强调人工智能是新一轮科技革命和产业变革的重要驱动力量，加快发展新一代人工智能是事关我国能否抓住新一轮科技革命和产业变革机遇的战略问题。要深刻认识加快发展新一代人工智能的重大意义，加强领导，做好规划，明确任务，夯实基础，促进其同经济社会发展深度融合，推动我国新一代人工智能健康发展。2019年10月24日中共中央政治局就区块链技术发展现状和趋势进行第十八次集体学习。中共中央总书记习近平在主持学习时强调，区块链技术的集成应用在新的技术革新和产业变革中起着重要作用。我们要把区块链作为核心技术自主创新的重要突破口，明确主攻方向，加大投入力度，着力攻克一批关键核心技术，加快推动区块链技术和产业创新发展。积极推动区块链技术在教育、就业、养老、精准脱贫、医疗健康、商品防伪、食品安全、公益、社会救助等领域的应用。2020年10月16日中共中央政治局就量子科技研究和应用前景举行第二十四次集体学习。中共中央总书记习近平在主持学习时强调，当今世界正经历百年未有之大变局，科技创新是其中一个关键变量。我们要于危机中育先机、于变局中开新局，必须向科技创新要答案。要充分认识推动量子科技发展的重要性和紧迫性，加强量子科技发展战略谋划和系统布局，把握大趋势，下好先手棋。

世界正以人们始料未及的方式在运行与发展，互联网在出现的短短几十年后就深刻改变了社会运行方式与个人的生活方式，各种新技术层出不穷，在应用方面也越来越深入与广泛，以互联网为基础，区块链、大数据、云计算、人工智能、5G等新技术呈现在大众面前。近年来，国家先后发布《促进大数据发展行动纲要》（国发〔2015〕50号）、《国务院关于促进云计算创新发展培育信息产业新业态的意见》（国发〔2015〕5号）、《国务院关于印发新一代人工智能发展规划的通知》（国发〔2017〕35号）等重磅文件。教育部于2018年4月出台了《教育信息化2.0行动计划》《网络学习空间建设与应用指南》等文件，正式启动了新一轮的教育信息化建设工程，开启智能时代新征程。

2019年国家相继出台《加快推进教育现代化实施方案》《中国教育现代化2035》，提出着力构建基于信息技术的新型教育教学模式、教育服务供给方式以及教育治理新模式，提出创新教育服务业态，建立数字教育共建共享机制。2019年《政府工作报告》明确提出发展"互联网+教育"，促进优质教育资源共享。教育部及相关部门下发了《关于加强高等学校在线开放课程建设应用与管理的意见》《关于规范线上培训的实施意见》《关于促进在线教育健康发展的指导意见》，提出到2020年，在线教育的基础设施建设水平大幅提升，在线教育模式更加完善等。

云技术、物联网和基于云技术和物联网的大数据是教育变革的技术推动力量。不管承认与否，科技已经改变一切，其也必定改变教育，也必定改变税务教育。搭乘信息化建设之车，充分利用新技术开展税务教育应是题中之意。

二、新技术视角下中国税务教育的机遇

税收是国家财政收入的重要来源，对于国家职能的履行和实现具有重要的作用。税收政策是国家调控政策的重要组成部分，对于经济社会健康发展至关重要。税务教育是教育主体对教育对象开展的有关税收知识、能力、思维等方面的教育，税务意识的强化、税务精神的确立、税务形象的塑造，尤其是税务素质的提高，都必须以税务教育为基础。在新技术层出不穷的背景下，如何让新技术赋能税务教育，通过多种新技术手段和方式开展多层次税务教育对于提高公民的纳税意识、维护国家税收权益、促进国民经济和社会健康发展具有重要意义。

（一）多层次的税务教育为新技术赋能税务教育提供了广阔的空间和平台

税务教育通常指各教育主体根据培训对象的需求及自身发展对需要学习

掌握税收知识的群体进行的各种形式的教育。按照学历层次来看，税务教育主要有高职、本科、研究生层次的教育；按照受教育对象可划分为税务公务员教育、纳税人社会教育、公民税务普及教育等。按照其他的标准，还可分为税收学历教育与税收非学历教育、税收在职教育与税收社会教育等。随着中国税收事业发展的蒸蒸日上，税务教育事业也步入正轨，学历教育与非学历教育、在职教育与社会教育等各种形式的教育培养了大量的税收人才，进而进一步推动了税收事业的繁荣与发展。税务教育对象具有广泛性、多样化的特征，这为新技术嵌入税务教育、提升税务教育效果提供了契机。新的形势为新技术赋能税务教育提供了广阔的空间和平台。

1. 慕课平台在税务学历教育中普遍展开

慕课（MOOC）平台作为一种基于网络技术的教学载体，其开放性、共享性、前沿性有助于打破地域壁垒、名校壁垒、学习壁垒，让更多优质教学资源与学生共享，为税务教育提供了新的教学体验。在这里，最新税务教育课程陆续开课，中国税收、国际税收、税务筹划、税法、纳税申报等不断上线，契合中国实际，紧跟国际标准，既拓宽学生与税收相关的知识面，也使学生对于宏观国际税制比较有一定的思考，每一个学习者都可以在慕课中找到适合自己的课程；同时，慕课学习形式多样化，视频课程之余穿插税法案例讨论和习题巩固，有房产税开征的讨论，有个税扣除额上调的讨论等，这些与每一位学习者息息相关的税收知识，寓税法于生活之中①。随着各大高校与税收相关的线上精品课程越来越多，每一位学习者能够倾听名校名师课程，感受最新税法改革，涉猎优质税法题库，得到最新税法教育。

2. 互联网平台推动公务员税务教育模式创新

国家税务总局税务干部学院的学习兴税平台围绕干部岗位工作要求和学习需要，及时开发、更新和推送权威精练的学习资源，引导干部学在日常、用在日常，自觉向学习要能力、长知识、添才干。实施务实管用的"一竿子到底"的课堂直播、线上培训，实现政策宣传、工作部署与业务培训同步进行。在平台建设过程中，以数字化、网络化、智能化为杠杆，推动互联网、

---

① 郭高甜.试述网络时代的慕课教育［J］.现代交际，2020（16）：200—201.

大数据、人工智能同实体培训深度融合,培育干部教育培训新动能,把学习兴税平台建设成为税务干部学习工作的小秘书、建功立业的知识库、展示能力的大舞台。利用新技术新工具,加快培养了一批能够胜任课堂直播、微课制作、网络培训管理的专兼职教师,为学习兴税平台运行储备人才,引领、拓展和促进公务员税务教育模式的创新。中国注册税务师协会网校,上海高顿教育集团等行业协会、社会教育机构,积极参与学习兴税平台开发,主动承担税务总局数字化学习资源收集、整理、制作工作,大力开发紧贴当前税收工作和干部成长需要的优质学习资源。同时积极探索开展智慧校园、智能课堂、实训基地建设。更多利用网络平台,加强训前知识推送和作业布置。推动单一线下培训模式向实体培训、岗位锻炼、网络学习联动的混合式培训模式转变。税务总局利用移动网络的便携性,精心打造"指尖上的税务局"App,突破了时间和地点上的限制,不仅实现了纳税人的移动办税,并且在页面进行全方位的税法宣传,帮助纳税人更好地普及税法知识,了解税收的最新政策。现在与税务相关的 App 逐渐增多,按税种分类(如个人所得税版、企业所得税版),按地区分类(如广东税务、河北税务等),各种形式应接不暇。只需一部手机,便可在任意环境下进行学习,同时也可以摆脱固定电子设备对学习者的束缚。移动设备为税务教育的开展带来了便捷,也使纳税人的掌上纳税成为可能。

3. 新技术赋能税务服务执业教育成效显著

"互联网+"作为国家发展战略,对税务服务行业提出了新的挑战。互联网倡导免费和共享,税法咨询和常规业务服务等传统税务服务领域,可能成为收入为零的业务范围。随着大数据、互联网等信息化的高速发展,将来根据纳税人的原始业务数据自动完成税额的计算和纳税申报,税务代理业务也将是收入为零的领域。中税协加强与专业技术团队合作,打造网校服务平台朝多元化方向发展,充分利用智能手机在人们生活中的重要地位,通过App、微信公众号、微信群等多种现代化方式加强培训力度,方便学员随时随地学习,弥补 PC 学习平台的不便,满足不同的需求。

4. 运用新技术对纳税人开展税法宣传,教育形式多样

2020 年由于疫情的特殊性,北京市各级税务部门在此次税收宣传月期间为减少聚集和密切接触，开展线上税收宣传活动60多项，推出贴近百姓、易于传播的新媒体税收宣传产品，帮助社会各界深入了解税收优惠政策、办理流程以及电子税务局等办税系统，形成税务部门、纳税人、缴费人和全社会的良好互动效应。黑龙江积极推广"非接触式"办税服务，紧盯复工复产企业需求，对重点企业推行"一企一策""一对一""点对点"的"网络化+专业化"税收服务管理模式。浙江税务部门坚持倡导"非接触式"办税，引导纳税人、缴费人通过电子税务局、税务App、征纳沟通平台等线上渠道进行办税缴费和征纳互动。受疫情影响，不少企业复工复产面临着上下游产销对接不畅的堵点，浙江税务部门运用"浙江税务大数据平台"，通过增值税发票开具情况对全省企业复工复产复销进行监测和分析，为政府决策提供参考。曾在平昌冬奥会闭幕式"北京八分钟"环节惊艳亮相的机器人"小艾"，在浙江省诸暨市当起了税收宣传员。据了解，在2021年税收宣传月期间，这款由浙江诸暨电子科技企业制造的机器人担任青少年税法宣讲员，走进10所小学，向1.5万名小学生宣传税收知识。

5. 新技术迭代发展助推税务教育模式创新频出

以税台网为例，税台网是中国首家税务智能平台，分主题、分板块地介绍了各种税法知识，学习、答疑、了解税收法规一应俱全。不仅检索方便，而且内容丰富。使用者可以根据个性化需求，选择适合自己的课程，使学习更有专业性、针对性。随着各种税收网站、税收App以及微信小程序的普遍化，自适应学习的方式也变得更加多元。后台可以根据搜索记录检测到每个使用者的喜好或弱项，通过把握学生的共性和个性化需求，给出最佳学习策略，智能推送相关内容，使学习者能够加强对该税法知识点的学习，更有针对性地进行教学和学习管理，促进学生更加主动地学习，使学有所成，为税务人才的培养打好理论基础。

运用VR技术、云平台等模拟场景进行税务教育成效明显。多款税收游戏（如税收知识大富翁、税务富翁等），不仅使学习环境更加真实、愉快，给学习者带来丰富的情感体验，同时可以增强学习效果，对任何阶段的学习者都有促进学习的作用。

与人工智能结合，完成虚拟现实场景，用户可借助必要的设备以自然的方式与虚拟环境中的对象产生交互作用，相互影响，从而产生身临其境的感受和体验,这将为税务信息化提供全新的理念。目前国家税务总局初步构建起云平台技术支撑体系、网络学习课程资源体系、业务能力升级题库体系、分布式网络机测体系。后疫情时代,各层次税务教育运用新技术推进税务教育模式创新将成为新常态。

（二）新技术赋能税务教育带来的机遇

1. 新技术促使税务教育环境骤变

2020年突如其来的新冠肺炎疫情给我们的生活带来了不便,但也使我们看到了线上教育的巨大潜力和发展空间。当大数据、5G、虚拟现实等各种新技术朝我们迎面走来,当前的税务教育应当如何从传统的课堂讲授、线下培训到广阔的线上空间实现升级发展？十大信息技术支持的创新教学模式——远程专递课堂、网络空间教学、异地同步教学、双主教学模式、翻转教学、校园在线课程、基于设计的学习、引导式移动探究学习、协同知识架构、能力导向式学习,正在悄然变革学与教的方式。当技术更迭的速度不断加快,税务教育对人才的培养应该朝什么方向发力？这些问题应引起每个关心税务教育者的深思。移动技术、云技术、大数据等带来了泛在的智慧学习环境,地理定位技术和增强现实技术的整合将极大地丰富教学经验的构建,丰富税务教育资源和方式,而以大数据为基础的测评方式会围绕学员的学习进展创建全新的评价与评估模式。面对这些教育里的"新常态",网络学习空间的全面覆盖、税收数字教育资源的应用创新应当成为接下来税收智慧教育的着眼点。

2. 税务教育可利用的新技术赋能形式

一是云计算技术。将大量用网络连接的计算资源统一管理和调度,构成一个"计算资源池"向用户提供按需服务。提供资源的网络被称为"云","云"提供随时扩展、及时获取的服务,是一种资料的合理共享。如各高校为了提高教育信息化水平,购买了大量服务器、数据库、软件,同时还要不断更新,费用相当可观。通过建立云计算中心,构建资源共享平台,各学校减少了投入,只需提出需求,就可以得到快捷、高效的服务。"云计算技术"的使用,在减少投入基础上提高了应用效率。

二是协作环境。通过在线工具寻求合作参与者,每一个参与者的视角、文化差异在协作环境中得到充分展现。比如，学生可以通过网络就某一课程、某一问题，与不同学校、不同国籍的同龄人展开协作、便携学习，通过学习过程中的研讨、协作、分享，促使他们的创造力、团队合作技能得到潜移默化的提升。目前广泛应用的翻转课堂、混合式教学是这方面的例证。

三是基于游戏的学习。经研究证明，游戏在多个学习环境中的运用效果是明显的，可以使学习者获得其他方式和工具无法实现的体验。今后相关部门可以开发税收知识教育及普及的税收游戏。

四是手机技术。随时随地、轻巧便携、无所不能的强大功能成为手机技术进入教育领域的新亮点。学生通过手机接收、发送消息，参与课堂讨论。教师通过提问，适时掌握学生课前、课中、课后的学习情况，从而了解学生的思维方式，及时调整教学方式。目前在各高校中广泛引用的在线教育平台均可以实现电脑、手机、平板的互联互通，如学习通、雨课堂等。

五是支持增强现实。将虚拟信息应用到真实世界，真实环境和虚拟物体实时叠加到同一画面或同一空间，同时存在。如果把该技术运用到税收教学中，那么学习者可以在虚拟大厅进行征管流程模拟，了解各个岗位及需要办理的事项，激发兴趣。同时，还可以就不同的税务场景进行模拟，不同涉税场景通过真实呈现技术，将抽象、静止的税收教学转变为具体的、动态演进式的、引人入胜的学习过程。

基于此，未来税务教育可能将呈现四个走向：一是以讲授为中心变为以自主学习、个性化学习为中心；二是基于实体学习环境变为任何地点任何时间的学习；三是被动式的税务教育转变为超高选择度的自主税务教育；四是从税收知识的消费者逐渐转变为税收信息和知识的生产者，实现互惠教育。

（三）新技术赋能税务教育的本质

新技术嵌入税务教育带来了税务教育形式和内容本质的变化，但是要发挥新技术的优点实现税务教育的目的，最重要的是在对新技术应用重视的基础上对原有税务教育资源有效整合。在税收学历教育、税务公务员教育、涉税服务行业教育、纳税人社会宣传与教育等方面已经积累的大量的税务教育资源，但是这些资源呈现分散化的特征，没有进行有效的资源整合。如在学历教育方面，各高校建立相关的线上线下课程、税务模拟实验室等，但由于更新缓慢，无法和实际有效接轨；税务公务员教育主要以线下知识更新为主，纳税人社会宣传与教育由于受条件等限制呈现阶段性特征等。新技术赋能税务教育需要利用新技术对现有的税务教育资源进行有效整合，搭建税务教育大平台，创新税务教育形式，调动受教育者积极性，实现税务教育的整体效益。

三、新技术赋能税务教育的实践探索

（一）"互联网+"使在线课程教育蓬勃发展

大规模开放在线课程（MOOC）是"互联网+教育"时代的产物，以联通主义理论和网络化学习的开放教育学为基础，一经出现，迅速风靡全球。2019年4月，中国慕课大会在北京召开，为办好更加公平更有质量的中国高等教育，就中国慕课的更快建设、更好使用、更有效学习、更有序管理，与会代表共同发表《中国慕课行动宣言》。2020年新冠肺炎疫情发生后，在线教学和在线课程进入大众视野，以"互联网+"为基础的在线教育从未得到如此关注和重视。

慕课作为新型课程与教学模式，打破了传统教育的时空界限，颠覆了传统大学课堂教学的教学方式，推动了教学理念、教学方法、教学技术、教学方式、教学模式的变革。信息技术与教育教学深度融合的新探索给中国高等教育"变轨超车"提供了重大机遇。2015年，《教育部关于加强高等学校在线开放课程建设应用与管理的意见》发布，提出慕课建设要以"高校主体、政府支持、社会参与"为方针，加强应用共享，加强规范建设。2016年6月，教育部印发了《关于中央部门所属高校深化教育教学改革的指导意见》，明确要求部属高校大力推进在线开放课程建设，并提供专项资金和政策保障。2016年9月，教育部印发了《关于推进高等教育学分认定和转换工作的意见》，提出要将学生有组织学习在线开放课程纳入学分管理。2017年，启动了首批国家精品在线开放课程认定工作。

Coursera是国外发展较大的MOOC平台，拥有将近500门来自世界各地大学的课程，2013年10月进驻中国，北京大学、南京大学、上海交通大学、复旦大学等高校加入。国内比较大的在线课程平台主要有中国大学MOOC、智慧树、学银在线、学堂在线等。我国上线慕课数量已达 5000 门，学习人数突破 7000 万人次，慕课总量、参与开课学校数量、学习人数均处于世界领先地位，我国已成为世界慕课大国。2018 年，教育部正式推出了 490 门"国家精品在线开放课程"，这是国内首批、国际首次推出的国家精品慕课。与税务教育相关的课程有江西财经大学的"中国税制"（王乔）、清华大学的"财务分析与决策"（肖星）、福州大学的"财务报表编制"（陈朝晖）、上海交通大学的"经济法"（王先林）、中南财经政法大学的"国家预算管理"（王金秀）。这些开放课程主要以基础课程为主，税务教育方面的课程资源有限。

2019 年《教育部关于一流本科课程建设的实施意见》发布，提出经过三年左右时间，建成万门左右国家级和万门左右省级一流本科课程（简称一流本科课程"双万计划"），在《"双万计划"国家级一流本科课程推荐认定办法》中明确了"线上一流课程、线下一流课程、线上线下混合式一流课程、虚拟仿真实验教学一流课程、社会实践一流课程"推荐类型和条件。2020 年 11 月公布的首批国家级一流本科课程公示名单中涉及税务教育方面的课程主要有：临沂大学的"税务会计"（何洲娥）、上海海关学院的"海关税收制度"（钟昌元）、西南财经大学的"税收筹划"（刘蓉）、浙江财经大学的"中国税制"（张帆）、安徽财经大学的"税收学"（经庭如）、西南财经大学的"财政学"（周克清）、中国人民大学的"财政学"（郭庆旺）、首都经济贸易大学的"财政学"（李红霞）、河北经贸大学的"财政学"（王晓洁）、山东财经大学的"财政学"（朱德云）、湖北经济学院的"财政学"（蔡红英）、湖南财政经济学院的"财政学"（刘寒波）、中南财经政法大学的"财政学"（刘京焕）等。

国家税务总局税务干部学院在网站上开设了"网络培训学员专栏"，打开后呈现"中国税务网络大学"的主页。中国税务网络大学是基于互联网建设全国税务系统统一开放、兼容共享、多种终端应用的网络教育培训平台。该平台集自主选学、组织培训、考试测评和分级管理等功能于一体，可满足 80 万名税务干部在线学习需求。网络大学学习平台面向税务干部（学员端）用户的主要功能包括课程点播、在线测试（含综合考试、课程练习和用户自测）、分布式计算机测试、法规检索、互动答疑等；面向税务机关（管理员端）的主要功能包括课程管理、用户管理、考试管理、查询统计、系统维护等，热点课程点播十万余人次。

（二）智慧税务蓬勃发展

智慧税务基于行业智能数据平台，与合作伙伴一起实现税务业务全流程的数据集成、数据存储、数据管理、数据服务以及应用平台能力，为纳税人画像、差异化征管以及实时高效的征收管理分析提供大数据应用支撑，构建体验一致化、业务标准化、服务层级化、服务智能化、数据运营化电子税务局，实现办税业务100%线上、全流程电子税务局办结目标。2019年第六届世界互联网大会中外部长高峰论坛在乌镇举办，论坛聚焦"智慧社会与可持续发展"，国家税务总局副局长任荣发在主题为"构建智慧社会中的政府角色"的圆桌发言时指出，国家税务总局重点从打造"智慧"服务平台、建设"智慧"税收平台、实施"智慧"数据平台三个方面入手，积极推进新时代"智慧税务"建设，有力促进了税收改革发展，服务了国家经济社会发展大局，也为政府部门在推进智慧社会建设中提供了"税务样本"。

2019年4月，国家税务总局上海市虹口区税务局智慧办税服务厅正式启用。在这一上海市首个智慧办税服务厅里，一系列智能化办税应用令人目不暇接。智能咨询、远程视频、涉税体检、虚拟体验、数据展示、自助办税、网上体验，通过服务厅的这七大功能区，纳税人可以体验智能化的办税服务。在虚拟体验区，只需戴上VR眼镜、滑动手柄，就可以沉浸式漫游办税服务厅各个区域，也可以模拟体验自助办税，就像玩VR游戏一样，一步步对自助办税功能和操作流程进行学习和体验。

早在2017年4月，吉林省地税直属局的VR全景交互式电子办税服务厅已建成。该程序也是将服务厅的全景相片做成VR体验，让第一次到办税大厅申报纳税的纳税人观看VR动态展示导引，节省办税时间。深圳市福田区国家税务局的VR电子税务大厅于2017年8月上线，是深圳市第一家可交互智慧VR办税大厅。广州市国税局的VR全景办税体验厅于2017年9月上线。他们将海珠国税文化建设、廉政监督等内容与全景办税体验厅场景相结合，将海珠国税办税厅特色场景，如电子税务局体验区、税务机器人"税小悦"、全息投影等融入VR场景中。为了方便纳税人，他们还将VR办税体验厅功能添加到微信公众号里。VR全景办税体验厅可以直观选择功能场景，点击沙盘展示当前视角，通过热点按钮可以查看服务细览，在查看全景中通过点击路标可以导航到指定位置，点击相应的自助设备可以查看使用指引。

VR全景办税体验厅为纳税人提供了一个交互式可沉浸的虚拟三维空间，将大厅区域功能布局和真实办税环境直观展现。纳税人可以第一视角获知业务区域布局，减轻导税员日常频繁而重复的业务区域指引工作负担，利用全景展示拉近与纳税人的距离，为其描绘办税第一印象。另外，通过将税收业务指南、操作指引、涉税流程等办税百科全书融合到全景办税体验厅中，纳税人可以通过现场实操场景对接，清晰了解办税场景，并能在场景中获取业务指引帮助，轻松掌握现场办税流程，减少因资料不齐或流程不熟导致的折返办税，提高办税效率。

智慧办税服务厅建设是构建智慧税务生态体系的重要组成部分，将积累可复制、可推广的先行经验，提升税收现代化治理能力水平，探索线上线下联通、综合治税协同的治理创新。智慧税务的建设不仅改变着传统的税收管理模式，而且将对税务干部、纳税人的税务教育带入智慧税务教育时代。

（三）"云计算+税务"

云计算的战略资源包括数据、软件、平台和基础设施等，其发展取决于这些战略资源的集中计算、按需应用，因此云计算的服务模式可以简单表述为：云计算=（数据+软件+平台+基础设施）×服务。基于此，可以将云计算的服务模式分为三大类：软件即服务（Software as a Service，SaaS）；平台即服务（Platform as a Service，PaaS）；基础设施即服务（Infrastructure as a Service，IaaS）。云计算技术的发展，对税务系统信息化建设既是机遇也是挑战。从云计算的服务形式来看，存在公有云和私有云之分。公有云比较适合通过互联网提供电子商务、宣传展示、为民服务等面向公众的服务；私有云在内部实现资源共享、按需配置，由于与外界隔离，安全性能够得到保障，因此，从内部网络信息安全考虑，比较适合构建税务系统的私有云平台。税务私有云平台的特色之一是服务器虚拟化，即硬件资源抽象为资源池，主要包括服务器虚拟化、存储资源虚拟化、网络虚拟化等，并为虚拟资源提供了很好的隔离性和安全性。同时，提升每台服务器的利用率，节省硬件投资。近年来各地税务局逐步组织实施了服务器虚拟化应用工作，将前几年服务器上的一些征管业务系统和数据迁移到虚拟化平台，并合理划分各区域的功能应用，对基础设施资源进行优化整合，满足信息化建设和数据处理的需求。云计算对税收的影响主要有以下几方面。

1. 改善了纳税服务质量

国内社会经济发展速度稳步提升,并对税务管理工作产生了影响。传统的税务管理已经从单一的业务管理朝提供高质量服务方向转变。受到云计算等技术的影响,税务信息化的服务概念、方法、方式等出现了较大改变,多种先进税务系统的实践运用、税务信息的网络公开等,都使纳税人查询纳税信息、申请纳税服务等变得更加简便;同时,在云计算环境中开展税收信息化建设,有效地打破了税收服务技术障碍,改善了整体服务效率及质量。

2. 改善了纳税部门形象

积极运用网络技术,在云计算环境中完善税收信息化建设,改善了税务部门工作效率。各级税务部门依托现代化信息及云计算技术,可以转变传统的管理方式和管理程序,实现管理的信息化、现代化和高效化,提升税务部门工作效率,为纳税人提供高效优质服务奠定了扎实基础,为税务部门在社会公众中树立了高效、周到、优质服务的良好形象。

3. 改善了税收决策科学性

受到社会经济市场化体制改革的影响,税务部门的税收工作范畴不断扩大,期间收集的大量数据信息必须进行合理的解析与研究才能提高管理效率,为税收部门领导研究、规划、制定税收政策提供现实根据,因此,有必要引入网络技术等实现税收信息化建设。同时,提高税务信息化程度,能改善税收管理可靠性与数据处理准确性,可以增加税务部门获取税务信息的途径,拓展途径宽度及广度,提高信息的准确性与可靠性。最终借助云计算、大数据、计算机等技术,通过合理运算就可以得到科学结果,这为制定科学税收决策提供了坚实保障。

(四)"区块链+税务"的发展前景

1. 基于实际合理选择税收征管区块链系统的应用模式

在现行税收征管信息化系统的基础上合理应用区块链技术是未来发展的方向。从区块链自身在数据存储上的局限性看,现行税收征管中的传统数据库技术并不是要完全废除,而是要利用区块链技术更好地去运用现行税收数据库。同时，从政府管理信息和数据安全的角度看，由税务等征管机构来管理税收数据也是必要的。因此，税收征管并不一定要完全实现"去中心化"。税收征管中的区块链应用应该是采用私有链的类型，并积极运用区块链的优点实现"部分去中心化"，即在一定程度上的去中心化下，更好地应用区块链的特点。在目前国税、地税合并的前提下，应结合税收征管信息系统的整合，逐步探索区块链技术的可能应用。

直接构建包括税务机关与纳税人等主体在内的税收征管区块链系统难以成立，应以各级税务部门的税收征管信息系统作为节点，构建税收征管的"私有区块链"。这可以在充分利用现有税收信息数据库的同时又能够吸收区块链技术的优点，通过多中心的节点来缓解数据存储、避免数据篡改等。同时，运用联盟链技术模式，如区块链电子底账系统，使税务机关的"私有链"平台能够与纳税人的私有链对接起来，从而有助于更好地掌握纳税人的涉税信息。同时，还可以与其他部门的区块链（或数据库）之间对接，破除部门间的信息孤岛问题，建立部门协税护税系统。

2. 积极在部分地区和发票管理等征管领域探索运用区块链技术

目前区块链技术在税收征管中应用的难度在于：一是区块链技术本身还处于不断发展之中，技术自身和应用还远未达到完善的地步。二是当新的信息技术与税收领域结合起来的时候，还缺乏大量同时具备两方面专业知识的人员。因此，有必要基于税收信息化战略的基本方向，制定税收征管运用区块链技术的总体战略和相关规划。考虑到全国范围内的改革风险较大，建议允许和鼓励具备条件的地方在部分税收征管领域积极探索和试点运用区块链技术。

在现行区块链技术下，结合税收征管的国内外实践经验，发票管理、税款扣缴和纳税信用等税收领域可能是运用区块链技术的突破口。从国内看，2018年8月10日，全国首张区块链电子发票已经在深圳实现落地，深圳国贸旋转餐厅开出了全国首张区块链电子发票。国家税务总局深圳市税务局也发布了《关于推行通过区块链系统开具的电子普通发票有关问题的公告》（国家税务总局深圳市税务局公告2018年第11号），提出将在全市范围内逐步开展区块链电子普通发票的试点推广工作，并选取了餐饮业、停车场、小型商贸、加工修理修配等行业的部分纳税人推广，后期适时将其他行业纳税人纳入区块链电子普通发票的试点范围。2018年8月17日，京东集团与中国太平洋保险集团联合宣布全国首个利用区块链技术实现增值税专用发票电子化项目正式上线运行。这表明，国内税收征管应用区块链技术已经有了很好的开端。同时，通过税务机关与具备区块链技术条件的企业合作试点区块链技术的应用也是一种有效的方式，有助于获取相关经验和教训，为税收征管更大领域和更有效地推广区块链技术奠定基础。

四、新技术与税务教育结合应注意的问题

（一）新技术与税务教育的内涵式有效结合

在教育领域，曾经有一个著名的"乔布斯之问"：为什么在教育领域信息技术的投入很大，却没有产生像在生产和流通领域那样的效果？世界上所有的政府加起来对教育信息化的投入，是所有行业中无人能匹敌的，但是为什么没有生产和流通那样的效率？投入和产出为什么如此不成比例？技术既可能扩展人类的学习方式，也可能限制人们的学习方式。云计算、大数据、区块链等都是互联网发展阶段的某个技术而已。互联网会改变行业的形态，也会改变市场结构。目前来看，在税务学历教育、税务公务员教育、涉税服务行业教育、纳税人社会宣传与教育等方面教育资源可谓不少，每年的财力投入也很多，但处于"资源孤岛"状态，资源没有发挥合力作用。内涵式发展是相对于外延式发展而言的，更注重内在品质和潜力挖掘。新技术与税务教育结合需要内涵式发展，而不是简单的数量扩张。面对技术环境的变迁，知识重建应以知识的创新和创新知识的生产为主，以推进智能社会中的教育的革命。

如在税收学历教育方面，可以考虑建设"超一流课程"，在教指委确定的高等教育教学质量国家标准确定的核心课程中，对于每一门课程，汇聚全国在这一课程建设领域的专家学者，集中建设成"超一流课程"，集各校与各位专家优势，分工负责各司其职，建成后通过智慧税务教育平台供全国各高校统一学习使用。各高校教师可以充分利用平台资源，进行线上线下混合式教学、翻转课程教学、讨论式教学等，拓展学生自主、主动学习时间与空间，

教师发挥课堂内外引导作用，着重培养学生的思维、创新、表达等综合能力与素质。各高校可以通过互联网、VR 等技术与税务系统、企业、事务所等进行实景训练对接，减少投入及资源更新缓慢等难题。

如在社会资源方面，税务教育资源更多但更趋分散，有收费的，也有免费的。如高顿财经、中华会计网校、中国税务网络大学、朋友圈与短视频等各种移动资源，还有一些专家开展的税收直播课程等。这些社会资源可以通过互联网接口进入智慧税务教育平台，实现资源集聚效应；还可以鼓励开发税收类游戏，通过 VR 技术等实现场景式"游戏式"学习。

新技术与税务教育的内涵式所实现的是集聚资源，实现专业平台做专业的事，所有的税务教育工作者、所有的税收知识学习者"共舞"在智慧税务教育平台，实现真正的内涵式发展。

（二）警惕过度技术化倾向

可以预期的是，今后信息技术和教育教学深度融合是大势所趋，要保持敏锐的头脑，密切跟踪发展趋势；但是也要清醒地认识到新技术要结合各层次税务教育的规律特点，探索多样化的税务教育改革，保持对新技术的理性态度，避免走入"纯技术化"的误区。2020 年由于新冠肺炎疫情，众多教师开始了网络教学，建立网络课程，但事实证明网络教学受制于教师的能力与学科背景，受制于网络、设备等软硬件限制，预期效果并不理想，广大师生从未如此渴望回归课堂。拍过 MOOC 的教师深有体会，在 MOOC 制作的过程中，前期准备、课程录制、后期制作、上线等都有严格的限制条件和技术约束，需要投入大量的时间、精力和财力。由于税收部分知识更新及变化较快，因此经过一段时间制作出来的课程可能已经过时，这样的课程当然也不会让学生继续学习。正在发生的教育革命并不是要把传统的课堂搬到网上，而是让新技术解放人们本来就有的学习能力和天分。

目前移动教学、混合式教学在很多学校正在大力推进，但是要跳出在线教学发展的误区。课程教学不等于学校教育，在线教学不可能完全取代学校教育，在这方面必须保持清醒的头脑，避免炒作概念，片面夸大作用，要针对税务教育课程特点及受教育群体灵活采取相应的教学方式。技术与教育的融合不是"技术滥用"，而是有所选择、有所坚持。就税收学历教育来讲，学校优良的办学传统、校园文化和校风学风，对学生成长成才具有重要的熏陶和催化作用。大学生的人际交往和公共关系能力、团队精神和健全人格的养成，主要在现实环境之中，通过学校教育、学生群体式的学习以及各种形式的社会实践来实现，而在虚拟环境下，要解决这些问题，可能还有相当长的一段路要走。互联网、大数据、虚拟现实、人工智能等先进信息技术与教育教学深度融合是趋势，但应防止在税务教育过程中的过度技术化倾向，应针对税务教育对象选择合适的教学方式，发挥新技术教育手段与传统教育手段各自的优势，扬长避短，形成教育合力。

技术应用于教育必须充分考虑教育的复杂性，如果游离于教育系统之外，无论多么先进的技术都无法发挥其应有的功效，因此我国教育信息化建设需要教育系统的统筹规划和顶层设计、课程建设层面的中观设计以及课堂教学层面的微观设计。在这个框架下，实现教育信息化基础设施建设的转变，由各自独立建设变为依托云计算平台、构建教育云，以实现教育信息资源的共建共享，扩大优质教育信息资源的使用范围，改变方式，提高效率，丰富当代教育技术的手段。

五、新技术赋能中国税务教育发展的展望

（一）新技术背景下应培养税务复合型人才

税务复合型人才的培养一直以来是我国税务教育事业的重要战略，大数据带动着数字经济的蓬勃发展，税收征收管理方式已向着依托于大数据的税收治理转型，更多涉税工作，新技术、新应用带来的基础的、高度重复性的业务或将逐步由系统自动完成，不同层次的税务教育均应适应时代变革，从理念上跟上时代的发展需要，培养税务复合型人才。

第一，完善税务复合型人才培养目标。在新技术税务治理下，应以高品质纳税服务和低税收流失为目标，着力培养跨界人才，提升税务人才综合素质能力，而不仅仅是专业知识教育，实现新技术背景下税务复合型人才的培养。

第二，形成税务复合型人才培养机制。税务复合型人才的培养注重复合，注重跨界，但不仅仅限于知识结构、技能结构上的复合与跨界，在培养方式

上也应注重复合与跨界。如在税务系统内，对税务工作人员开展最新的前沿知识的培训，强化新技术思维在实际工作中的运用，从各个层面提升税务服务人员的纳税服务品质，同时全面提升税务服务人员的素质及能力。除了税务系统内的税务教育以外，还要积极推动联合培养，积极推动高等教育机构与税务部门的合作教育。

第三，明确新技术下税务复合型人才培养激励措施。以宽容与审慎态度鼓励人才探索业务技能、数据分析与挖掘、前沿技术等在税务方面的应用与测试，通过有价激励与名誉激励相结合的方式，促进税务教育资源更新与创新，培育适合复合型人才成长的良好环境。

第四，广泛开展合作，建立多层次伙伴关系。国际教育信息化大会通过的《青岛宣言》鼓励政府、行业、民间组织通力合作，创建以学习者为中心的公平、动态、负责和可持续的数字化学习生态系统。随着新技术的发展，各高校、企事业单位、各级税务部门、各事务所及其他教育利益相关者在教育方面的深度合作是实现教育信息化目标、发挥新技术优势、提高教育质量的有力保证。各方需要合理共创共享资源，以公平、开放、动态等理念推动创建以学习者为中心的数字化学习生态，着力培养税务复合型人才。

（二）税务教育目标和理念的转变

经济全球化、经济金融化数字化及新技术的广泛使用对中国的税务教育提出了挑战，有必要在发挥传统税务教育手段功能的同时，寻求在"新技术"支持下税务教育的新思路与新方法。在"新技术"蓬勃发展背景下，税务教育要面向"四个基本"和"三个现代"："四个基本"即中国税务学历教育、中国税务公务员教育、涉税服务行业教育、纳税人社会宣传与教育；"三个现代"即中国税收治理教育现代化、中国税收现代化教育和中国税收道德教育现代化，充分发挥"新技术"的作用，以使税务教育在传播税收知识、提升公民税务素质、促进经济增长等方面发挥应有的作用。

传统的教育教学面向学员整体、面向大众，不能充分考虑每位学员的实际情况，难以满足多样化、个性化的需求，"新技术"为教育个性化提供了重要契机，其为每位学员量身打造最适合自己的学习方案，充分尊重每位学员，赋予每位学员自主选择权、决定权。税务教育的理念将发展根本性的变化，即由过去的被动接受教育向主动接受教育转变。在线教育企业不断推出风格迥异的移动终端，方便用户在各种环境利用碎片时间进行沉浸式学习，从而提高时间利用率，打破传统教育对环境、时间要求高的瓶颈。"互联网＋教育"的结果，将会使未来的一切教与学活动都围绕互联网进行，老师在互联网上教，学生在互联网上学，信息在互联网上流动，知识在互联网上成型，线下的活动成为线上活动的补充与拓展。未来教育行业在新技术时代下将会怎样发展有着很大的不确定性；但明确的是，新技术支持下的税务教育影响着不仅仅是教育本身，也影响着受教育的人。

（三）税务教育公共服务平台的搭建

1. 总体构想

对于技术驱动的革新来讲，教育系统需要一个正式、一致、可发展、持续更新的知识库来提高革新能力，弥补知识缺口，充分发挥系统革新的潜能。税务学历教育、税务公务员教育、涉税服务行业教育、纳税人社会宣传与教育是税务教育的四个主要层次，虽有区别但也有联系，在新技术的支持下，需要统筹考虑全部的税务教育，发挥各自教育资源优势，搭建税务教育公共服务平台，形成正式、便捷、持续更新的知识库或知识云，发挥合力，提升税务教育效果。总体构想是：为适应新技术赋能财税新时代发展的需要，基于云计算、大数据、人工智能和区块链技术，搭建税务教育共享公共服务平台，涵盖PC端、移动端。该平台面向所有院校、公务员、教育咨询机构、企业、专家和个人开放，提供涵盖理论、实践等全品类的税务教育资源；同时，利用区块链去中心化、不可篡改、可追溯等特性，能够实现知识产权保护、学习轨迹记录、教育评估认证等功能。

2. 搭建主体

目前税务教育资源存在分割化倾向，如针对学历教育各高校在各平台上建立的网络课程，分散在各个教育平台，制作过程烦琐且投入成本巨大，后期维护不得力，资源更新缓慢。有些平台的教育资源不对外开放，利用率不高。促进税务教育发展，应充分利用新技术的网络化、数字化、智能化和多媒体化、共享化的特点，促进资源共享和使用。因此我们建议建立税务教育公共服务平台，充分运用云技术、区块链、大数据等技术打造全国性税务教育平台。从前面分析可知，新技术已经广泛应用在现有税务教育领域，只是缺乏有效的整合。进行资源整合需要有牵头主体，主要有以下考虑：

一是接入国家教育资源公共服务平台。早在 2012 年，教育部就组织有关单位启动国家教育资源公共服务平台的建设，并于 2012 年底开通。经过多年建设，国家教育资源公共服务平台充分依托现有公共基础设施，利用云计算等技术，推动与区域教育资源平台和企业资源服务平台的互联互通，共同服务于各级各类教育，为资源提供者和资源使用者搭建起网络交流、共享和应用环境。国家教育资源公共服务平台的开通和不断完善将构建起我国"以公共服务平台为引导，以学校应用为主体，以社会各方共建共享为支撑"的教育资源建设与应用新体系，让优质资源和创新应用惠及人人。目前此平台仅针对基础教育和职业教育，税务教育资源甚少。2018 年 4 月教育部发布《教育信息化 2.0 行动计划》，提出了以下几个重点实施行动：（1）建成国家教育资源公共服务体系，国家枢纽和国家教育资源公共服务平台、32 个省级体系全部连通，数字教育资源实现开放共享，教育大资源开发利用机制全面形成；（2）完善教育管理信息化顶层设计，全面提高利用大数据支撑保障教育管理、决策和公共服务的能力，实现教育政务信息系统全面整合和政务信息资源开放共享。

二是由国家税务总局或税务学会（协会）搭建以税务教育为主题的全国性税务教育平台，充分利用新技术打造面向税务学历教育、税务公务员教育、涉税服务行业教育、纳税人社会宣传与教育具有税务特色的全国统一服务中心，整合资源，发挥全社会税务教育合力。

三是由愿意投身税务教育事业的企业或多个企业共同构建纯公益性的税务教育平台。如高顿教育已经自主研发了互联网在线学习平台、智能科技教育平台、就业实训等平台，运用人工智能、5G、互联网、大数据、区块链等智能交互技术推动教育整体的信息化和智能化升级。在疫情期间，高顿教育利用网络平台实现"全直播教学"，在原有服务的基础上主动做增量、做加法，为特殊时期的学生解决"在家上学"的问题；携手人民日报客户端开启财经学习云课堂；携手中国银行等金融机构上线特色财经课堂；联合商业大咖、专家学者开启"财经力量"线上公益课等活动。科大讯飞、立思辰、学乐云、晓羊教育几十家有影响力的企业都在布局教育云平台产品，这个市场现阶段还处于各家企业"跑马圈地"的局面。

税务教育，利在当今，功在后世。中国越来越多的企业和个人参与到国际经济交往中，这对中国的税务教育也提出了新的挑战。一方面，需要在国内构建科学的财税体制，为优化资源配置、维护市场统一、促进社会公平、实现国家长治久安发挥制度性作用；另一方面，也必须面对诸如"税基侵蚀和利润转移（BEPS）"等国际社会共同面对的税收难题。不可否认，要实现上述目标，需要培养大量的税收人才，而税务教育从上述两个方面在未来将发挥着越来越大的作用，这是我们培养优秀税收人才的良好机遇，也为我们培养税收人才创造了有利的外部环境。税务教育要有全球视野、全局战略、长远规划和共享理念。全球化的税务教育理念、现代化的税务教育手段、整合化的税务教育资源、显性化的税务教育绩效是我们应追求的目标，利用新技术构建有特色的税务教育公共服务平台正当其时。

3. 方案

《世界是平的》一书作者托马斯·弗里德曼曾说过：只有当新技术与新的做事情的方法结合起来的时候，生产力方面巨大的收益才会来临。税务教育面临新技术的冲击，也只有当新技术与税务教育新的模式结合起来，才能更好地实现税务教育的初衷，利用新技术构建有特色的税务教育公共服务平台就是这种"新的做事情的方法"。通过财税资源云平台，引入先进共享教育模式，采用理论与实务、线上与线下相结合的学习模式，构建智慧税务教育框架，即把各种税务教育资源、应用推向云端，用户只需授权或账号，便可登录虚拟桌面或场景，享受全部应用和资源，有效解决税务教育资源"孤岛"现象，具有超大规模、虚拟化、可靠性、通用性、扩展性、按需服务、低成本等特征，实现学习内容选择的主动性、学习资源的多元性、学习方式的多样性、学习动力的兴趣化等。

（1）提供一站式服务，应用全面。税务教育公共服务平台集各类教学软件、资源、信息于一体，包括教学、学习、管理、交流、实验、实训、实景、娱乐等，用户登录便可享受平台所有服务。

（2）丰富的教育资源。税务教育公共服务平台将资源存储在云端，既可以轻松获取别人的教育资源，也可以将自己的资源分享给别人，实现不同教育主体的资源共享与开发，有效解决资源更新落后的弊端。

（3）深度交互。利用云技术和大数据优势，提供税务学历教育、税务公务员教育、涉税服务行业教育、纳税人社会宣传与教育各主体沟通的快捷通道。云平台用户不仅仅是被动的接受者,更是知识更新与创新活动的发起者和主动参与者,通过云平台提供的交互功能,学习者可以共享知识、智慧与经验。

(4)完全开放平台。税务教育公共服务平台提供全国范围的交流、共享平台,让学习者扩展视野,实现全面发展;还可以开发教育应用引擎,提供接口接入各类税务教育资源与平台。

(5)方便、安全、节约。由于资源和应用均在云端,学习者利用各种设备都可以访问,无论在哪里都可以自由地随时随地学习,获取所需学习内容,进行个性化学习。将数据储存在云端,无须担心数据安全问题,可以通过区块链技术进行多中心分布及授权管理。高校等教育机构可以减少相应的实验性软件购买,甚至减少机房,节约大量资金。

(6)评价。学习评价基于云计算、大数据等新技术记录、采集、存储、识别以及分析学习者的学习数据,建立科学的评估模型,实现总体和个体数据的智能性跟踪评价,并为进一步改革提供相应建议。

(7)运营与维护。税务教育公共服务平台是非营利性平台,运营及维护所需经费部分来源于财政经费;考虑到税务教育事业的高尚及平台巨大的流量、访问量,应会有社会责任感的企业进行经费捐赠。

4. 初步架构(见图1)

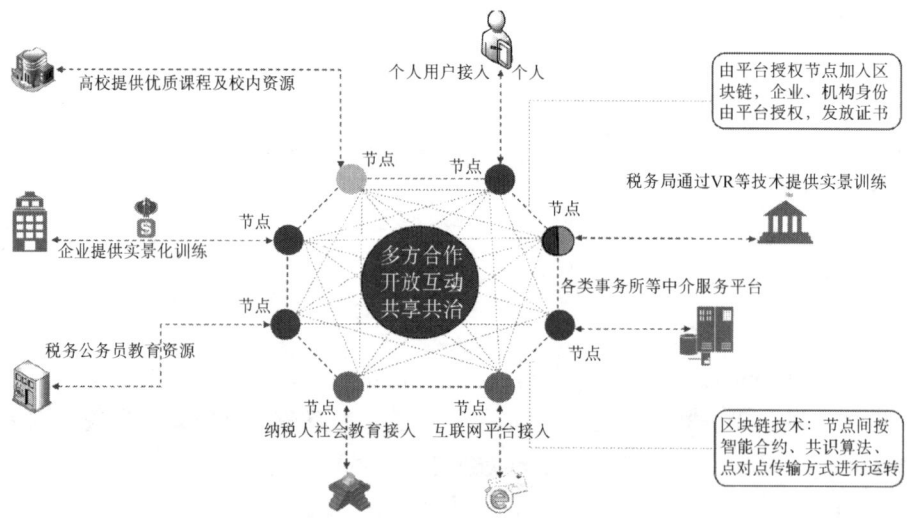

图1 智慧税务教育平台示意图

以税务教育公共服务平台为中心，利用云计算、大数据、区块链来搭建资源中心，实现多方合作、开放互动、共享共治的智慧税务教育平台。由运营平台授权节点加入区块链，高校、企业、事务所等主体身份由运营平台授权发放证书，进入中心进行资源共享及学习。节点间按智能合约、共识算法、点对点传输方式进行运转与资源传输，现实两两主体资源共享，按需学习与利用。

分 报 告
SUB – REPORT

分报告一：

中国税务学历教育——税务专业学位研究生教育专题研究报告[*]

一、引言

(一) 改版说明

往年的税务学历教育发展报告基本上都是全景式地论述和分析各个层次的税务教育发展状况，低至专科甚至高职，高至博士甚至博士后。这样的安排和编写虽然成体系，但是囿于报告容量和篇幅，难免会对于各个层次税务学历教育现状挂一漏万，对其问题的剖析有失深入。基于上述考虑，2019—2020 年的发展报告拟从税务学历教育中的一个层次——税务专业学位研究生（以下简称"税务专业硕士"）教育着手，专注于剖析税务专业硕士发展现状以及存在的问题，力求说深谈透。接下来的发展报告再陆续对其他层次的税务学历教育发展情况进行深入探究。

如果从 2011 年首次招生算起的话，税务专业硕士教育已经走过了整整 10 个年头。10 年的发展，积累了不少经验，也留下一些遗憾，需要认真分析和总结，以为下一个十年以及未来我国税务专业硕士学位研究生教育的健康发展提供参考。统计显示，2009 年我国专业学位硕士招生人数在硕士招生总人

---

[*] 主笔：李为人，中国社会科学院大学商学院副院长、税务硕士教育中心主任；余英，暨南大学经济学院财税系副主任、副教授。

数中占比仅为15.9%，而2020年这一比例已达到60%左右。过去十余年，社会对于专业硕士的认可度已有大幅度的提升。目前我国经济正处于转型攻坚期，税收制度改革不断深化，税收政策作为转型期的重要政策工具频繁调整，急需高层次税务人才投入税收实践中，社会对于税务高层次人才尤其是实务型税务人才的需求持续增长。在这样的背景之下，从税务专业硕士的发展切入税务学历教育的研究，就有了一定的必要性和急迫性。

（二）主要内容

首先，分析税务专业硕士教育所处的背景及环境。随着税收在国家治理中基础性、支柱性、保障性作用的日益凸显，税制改革不断深化，社会对于税务高层次人才的需求更加旺盛。在教育政策方面，国家出台《专业学位研究生教育发展方案（2020—2025）》（学位〔2020〕20号），意味着国家会对专硕的培养投入更多的关注。

其次，探究税务专业硕士教育的发展现状。税务专业硕士的师生队伍不断扩大，报考人数和录取人数逐年增加，招生的布局较十年前也有显著不同；同时，各个培养单位与时俱进，不断完善税务专业硕士的培养方案，意识到数字化和智能化以及企业税务信息化对新时期税务人才培养提出的新要求，采取了课程教学和实践教学双管齐下的模式，鼓励案例教学等方式以增强学生分析问题和解决问题的能力；最终的就业情况虽然因地区间的经济特点不同而有所差异，但总体就业质量较高。

再次，分析税务专业硕士教育十年来取得的经验与成绩。各培养单位的招生流程及招生宣传不断完善和扩展，报考税务专业硕士的考生日益增加，生源质量明显提升。各培养单位不断优化培养方案、教学计划、培养流程，注重学生理论和实践能力的训练和提升。课程教学内容进一步更新，以贴近税收一线实务，更加关注大数据、云计算、互联网、人工智能等现代信息科技在税收治理和现代化提升中的应用，关注数字经济等新型经济业态的税收治理问题。实务课程和实践教学不断加强和优化。学生的专业实习实践更加丰富、多元，效果进一步提升。学生学位论文质量不断提高，在就业市场上的竞争力不断增强。

最后，探讨税务专业学位教育发展中存在的问题及对策。比如，由于部分专业课程缺少合适的师资，税务专业硕士教指委可以整合优秀的师资资源开发 MOOC 线上课程，弥补一些高校师资不足的现状；随着税务专业硕士的扩招，培养的学生同质化愈加明显，如何凸显学生的专业特长显得尤为重要，可推广专业方向分流，避免学生就业时扎堆，也有利于学生的职业规划和职业发展。

总的来说，本报告着眼于税务专业硕士教育现状，回顾税务专业硕士十年的发展历程，并提出促进税务专业硕士教育更好发展的建议。

二、税务专业学位教育的背景和环境

（一）专业学位研究生教育成为研究生教育改革发展的战略重点

研究生教育肩负着高层次人才培养和创新创造的重要使命，是国家发展、社会进步的重要基石，是应对全球人才竞争的基础布局。改革开放特别是党的十八大以来，我国研究生教育快速发展，已成为世界研究生教育大国。2020 年 9 月，教育部、国家发展改革委和财政部联合发布《关于加快新时代研究生教育改革发展的意见》（教研〔2020〕9 号），提出应优化培养类型结构，大力发展专业学位研究生教育。

专业学位研究生教育是培养高层次应用型专门人才的主渠道。自 1991 年开始实行专业学位教育制度以来，我国开辟了高层次应用型专门人才的培养通道，实现了单一学术学位到学术学位与专业学位并重的历史性转变，探索建立了以实践能力培养为重点、以产教融合为途径的中国特色专业学位培养模式。截至 2019 年，累计授予硕士专业学位 321.8 万人、博士专业学位 4.8 万人，针对行业产业需求设置了 47 个专业学位类别，共有硕士专业学位授权点 5996 个，博士专业学位授权点 278 个，基本覆盖了我国主要行业产业，部分专业学位类别实现了与职业资格的紧密衔接，并探索形成了国家主导、行业指导、社会参与、高校主体的专业学位研究生教育发展格局。

为了全面贯彻落实全国教育大会和全国研究生教育会议精神，2020 年 9 月，国务院学位委员会、教育部发布了《专业学位研究生教育发展方案（2020—2025）》（学位〔2020〕20 号），该方案提出将发展专业学位作为学位与研究生教育改革发展的战略重点。专业学位具有相对独立的教育模式，以产教融合培养为鲜明特征，是职业性与学术性的高度统一。国内外的需求变化表明，专业学位研究生教育地位日益重要，必须加快发展。方案提出面向国家发展重大战略，面向行业产业当前及未来人才重大需求，面向教育现代化，进一步凸显专业学位研究生教育重要地位，按照需求导向、尊重规律、协同育人、统筹推进的基本原则，加强顶层设计，完善发展机制，优化规模结构，夯实支撑条件，全面提高质量，为行业产业转型升级和创新发展提供强有力的人才支撑。专业学位研究生教育发展目标是，到2025年，以国家重大战略、关键领域和社会重大需求为重点，将硕士专业学位研究生招生规模扩大到硕士研究生招生总规模的三分之二左右，大幅增加博士专业学位研究生招生数量，进一步创新专业学位研究生培养模式，产教融合培养机制更加健全，专业学位与职业资格衔接更加紧密，发展机制和环境更加优化，教育质量水平显著提升，建成灵活规范、产教融合、优质高效、符合规律的专业学位研究生教育体系。这为包括税务专业硕士教育在内的专业学位研究生教育提供了良好的发展机遇。

（二）我国税制改革的不断深化和发展呼唤着税务专业硕士教育的高质量发展

中国发展进入新时代，经济发展步入新常态。中国经济正处在转变发展方式、优化经济结构、转换增长动力的攻关期。税收是国家财政收入的主要形式，同时也对一个国家的经济结构、产业布局、对外贸易、国民收入分配等起着重要的调节作用。经济进一步发展需要合理的税制来提供动力；同时，经济发展又为税制改革提出了新的问题和挑战。国际国内经济形势的变化，使中国的税收面临着新的复杂环境。

近年来，我国税收政策的频繁改革、税制改革的不断深入、税收问题的专业性与复杂性、减税降费从政策调整到制度变革、"一带一路"及粤港澳大湾区蓝图的规划等，使政府、企业以及相关机构对于税收专业高学历高层次人才的需求进一步增加，而税务专业硕士研究生由于其学术性和职业性的高度统一，无疑成为满足这一需求的重要供给来源。为了充分满足市场的需要，为社会培养具有税务专业能力和职业素养、能够创造性地从事税务实际工作的高层次应用型专门人才，必须提升税务专业硕士培养单位与教师不断更新培养和教学模式的意识，强化实践教学体系，充分发挥税务专业硕士教育的教学特色，而这一切离不开税务专业硕士教育从招生选拔到培养方案、课程设计、实践实习等领域的一系列发展改革。

三、税务专业学位研究生教育现状

（一）税务专业学位研究生教育发展十年概览

为了满足社会对高层次、应用型、复合型税务专门人才的要求，国务院学位办和教育部等主管部门在2010年1月开始批准部分培养单位设立税务硕士专业学位。首批获得授权的培养单位有36个。此后，国务院学位办在2014年和2017年两次共增加9所新授权单位，截至2019年底，全国税务专业硕士学位授权点为54个。

自税务专业学位研究生培养项目设立以来，培养单位一直遵循以职业需求为导向、以税务实践能力培养为重点、以产学结合为途径、以提高质量为核心的方针，紧密结合税务实务工作，通过案例教学和实习实践的教学方法，提高学生发现问题、分析问题和解决实际问题的能力，为社会输送高层次、应用型税务专门人才。目前，税务专业硕士报考人数稳步增加，招生规模有所扩大，社会对税务专业硕士的需求也在不断提高。据全国税务硕士教育指导委员会秘书处调查结果显示，2012年3月，全国税务专业硕士学位在校生合计只有414人，拟招生人数合计只有637人；截至2019年7月，各培养单位累计招收税务专业硕士学生的规模已达8220人。2019年全国报考税务专业硕士的考生达4637人。2019年当年共有毕业生1121人，毕业生累计达5122人。毕业生的就业情况和人才流向都较好地体现了税务专业硕士的培养目标，税务机关、企事业单位以及专业服务机构，如会计师事务所和税务师事务所成为毕业生的主要去向。

为了推进全国税务专业硕士教育的相关工作，2011年3月18日，国务院学位委员会、教育部、人力资源和社会保障部在京联合召开全国专业学位研究生教育指导委员会成立大会，全国税务专业硕士教育指导委员会（以下简称"税务教指委"）及其秘书处就此设立。税务教指委是协助相关主管部门开展全国税务专业硕士教育研究、指导、评估、咨询和交流合作的专业性组织，其主要任务是：制订税务专业硕士教育发展规划，制订和修订税务专业硕士指导性培养方案、教学大纲和专业学位授予标准，制订和修订税务专业硕士教育评估标准；研究并指导开展税务专业硕士教育培养模式的改革与创新，推动税务专业学位与注册税务师、注册会计师等职业资格的衔接；推动与协调各培养单位的师资培训工作，推荐税务专业硕士学位课程所需教材；组织开展税务专业硕士教育的国内外交流与合作等。税务教指委由国家税务主管部门、税务专业学位授予单位以及其他单位推荐的专家和负责人组成。成立十年来，税务教指委根据国务院学位办的规定，完善机构和制度建设，设立若干专业委员会并健全工作机制，逐步建立、完善和落实各项研究生教育培养、监督和评估方案。定期组织培养单位工作会议，促进税务专业硕士各培养单位之间的交流，稳步推进税务专业学位教育的发展。

税务专业硕士教育担负着培养税收领域高层次人才的重任。当前，各培养单位自觉顺应新形势，把人才培养放在优化高效统一的税收征管体系、高质量推进税收现代化的大坐标上。注重接受新理念，勇于创新，不断谋求新突破，紧密结合当前人才培养需求，促进税务专业硕士培养更加精准有效，体制机制更加健全、质量效益全面提高，以满足各层次、各方面税收工作对税务人才的实际需要，努力开创新时代税务专业硕士教育新局面。

（二）税务专业学位教育培养单位及学位授权点布局

2011年，国务院学位办首批获得授权的培养单位共有36个。其中，中央财经大学和西安交通大学两所高校于2010年开始招收税务专业硕士，26所高校于2011年开始招生，其余8所高校在2012—2014年陆续招生。2014年，又新增学位授权点9个，税务专业硕士培养单位增至45个。2018年3月26日，国务院学位办再次批准增列了9个新的税务专业硕士授权点，分别是：内蒙古财经大学、东北师范大学、南京财经大学、西南政法大学、贵州财经大学、西藏民族大学、兰州财经大学、重庆工商大学、中国财政科学研究院。至此，全国税务硕士专业学位授权点由2011年的36个增加至54个，具体名单见表1。

表 1　　　　　　　　税务硕士专业学位授权点名录

第一批授权点（2011 年批准）		
中央财经大学	西安交通大学	安徽财经大学
北京大学	北京工商大学	东北财经大学
复旦大学	哈尔滨商业大学	河北经贸大学
湖南大学	吉林财经大学	吉林大学
暨南大学	江西财经大学	辽宁大学
南开大学	山东财经大学	山东大学
山西财经大学	上海财经大学	上海海关学院
首都经济贸易大学	四川大学	苏州大学
天津财经大学	武汉大学	西南财经大学
厦门大学	新疆财经大学	云南财经大学
浙江财经学院	浙江大学	中国人民大学
中国社会科学院研究生院	中南财经政法大学	中山大学（岭南学院）
第二批授权点（2014 年增列）		
北京国家会计学院	上海国家会计学院	安徽大学
集美大学	厦门国家会计学院	河南财经政法大学
广东财经大学	华中科技大学	对外经济贸易大学
第三批授权点（2018 年增列）		
内蒙古财经大学	东北师范大学	南京财经大学
西南政法大学	贵州财经大学	西藏民族大学
兰州财经大学	重庆工商大学	中国财政科学研究院

（三）税务硕士专业学位教育招生与选拔

税务硕士专业的招生对象要求是具有国民教育序列大学本科学历（或本科同等学力）人员，大部分培养单位同时招收应届生和非应届生，非应届生入学前的就职单位主要包括财政部门、税务部门、税务师事务所、会计师事务所等单位，而考生的本科专业也由 5 年前的仅限于经济类专业拓展到如今吸引部分理工科学生报考，招收的学生更加多元化。以中国社会科学院大学 2017—2020 年的录取考生为例，4 年录取的非财税相关专业考生分别为 1 名、4 名、5 名、9 名，非财税相关专业包括计算机科学、自动化、数学与应用数学、法律等，每年非财税相关专业录取人数占该年度的总录取人数百分比如图 1 所示，呈递增趋势。

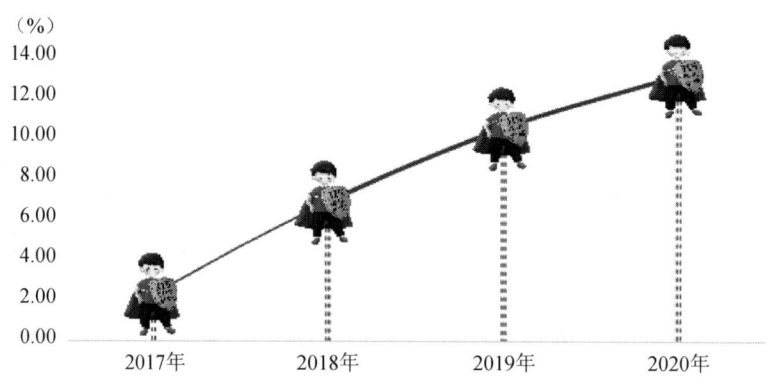

图 1　中国社会科学院大学 2017—2020 年录取非相关专业人数情况

当前，大数据、互联网、人工智能、区块链等信息技术飞速发展，对税务专业人才的培养提出了新的要求，社会对于既懂税务又懂信息技术和法律的复合型人才需求增加，招收考生本科专业的多元化有助于复合型人才培养目标的实现。诚然，非财税相关专业考生由于在本科期间没有系统地学习过经济学以及税收专业知识，专业基础不扎实，同时大部分税务专业硕士学制仅有两年，短暂的学习时间不利于其系统地掌握税收专业知识，提高专业技能。基于此，已有部分培养单位，如云南财经大学，已将学制延长至三年，还有部分培养单位开设相关先修课程或要求学生在入学前补习相关课程，这在一定程度上缓解了上述困境。

各培养单位招生考试科目包括政治、英语和数学（或经济类联考）三门统考科目，自主命题科目为税务专业基础，涵盖税收学原理、中国税制实务以及中国税收管理制度等内容。入学招生考试的"双轨制"助推各培养单位对考生的综合吸引力和考录竞争程度出现分化，产生较大失衡。2020 年教育部关于印发《2021 年全国硕士研究生招生工作管理规定》，规定自 2021 年起，教育部全面推进经济类专业学位和学术学位分类考试改革试点，经济类综合能力考试科目将由教育部考试中心统一命题，供金融、应用统计、税务、国际商务、保险、资产评估 6 个经济类专业学位选用，招生单位统筹考虑本单位实际情况自主选择使用。该规定的实施对扭转上述失衡现象起到了较好的促进作用。

（四）税务专业学位教育培养方案与课程设置

智能化、数字化以及企业税务信息化探索使税务人才培养面临新的机遇和挑战,对新时期税务人才培养提出了新的要求。各培养单位经过多年的培养实践和探索,都认识到税务专业学位教育是培养税务应用型人才的学位,在培养方案、课程设置、师资配备和日常教学培养等方面有意识地与科学学位研究生做出区分,更加重视对学生专业技能和实务能力的培养。

1. 培养方案

(1) 基本要求。从目前税务教指委的文件和各培养单位的培养方案来看,对税务专业硕士研究生主要提出了基本素质、基本知识、实践训练和学位论文这四个方面的要求。

一是基本素质要求,包括学术道德要求和专业素养要求。攻读税务专业硕士的研究生要严格遵守国家法律、法规,秉承学术诚信原则,不得进行学术造假,做到严于律己,宽以待人;在专业素养方面,需要具备逻辑思维、法律意识和风险防范意识,既能够综合运用税收理论知识有效解决实际问题,为各级税务机关和企事业单位的税收决策与管理提供有效的解决方案,又能全方面掌握我国税收制度和相关法规政策,在税务处理中做到真正意义上的守法,能够十分敏锐地觉察到税务处理(特别是税收筹划)中的税收风险,并及时做出有效应对。

二是基本知识要求,包括基础知识和专业知识。基础知识方面,需要系统掌握政治、经济、法律、现代科技等方面的基础知识,掌握基本的税收经济学、税务会计学、税法的基本理论和实务技能,能够阅读专业外文资料,了解国内外税制差异。专业知识方面,需要完成"税收理论与政策""中国税制专题""国际税收专题""税务管理专题"和"税务筹划专题"等核心课程和其他专业课程的学习,并通过考试或考核。

三是实践训练要求,包括专题研究、案例研究和实习实践。税务专业硕士应能够针对自己擅长且感兴趣的领域进行深入的研究,通过课堂内外学习掌握最新的税收动态与税收前沿,并就"中国税制专题""国际税收专题""税务管理专题""税务筹划专题"等课程接受一定学时的案例教学,以提升综合运用所学知识、方法和技能解决税务实际问题的能力。同时,税务专业硕士应保证有不少于半年的相关涉税部门实习经历,并据其撰写实习报告。

四是学位论文要求,包括选题、文献综述、内容及形式规范等。学位论文的选题应体现专业领域的热点问题,具备一定的实践性和前沿性,能够就我国税制优化和税收治理水平提升提出有价值的观点和建议。学位论文类型应符合各高校指定的相关标准，且不得进行学术造假。

（2）学习年限。税务教指委指导性培养方案规定，税务专业硕士全日制学习年限一般为2年；非全日制学习年限一般为3年，其中累计在校学习时间不少于1年。目前绝大部分税务专业硕士培养单位学制都是两年，少部分培养单位学制是2.5年或3年。

（3）培养基本环节。近年来，各培养单位在继续注重税务专业硕士税收基本理论和学术能力培养的同时，对实践和实验教学越来越重视，不断探索教学新模式。

一是课程教学和实践教学"双管齐下"。例如，首都经济贸易大学的老师多次带领税务专业硕士学生到税务局、涉税服务机构进行"税务管理""纳税服务"等课程的课外实践活动，这种实践性教学便于学生转换思维，更便于学生把理论知识应用于实践；北京国家会计学院于2016年挂牌成立了大数据税收实验室，并从在校优秀税务专业硕士学生中选拔大数据税收实验室研究助理，有效提高了学生们的数据分析水平及创新能力。

二是鼓励案例教学，培养学生分析问题和解决实际问题的能力。为贯彻落实《教育部关于加强专业学位研究生案例教学和联合培养基地建设的意见》（教研〔2015〕1号）文件精神和全国税务专业研究生教育指导委员会第十次委员会会议决议，税务教指委每两年举办一次税务专业硕士教学案例评选大赛，至今已举办了三届，对各培养单位案例教学的推广和提升起到了很好的促进作用。各培养单位也纷纷投入师资、资金和精力，加大案例教学力度。如江西财经大学邀请校外税务实践领域的高级专业人员承担税务专业硕士课程教学，与国内知名院校、中介机构建立了良好的合作关系，注重案例教学，在全国税务专业硕士的案例评选中取得了不错的成绩（见表2）。

表2　　　　　第三届全国税务硕士教学案例大赛获奖名单

编号	奖项	案例名称	单位	作者
1	一等奖（3个）	某跨国咨询公司金融避税产品的设计与应用	西南财经大学	刘蓉、刘佳丽、沈诗雨
2		破产清算涉税实务案例研究——S税务局与J公司破产债权确认纠纷判决案例	中国社会科学院大学	王彦珍
3		H公司重组特殊性税务处理案例	安徽财经大学	崔志坤、何广欢

续表

编号	奖项	案例名称	单位	作者
4	二等奖（6个）	减税降费政策对汽车制造业的影响——以W公司为例	上海国家会计学院	李昕凝、沈炎青
5		海外子公司的常设机构认定与母公司在东道国的应税利润：基于大金公司与印度税务机关诉讼案的分析	复旦大学	杜莉
6		数字经济的税务挑战——美国南达科他州起诉Wayfair案	西南财经大学	吕敏
7		非居民企业间接股权转让的一般反避税案例	西南财经大学	李蒙
8		增值税专用发票"虚开案"法院判罚的税务司法争议	云南财经大学	杨树琪、王成展
9		进口货物特许权使用费征税之争——进口关税完税价格争议教学案例	上海海关学院	钟昌元、李九领、毛道根
10	三等奖（10个）	一种特殊的代理型常设机构认定——以国内首例境内母公司被认定为常设机构为视角	中国社会科学院大学	邓远军、张程
11		某企业基于无形资产和离岸信托的跨境税收筹划	重庆工商大学	汤凤林
12		拟上市企业涉税风险管理研究——以S公司上市失败为例	中南财经政法大学	薛钢、张道远
13		对赌协议中业绩承诺补偿的税务处理探究——以高新兴为例	上海国家会计学院	王怀芳、王垚
14		国际税收协定中利益限制条款的适用——以斯塔尔国际诉美国国税局案为例	中央财经大学	陈宇
15		不对称信息下征纳博弈决策——通过虚拟仿真实验实现的税收管理案例	厦门大学	林文生
16		农业PPP项目的财税核算及管理	上海国家会计学院	庞金伟、杨念东、夏新东
17		不同类型常设机构认定案例分析——新加坡Y公司的综合案例	首都经济贸易大学	何辉
18		宜家的国际避税行为分析：基于BEPS行动计划的视角	浙江大学	周夏飞、王俊、涂浩翔
19		企业跨境吸收合并特殊性税务处理争议案例分析	南京财经大学	戚宇柯

三是采用双导师制。大多数培养单位都为每位研究生配备了学术导师和实践导师（有的学校称为校内导师和校外导师）。学术导师由具备硕士研究生指导资格的教师构成，实践导师由实务部门具有丰富实践工作经验，或具有高级专业技术职务，或具有注册会计师、注册税务师等专业资格的相关人员构成。以中国社会科学院大学为例，该校税务硕士学术导师除来自中国社会科学院大学及相关研究所之外，还吸纳了国家税务总局税收科学研究所、扬州税务干部学院、中国财政科学研究院、中央财经大学、首都经济贸易大学等高等院校和科研院所共计96名在税收理论和实务方面有深厚造诣并具有副高级及以上职称的科研或教学人员组成，同时聘请了共计72名来自国家税务总局各司（局）级机构、北京市及部分区县税务局、江苏省国家税务局、苏州市吴江区税务局等税务机关，德勤、普华永道、毕马威、安永四大会计师事务所，中国电力建设集团、中国中铁、华为、小米、京东等企业税务部门具有丰富实战经验的实务专家作为实践导师。通过不断优化和切实履行行之有效的导师管理规定和定期的师生交流制度，中国社会科学院大学双导师制度扎实落地，有力保障了研究生培养质量。

2. 课程设置

早在2011年，税务教指委就推出了税务专业硕士指导性培养方案，该方案的专业课程中包括了中国税制专题、税务管理专题、税务稽查专题、高级税务会计专题等专题课程，同时还设计了税收征管、税务代理、税务争议等税务实操技能课程以及财务会计理论与实务、财务报表分析等财务操作技能课程。课程设置基本涵盖了税务专业硕士的培养目标和实际工作的需要，体现了应用性和实践性的原则。在全部22门课程中，实务类课程数量达15门，占比70%。2019年1月，税务教指委在厦门大学召开核心课程建设研讨会，进一步对"税收理论与政策""中国税制""税务管理""国际税收""税收筹划"5门课程的教学内容及形式进行规范，并组织部分培养单位牵头编写相应教材，向各培养单位推荐使用。

各培养单位在教学实施过程中，在遵照税务教指委总体要求的基础上，根据各自实际开设了若干必修或选修课程，如道德伦理、财务管理、资本运营与财税战略、税法、税收战略等，还设置了一些附加专题，如所得税、财产税、商品税制等，供不同方向研究生选择。例如，山西财经大学税务专业硕士目前设有税收制度管理、税收筹划实务和税务稽查管理三个培养方向；其课程设置也以实际应用为导向，以职业需求为目标，必修课程有财政专题、税收理论与政策、中国税制专题、国际税收专题、税务管理专题、税收实务专题专业课程，选修课程有税收筹划专题、税务代理实务、税务稽查专题、税务统计等。但该校的财政学科学学位课程设置重在学科基础课（宏观经济学、微观经济学、信息经济学、高等数理统计学等）和专业课（财政理论研究、公共财政制度与政策研究、税收理论与实务研究等），课程的实践性、应用性、职业性、导向性更为突出。

上海财经大学将中国税制进行了拆解，形成财产税理论与实务、货劳税理论与实务和所得税理论与实务三门课程，增设了中国税制史和比较税制研究两门专业选修课，同时还开设有公共经济与政策、公共预算理论与实务、公共管制理论与政策、公共选择理论等公共管理方面的课程，以及计算机应用、SAS/SPSS/STATA应用等工具性课程。该校将课程开设得比较细，每门课学分也比较少，大部分为2学分和1.5学分（见表3）。

表3　　　　　　　　上海财经大学税务专业硕士课程设置

分类	课程代码	课程名称	学分	按学期学分分配				开课院系	备注
				1	2	3	4		
学位公共课	213122	1. 财税专业英语	2	√				公共经济与管理学院	
	212241	2. 马克思主义与社会科学方法论	1		√			马克思主义学院	
	214117	3. 习近平新时代中国特色社会主义思想专题研究	1		√			马克思主义学院	
	214118	4. 新时代中国特色社会主义理论与实践	2		√			马克思主义学院	
		学分小计	5						"马克思主义与社会科学方法论""习近平新时代中国特色社会主义思想专题研究"为选择性必修课程，硕士研究生至少选择1学分

续表

分类	课程代码	课程名称	学分	按学期学分分配				开课院系	备注
				1	2	3	4		
学位基础课	210403	5 计量经济学	2	√				经济学院	
	211633	6 管理经济学	2	√				公共经济与管理学院	
	212681	7 民商法	2	√				法学院	
	212683	8 中级财务会计	2		√			会计学院	
	213628	9 论文指导与写作	1.5		√			公共经济与管理学院	
		学分小计	9.5	6	3.5				
专业必修课	250402	10 财产税理论与实务	2	√				公共经济与管理学院	
	250622	11 货劳税理论与实务	2	√				公共经济与管理学院	
	250623	12 所得税理论与实务	2	√				公共经济与管理学院	
	214076	13 税务调研与写作	2		√			公共经济与管理学院	
	250403	14 国际税收理论与实务	2		√			公共经济与管理学院	
	250624	15 税收征收管理研究	2		√			公共经济与管理学院	
	250648	16 企业税务风险与控制研究	2		√			公共经济与管理学院	
	250649	17 专业服务机构税务研究	2		√			公共经济与管理学院	
		学分小计	16	6	10				
专业选修课	212307	18 公共预算理论与实践	1.5		√			公共经济与管理学院	
	213809	19 行政法概论	1.5		√			法学院	
	213855	20 数据分析与统计软件应用	1.5		√			公共经济与管理学院	
	250408	21 财税经典文献选读	1.5		√			公共经济与管理学院	
	250411	22 税收筹划	1.5		√			公共经济与管理学院	
	250413	23 公共选择理论	1.5		√			公共经济与管理学院	
	250415	24 公司理财专题	1.5		√			公共经济与管理学院	
	250524	25 计算机应用	1.5		√			信息管理与工程学院	
	212682	26 前沿财税政策专题研究	1.5			√		公共经济与管理学院	
	250409	27 中国税制史	1.5			√		公共经济与管理学院	
	250410	28 比较税制研究	1.5			√		公共经济与管理学院	
	250414	29 公共管制理论与政策	1.5			√		公共经济与管理学院	
	250522	30 财务报表分析	1.5			√		会计学院	
		选修学分	4.5						
实践教学环节	250351	31 社会实践	4				√	公共经济与管理学院	
		学分小计	4				4		
		全程总计	39	12	13.5	0	4		
备注									

中国社会科学院大学税务专业硕士课程设置见表4。

表4　　　　中国社会科学院大学税务专业硕士课程设置

课程类型	课程序号	课程编码	课程名称	学时	学分
公共必修课（5学分）	1	0470001	中国特色社会主义理论与实践研究	54	3
	2	0440019	外语（财税英语）	36	2
专业必修课（15学分）	3	0440007	税收理论与政策专题	54	3
	4	0440047	中国税制专题	54	3
	5	0440048	税务管理专题	54	3
	6	0440011	税务筹划专题	54	3
	7	0440013	国际税收专题	54	3
专业方向课（至少修满所属专业方向的7学分；如果选修其他两个专业方向的课程，可冲抵后面选修课的学分）	8	0440054	税收征管实务（税收政策与治理方向）	54	3
	9	0440031	税务稽查实务（税收政策与治理方向）	36	2
	10	0440026	税务争议专题（税收政策与治理方向）	36	2
	11	0440045	资本运营与财税战略（企业税务管理及筹划方向）	54	3
	12	0440030	财务会计与财务报表分析（企业税务管理及筹划方向）	36	2
	13	0440004	高级税务会计（企业税务管理及筹划方向）	36	2
	14	0440066	国际避税与反避税（国际税收方向）	54	3
	15	0440065	国际税收协定（国际税收方向）	36	2
	16	0440067	转让定价实务（国际税收方向）	36	2
选修课（至少修满10学分；如果选修其他两个专业方向的课程，可在此冲抵选修课学分）	17	0440041	中国经济问题研究	36	2
	18	0440053	公共经济学	36	2
	19	0440046	税收数量分析方法	54	3
	20	0440038	税务研究与写作	36	2
	21	0136348	税务案例专题研究		
	22	0440055	财税前沿专题讲座/税收实务专题讲座	54	3
	23	0440050	金融税法	36	2
	24	0440044	大数据及其税收应用	36	2
专业实习（必修，4学分）	25	0440010	税务硕士研究生实习实践时间不少于6个月，其中专业实习时间不少于3个月。专业实习是指在政府财税部门、财税中介服务机构及涉税企事业单位的实习		4

中国社会科学院大学税务专业硕士目前设置了三个专业方向，分别是税收政策与治理方向、企业税务管理及筹划方向和国际税收方向，并为每个专业方向分别设置了三门相关课程。此外，该校财税前沿专题讲座和税收实务专题讲座两门系列讲座课程、大数据及其税收应用、金融税法等课程有利于研究生拓展视野，跟踪前沿，受到了学生的普遍欢迎。该校将从2021级研究生起增设"数字经济与税收"这一专业方向，以适应数字经济蓬勃发展的需要。

同时，一些培养单位还发挥自身教育资源和地理位置的优势和特色，开设特色或优势课程。暨南大学利用得天独厚的地理位置优势开设了"港澳台税制研究"，将中国内地与港澳台税制进行对比学习；北京大学充分发挥学科优势，开设"财税数据实证分析"课程，与当前大数据时代的税收征管现实紧密联系；中国人民大学利用跨学科优势，开设金融税收方向，将其作为税务专业硕士培养的一个特色模块；复旦大学在校外实务课程方面增加了金融领域课程以及海外信托资产配置相关讲座，分别邀请香港春申资本和兴业银行的专业人士进行前沿实务讲座（见表5）。

表 5　　　　　　　部分税务专业硕士培养单位开设的特色课程

学　校	特色课程
暨南大学	港澳台税制研究
北京大学	财税数据实证分析
中国人民大学	金融税收专题、公司金融
复旦大学	金融领域课程、海外信托资产配置讲座

（五）税务专业学位教育师资

为实现税务专业硕士的培养目标，一支具有丰富税务工作经验的高水平师资队伍必不可少。税务专业硕士学位的特殊定位对师资提出了更高的要求，教师不仅要精通税收基本理论，还要了解税收实务，并兼顾其他学科，如法律、现代信息科技等。中国社会科学院大学全面实施专任教师、岗位教师、特聘教授和研究生导师制度，组建"四位一体"的师资队伍。截至目前，共组建科教融合型教学团队210个。通过科教融合，把中国社会科学院强大的科研力量转化为大学的教育资源。该校税务专业硕士中心整合了一支拥有96名学术导师和72名实践导师的强大研究生导师队伍,两类导师在研究生指导过程中既分工又合作,有力保障了税务专业硕士研究生的课程学习、专业实践和论文指导。而更多的培养单位将导师分为校内导师和校外导师两类。校内导师的职责主要是负责学生校内事务和论文指导、论文质量把关等;校外导师负责学生在相关对口单位的实习、实践。培养单位对校外导师的职业素质与专业素质有较高的要求,校外导师既要有丰富的理论素养和专业技能,又要有丰富的税务管理工作经验。校外导师一般由财税部门、司法部门、税务专业服务机构以及企业涉税人员中的高学历、高职称专家组成。

1. 校内导师

经过数年的发展,税务专业硕士的师资力量日益强大。从税务教指委对各培养单位的调查数据来看,截至2018年7月,参与调查的43所税务专业硕士培养单位共有770名税务专业校内教师。校内导师中,取得博士学位人数达688人,占比89.35%;教授299人,副教授320人,教授及副教授合计占比80.39%。校内教师年龄结构合理,30岁以下占比2.34%,31—45岁占比40.39%,46—60岁占比42.72%,61(含)岁以上占比14.55%。从学历、职称结构来看,师资力量较为雄厚,能为我国税务专业硕士的培养保驾护航(见图2、图3、图4)。

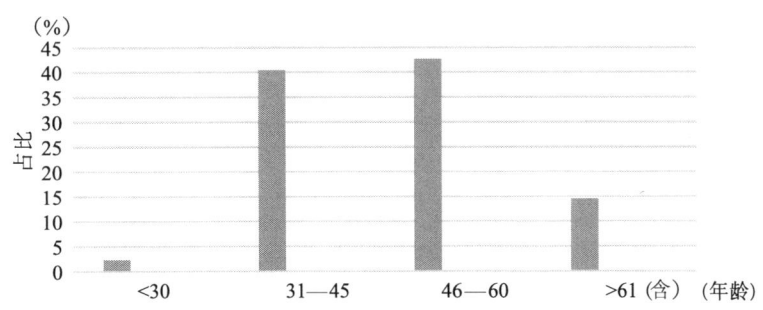

图2 43所税务专业硕士培养单位校内导师年龄分布

从各培养单位的专任教师职称来看,上海国家会计学院税务专业硕士项目拥有专职教师24人,其中教授7人,副教授11人,讲师6人,具有高级职称者所占比例为75%,且全部拥有博士学位;暨南大学正高职称5人,副高

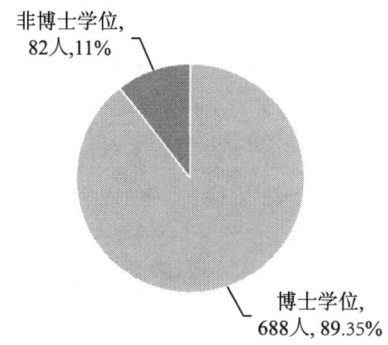

图3 43所税务专业硕士培养单位校内导师学位分布

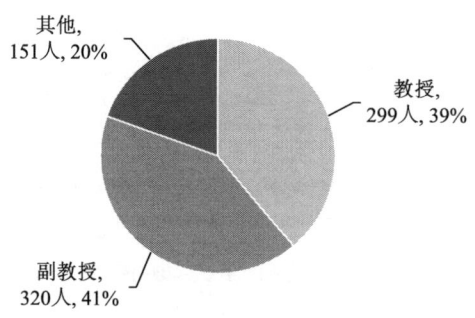

图4 43所税务专业硕士培养单位校内导师职称分布

职称4人，中级职称6人；首都经贸大学税务系教师中教授6人，副教授4名，讲师7人。由此可见，各培养单位师资队伍结构较为合理，高级职称（副教授及以上）超过半数，具有较强的学术影响和社会影响。

2. 校外导师

在校外导师方面，各培养单位共聘请了811名政府部门和税务师事务所等专业机构的专业人士作为校外导师，其中，来自税务部门的导师最多，占校外导师总数的28.4%。目前，税务专业硕士培养单位来自实务界的兼任教师的总人数，已经超过了校内专职教师。

例如，北京大学与校外相关企业合作开设了"税务筹划专题"和"税法专题课程"。"税务筹划专题"由北京大学经济学院财政学系和德勤华永会计师事务所合作开设，德勤华永会计师事务所派出合伙人分别对税收筹划领域的九大专题进行讲授；中央财经大学除了邀请校外导师进行实务讲座外，还邀请了维也纳经济大学、荷兰莱顿大学、澳大利亚维多利亚大学等多所世界知名大学的多位税收专家为学生授课，使学生掌握国内、国际税收领域研究的新动态，力求将学生培养成为具有国际视野的高层次人才；山东财经大学注重加大师资培训力度，为其提供国内学习和国际交流的机会，安排部分专任教师到国务院发展研究中心从事房地产税研究，赴美国塞勒姆州立大学、美国田纳西大学和英国伯明翰大学进行国际交流与访学；上海国家会计学院选聘具有丰富管理思想和广博知识结构的专家担任税务专业硕士研究生校外导师，目前共有校外导师31人，确保每位税务专业硕士研究生能够得到充分的实践指导，并明确规定校外导师指导每届研究生人数不超过3人；中国社会科学院大学税务专业硕士校外实践导师共有72名，全部由国家税务总局等税务机关、四大会计师事务所、北京各大税务师事务所以及重点企事业单位高管和业务骨干组成，绝大部分具有CPA或CTA资质，或取得法律资格证书，绝大部分具有10年以上涉税事务从业经验。

（六）税务专业学位教育案例教学与专业实践

各培养单位均较重视税务专业硕士案例教学和实践训练。案例教学通过以案释税，有利于提高研究生对税制和征管活动的深入理解；实践训练能训练和强化学生的税收实务操作能力。为了确保研究生的培养质量，税务专业硕士教育培养制度日益规范。2019—2020年，各培养单位在案例教学与专业实践方面不断有新的举措。

1. 案例教学

上海国家会计学院所有税务专业硕士课程与选修课程均要求有相关的案例，案例教学比重达100%，每门课程在当次教学结束后，均会以小组为单位进行案例讨论与展示，教学互动性良好，研究生参与度较高。

浙江大学注重大型案例的使用，"税收案例分析""国际税收专题"等课程采用案例教学方法，如应用"金华县虚开增值税专用发票案""外国投资实体和非居民信托的立法草案""尤思科税收案件研究"等国内外税务案例，取得了良好的教学效果。

集美大学建立了较为成熟的税务专业硕士教学案例库，其中企业财务风险案例库完全由校外导师采用案例教学，已形成23个成熟的教学案例；企业税收风险案例库由省教育厅立项建设，共设计有 18 个案例。

中国社会科学院大学与税务师事务所律师、会计师事务所合作开设"税收争议"课程，结合实务案例现场举行"税收争议模拟听证会"，学生在熟悉整个行政处罚或行政复议案件后，模拟举行公开"听证会"，加强了对案情的理解，提高了对税法知识的把握和运用能力。

2. 专业实践训练

各培养单位充分利用校外实习基地的资源，积极邀请校外导师授课，促使理论与案例相结合，使税务专业硕士研究生充分了解和掌握税务实务技能。

安徽大学新增 5 处校外实践基地，每年安排 5—10 名学生分别到各基地进行专业实习，开展不同类型的实践教学，以满足不同专业方向研究生专业实践能力训练的需要。

北京工商大学"税务管理课程"采用实地教学法，分别进驻北京海淀区国税局第二税务所、第六税务所两个实习基地，由校内外教师在办税大厅为学生进行授课并就地实训，将课堂教学与实践教学进行无缝对接，取得良好的教学效果，深受学生欢迎。

北京大学"税务筹划专题"由北京大学经济学院财政学系和德勤华永会计师事务所合作开设，课程由德勤华永会计师事务所派出合伙人分别对税收筹划领域的九大专题进行讲授。

江西财经大学邀请税务局的业务骨干给学生讲解当前税收改革的热点与难点，校外税务实践领域的高级专业人员承担税务专业硕士课程教学，立足实际工作向学生讲述税务人员必备的财税知识。

在实习模式方面，各培养单位的实习地点主要为会计师（税务师）事务所、税务部门与企业等，依托校外实习基地与实习单位，以实践促教学，提升学生的涉税专业敏感度和涉税专业应用能力。例如，对外经济贸易大学和中国社会科学院大学除推荐学生在签约基地实习以外，也积极引导和鼓励学生充分利用北京的区位优势，自主联系实习单位，并利用《税务专业硕士实习手册》反映和评价学生实习情况；复旦大学根据校企合作计划，采取学生与企业双向选择的机制，安排学生去毕马威基地进行实习。

各培养单位也积极搭建展示税务专业硕士专业能力与素养的平台，组织专业相关的学生活动，鼓励学生参与税务专业相关比赛。例如，北京大学、中国人民大学、对外经济贸易大学、中央财经大学、首都经济贸易大学 5 所高校于 2017 年发起了首都高校税务案例大赛，目前该案例大赛已连续举办四届，中国社会科学院大学和北京工商大学也加入大赛的角逐当中。大赛有助于增强首都高校税收学科间的沟通和交流，提高在京高校财经类专业参赛学生的税务专业知识水平以及案例分析、团队协作和现场展示能力，培养全面发展的税务专业人才；厦门国家会计学院举办第二届"致同杯"研究生财税案例大赛，组织在读研究生参赛，通过分析、研究财税案例，撰写、展示分析报告，提升其分析决策能力，培养其管理沟通技巧，帮助其构建成熟的商业思维；河北经贸大学鼓励学生积极参加税法知识大赛、德勤税务精英挑战赛、"衡信杯"财税技能大赛，让学生们将所学理论和实际紧密结合，调动学生自主学习并进行科研的积极性；东北财经大学将每年 4、5 月举办的"税法宣传月"活动确立为精品学生活动，配合国家税务总局每年的"税收宣传月"，在全校范围内普及税法知识，锻炼学生的专业能力；首都经济贸易大学搭建税收宣传月、税收小品大赛、税收知识大赛、税务局的调研项目等专业交流平台，引导学生实施专业调研，自主挖掘、展示税收实务情景，提高学生综合素质和创新能力。

（七）税务专业硕士学位论文写作

撰写学位论文是研究生阶段的核心任务，学位论文也是研究生教育的主要产物，根据税务专业硕士培养方案在学位论文方面的要求，税务专业硕士的学位论文更加强调理论联系实际，应体现创新性并具有实用价值。

1. 选题方向

国际国内环境的变化对我国的税收制度和税收政策提出了新的要求，税收领域的改革一直未曾停息，中国税务教育的内容也随之不断变化，这些变化也在税务专业硕士研究生学位论文的选题方向上得到了体现。从研究背景和意义来看，税务专业硕士一般都会选取政府和纳税人关心和讨论的热点话题进行研究，以更好地理解政策变化，跟踪学科前沿。

为进一步研究税务专业硕士学位论文的选题方向，税务专业硕士除了选取中国知网的"博硕士"论文库中的中文文献作为数据来源，也要阅读一定数量的英文文献来开阔视野。中国社会科学院大学充分利用其高层次国际交流合作网络,同时大力引进国际学术资源,拓展学生国际视野和提升国际竞争力。通过限定关键词和学科专业名称,"关键词"定为"税"或者"营改增"(模糊),同时"学科专业名称"定为"税务"(模糊),时间设定为2013—2019年,我们共检索到2093篇税务相关主题的学位论文。将这些论文作为样本,并选取其中出现次数最多的六个关键词进行时间趋势分析,结果如图5所示。

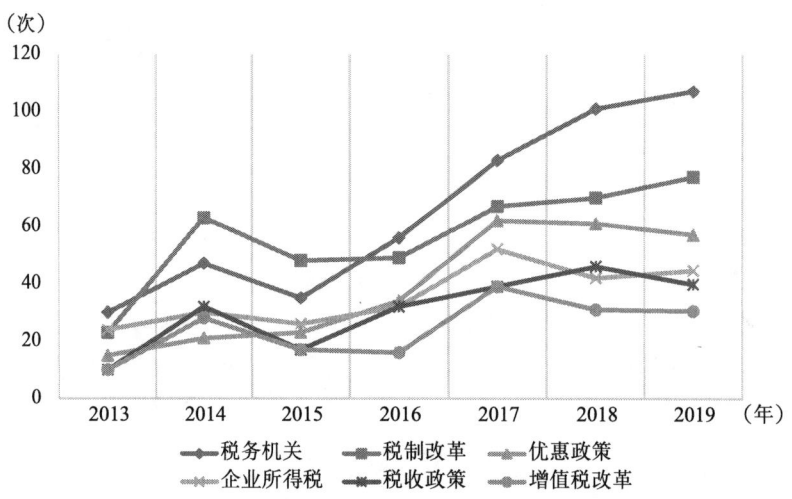

图5　2013—2019年样本论文关键词次数总量排名前六位的时间趋势

相比学术型学位,税务硕士专业学位由于强调特定的职业背景,学位论文选题一般与纳税人实际问题相关联。由图5可见,关键词"税务机关"在样本论文中出现的次数最高,且呈现逐年上升的趋势。2015年后,关键词"税务机关"的出现次数显著提高。当时国务院首次提出了"放管服"改革的概念,同年12月,中共中央办公厅、国务院办公厅发布了《深化国税、地税征管体制改革方案》,提出到2020年建成与国家治理体系和治理能力现代化相匹配的现代税收征管体制,降低征纳成本,提高征管效率,增强税法遵从度和纳税人满意度等改革目标。国地税合作、合并还是继续分设等问题也备受关注,税务机关如何贯彻税收工作的方针政策,强化税收的宏观调控功能成为税务专业硕士关注的热点问题,这也可能是导致他们对税务机关的关注度较高,以"税务机关"作为学位论文关键词的文献日益增多的主要原因。

与此同时,关键词"税制改革"出现的次数也比较高,在2014年达到较大值，之后呈平稳上升趋势。2013年《关于深化改革若干重大问题的决定》发布，提出了新一轮财税体制改革的原则与内容，指出我国要深化税制改革，完善税收制度以及全面推进增值税改革，"营改增"、房地产税和个人所得税等问题被学界广泛讨论，这大概是2014年将"税制改革"作为关键词的学位论文比较多的原因之一；并且"税制改革"作为学位论文的关键词，描述比较笼统，随着研究生们对学位论文主题的把握越来越精准，他们可能会选择更确切、具体的关键词。

此外，关键词"优惠政策""企业所得税""税收政策"和"增值税改革"也是税务专业硕士最为关心的几个热点问题。

2. 研究方法

"工欲善其事，必先利其器"。选题方向与研究方法密切相关。科学的研究方法能使研究过程更严谨，研究结论更可信。越是复杂深入的研究，对研究方法的要求越高。专业型税务硕士主要是为了培养解决实际涉税问题的应用型专门人才，侧重于税收实务。根据《税务硕士专业学位论文基本写作要求》（税务教指委字〔2015〕02号），对税务专业硕士的研究方法规范与要求是：具有研究方法意识，能够根据需要采取合适的研究方法，包括经济学、统计学和其他学科的研究方法，而不是盲目的无方法的所谓"研究"；研究方法包括规范研究、实证研究、定性研究、定量研究、历史研究、现实研究、逻辑推理研究、调查问题、访谈等研究方法。根据该文件"税务硕士专业学位论文质量评价表"对评价指标和要点的说明，"研究方法的科学性"和"研究内容的合理性"两项最重要，各占15%的权重。这进一步说明，研究方法是衡量学位论文质量的关键指标。

2017年起，全国税务专业硕士教育指导委员会开始评选全国税务专业硕士优秀论文，迄今已成功举办四届，共评选出优秀论文49篇。这些优秀论文集中体现了各培养单位对税务专业硕士的教育成果，有利于不断提高税务专业硕士教育水平，进一步扩大税务专业的社会影响力（见表6）。

现以2017—2019年的税务专业硕士优秀学位论文为样本，对其应用的研究方法进行统计分析。首先从"是否有研究方法自我陈述"方面进行统计，结果显示，在这三年获税务专业硕士全国优秀论文的样本中，仅一篇学位论文没有陈述其研究方法，绝大部分的作者都在论文第一部分单独列出小标题

表 6　　　　　　　第三届全国优秀税务硕士学位论文评选结果

序号	姓名	学校	论文名称
一等奖			
1	陈卓恒	中国社会科学院大学	缩小居民贫富差距的直接税体系研究——基于收入与财产双向互动关系视角
2	刘逸晖	复旦大学	资本收益的税负研究——基于 18 个国家边际有效税率的测算
3	王宇龙	暨南大学	企业业绩补偿款税务风险研究
二等奖			
1	李凤姣	湖南大学	后 BEPS 时代 W 公司常设机构税务风险研究
2	严云扬	北京大学	税收优惠、政府补贴与企业 R&D 活动——基于中国高技术产业上市公司面板数据的实证研究
3	毛丹	西南财经大学	我国企业技术创新 R&D 阶段的所得税激励程度与效应研究
4	马铭忆	对外经贸大学	增值税具有国际贸易中性吗？——贸易伙伴国增值税税制对中国国际贸易的影响
三等奖			
1	程子鸣	中南财经政法大学	促进企业公益性捐赠的税收优惠政策研究
2	王丹丹	北京国家会计学院	CRS 背景下高净值人士财富规划的税务风险及防范
3	张海舰	对外经贸大学	我国融资租赁资产证券化涉税问题案例研究
4	何叶青	江西财经大学	我国消费税收入分配效应研究
5	李竞萁	广东财经大学	供给与需求匹配视角下的纳税服务优化研究——以 G 省为例

资料来源：全国税务专业学位教育指导委员会官网：http://www.mtchina.org/notice/2019-07-12-17442.html。

分析了论文运用的具体研究方法。而且，浏览这些论文后，我们发现，这些学位论文作者基本上在陈述研究方法时，都会结合论文的内容具体阐述。

接下来，为进一步了解税务专业硕士优秀学位论文中研究方法应用的具体情况，我们逐一浏览 35 篇样本论文，对各种研究方法在样本论文中的应用频次进行统计，并分别计算其在样本论文总量中所占的比重，然后根据所占比重的大小进行降序排列。

从表 7 中可以看出，2017—2019 年税务专业硕士优秀论文中共应用了 19 种研究方法，应用总频次为 78 次，其中文献分析法、比较分析法、案例分析法、定性与定量分析法、实证分析法以及模型分析法所占比例较高。

表7　　2017—2019年税务专业硕士优秀学位论文中研究方法频次分布及占比

研究方法	总计（次）	占比（%）
文献分析法	20	57.14
比较分析法	9	25.71
案例分析法	7	20.00
定性与定量分析法	7	20.00
实证研究法	4	11.43
模型分析法	4	11.43
理论研究法	3	8.57
规范研究与实证研究相结合	3	8.57
数据分析法	3	8.57
统计分析法	3	8.57
问卷调查法	3	8.57
定量分析法	2	5.71
访谈法	2	5.71
规范研究法	2	5.71
理论分析与实证分析相结合的研究方法	2	5.71
可行性分析	1	2.86
经验总结法	1	2.86
理论研究与社会调查研究相结合	1	2.86
从具体到抽象、从抽象到具体的研究方法	1	2.86

居首位的研究方法是文献研究法，近六成的样本论文选择搜集、鉴别、整理文献对研究主题形成科学认识。比较分析法与案例分析法紧随其后。《税务硕士专业学位论文基本写作要求》在"税务硕士专业学位论文的基本结构规范与要求"部分指出了税务专业硕士学位论文的三种类型，分别是专题调查调研类、案例分析类和税收政策评估与对策类，因此，在培养单位以及全国税务专业学位教育指导委员会对税务专业硕士学生教育方向的引导下，案例分析法成为大多数学生的最佳选择，并常常结合比较分析法来阐述研究对象。并且这类解释性、验证性的案例分析论文的写作难易程度适中，各类学

生都能够较为容易地掌握。

与此同时，在这些优秀学位论文中，实证分析法的使用频率也较为可观。"实证研究法""规范研究与实证研究相结合""理论分析与实证分析相结合的研究方法"共占25.71%的比例。此外，税务专业硕士学位论文描述的研究方法更具多样性，如经验总结法、问卷调查法、访谈法等，集中体现了税务专业硕士贴近实务、应用性强的专业特点。

（八）税务专业硕士就业情况

2019年47家培养单位共有毕业生1121人，毕业生去向最多的是企业，占毕业生总数的61.87%，其次是税务部门、其他和会计师事务所。律师事务所和出国深造的人数较少，均不超过毕业生总人数的1%（见图6）。

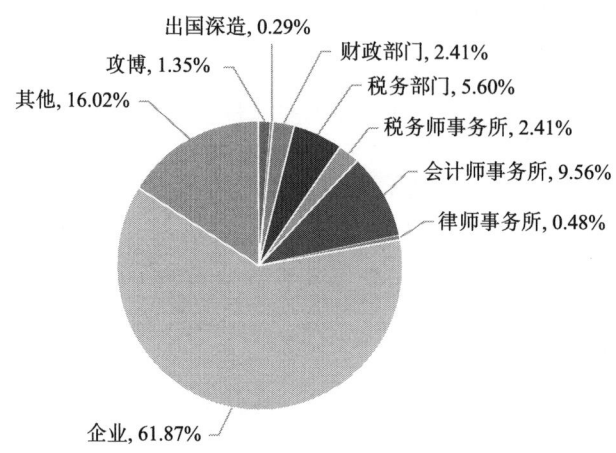

图6　2019年税务专业硕士毕业生就业去向

从研究成果来看，税务专业硕士的就业倾向因各地区经济特点不同而有所差异，华北地区的税务专业硕士毕业生在行政事业单位就业与其他地区相比较高，如中国社会科学院大学有20%以上的毕业生进入行政事业单位，华北地区中有以北京为代表的政治中心，影响辐射京津冀地区，而且此地区的行政事业单位设立较多，此类单位对人才需求量较高，因此华北地区的税务专业硕士毕业生进入行政事业单位的比例高于全国平均水平。华东和华中地区的毕业生则70%以上会选择企业就业，高于全国平均水平。华东地区以上海为代表的经济中心，大型知名的金融机构在此地区设立较多，所以较多的学生选择去金融机构就业,如上海财经大学有40%以上进入金融机构工作。华中虽没有北京这样的政治中心,也没有上海这样的金融中心,对于毕业生来说行政事业岗或金融机构的就业机会与前两个地区相比较少,但是地处华中地区的武汉市高校数量位居全国前四,且有武汉大学等多所知名院校,毕业生读博率在这三个地区中最高(见图7)。

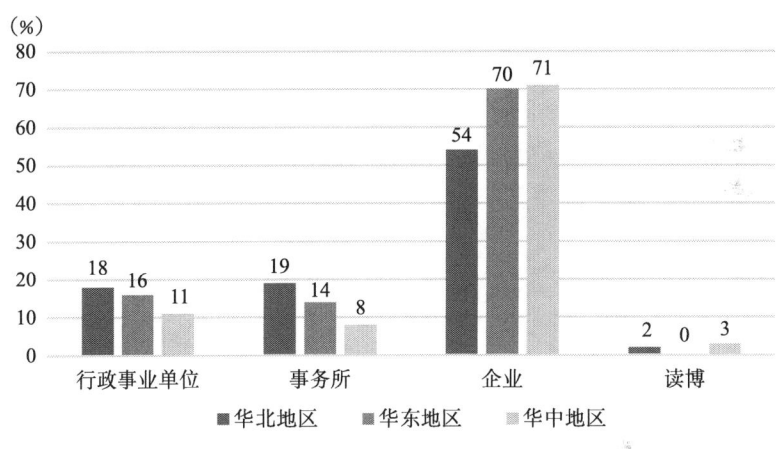

图7 不同地区就业情况比较

四、税务专业学位教育取得的经验与成绩

(一)招生的经验与成绩

1. 宣传渠道的拓展

十年来,各培养单位通过务实创新的招生宣传,积极巩固和拓展生源,以便能够录取大批成绩优秀、综合素质较高的学生。

比如,广东财经大学由学院领导亲自挂帅,全院上下广泛动员,大力进行招生宣传。一是学院招生宣传小组积极参加学校组织的研究生招生宣传活动,深入生源大省,如河南、安徽、湖北等地开展宣传;二是学院每年定期安排3—5个专门招生宣传小组到国内相关院校进行招生宣传;三是不断拓宽招生宣传渠道,综合利用微信、微博、QQ等现代化信息手段常年进行招生宣传。

北京国家会计学院选派教研中心的优质师资，面向"985""211"和全国重点财经院校开展巡回校园宣讲和招生推广活动，2018 年举办了多场校园宣讲会；通过与中国教育在线合作，走进全国多省高校参加税务专业硕士招生现场咨询会 7 场，进行招生咨询服务工作，提供"面对面"答疑、交流，助力招生工作；同时鼓励广大校友对学院税务专业硕士教育进行积极宣传和推荐。

安徽财经大学积极宣传学校的研究生招生政策，制定了针对重点院校生源的激励政策；积极宣传优秀研究生奖励办法；制定研究生科研奖励办法，吸引优秀生源；采取多种措施进行研究生招生宣传，尤其是"走出去"加大省外的招生宣传力度；采取措施鼓励本校优秀生源报考；采取多种措施提高研究生培养质量和提升就业质量，吸引优质生源。

厦门国家会计学院组织相关老师分赴西北、西南四地进行招生宣讲。宣讲活动吸引了周边院校学子及校友的参加，在当地取得了良好反响。除此之外，学院成立研究生教育微信公众号，助力学位教育宣传推广。公众号里面的文章内容丰富、形式多样，涵盖活动通讯、专题策划、个人风采等，生动、形象、活泼、多角度地向社会各界推介了学院的研究生学位教育品牌，受到学院内外一致好评。

2. 生源质量的提升

从近年的考研成绩来看，经济管理类考生的考试成绩屡创新高，税务专业硕士考生的生源质量也在不断提升。

以中国社会科学院大学 2020 年实际招收的 69 名学生为例，从考生招录类型、"'985'或'211'学校类型"以及"财税相关专业"三个维度对学生生源质量进行分析发现，接收一志愿统考生 61 人，接收推免生 8 人；来自"985"或"211"高校的学生有 14 人，占总人数的 21%；本科专业为财税相关专业的有 60 人，占所招人数的 87%。

3. 招生流程的完善

招生流程的完善体现在研究生考试的前期、中期以及后期。前期，在各个培养单位的官网上考生可以查找该校每年的招生简章，了解考试科目和学校要求的参考教材等，方便考生查找历年的录取情况，帮助其做出合理的选择，信息透明化、公平化；中期，考生在研招网进行报名确认并且在指定的考点参加研究生初试；后期，考生根据国家线的颁布和报考院校的分数线进行复试和调剂。

厦门国家会计学院在全国硕士研究生初试中自命题环节建立题库，并加大投入力度，将题库命题制推广至复试各科目，进一步确保初试、复试笔试安全保密。同时在招生复试中首次增设心理测试环节，对可能存在心理问题的考生予以关注，以保证招生计划的顺利完成。

北京国家会计学院为提高命题的公平性和严密性，在复试命题指引中增加了基于知识点难易程度的税务专业硕士单套笔试试题出题要求和单套试卷多项细目表；在复试工作管理规定中指明命题工作中的管理机构及职责，细化复试各个环节的要求，确保复试工作的安全性和保密性。切实提高税务专业硕士复试命题工作的效率与质量、保障了笔试面试的专业性与科学性，全面确保税务专业硕士招生复试工作的科学完善、公平公正、安全保密。

（二）就业的经验与成绩

1. 学生实践能力不断提高

相较于以前社会对于专硕的认可度较低，近年来税务专业硕士的毕业生就业竞争力加强，各培养单位为此做出了很多努力，最终结果也得到了社会的认可。为了提高学生的就业竞争力，各培养单位不但注重专业课程的教学，还兼顾实务课程的开设，邀请实务部门的人员前来授课，组织学生赴企业进行实地调研和现场教学，利用多种实践方式增强学生的实践能力和将理论与实务相结合的能力，并且为学生就业提供辅导和机会。中国社会科学院大学组织学生前往海南省税务局进行实习，实地了解正如火如荼建设的海南自由贸易港和与之相关的创新税收制度；学校还组织学生前往小米集团财务部参观，感受科技企业财务工作氛围。北京大学组织学生赴京东集团和长沙三一重工股份有限公司进行实践调研，加强税务专业硕士对财税现状的了解，促进学生对现状的思考。苏州大学为帮助学生就业，结合每个学生的特点提供个性化就业辅导，帮助其进行职业规划，并举行多场招聘会和宣讲会，为学生就业提供更多的机会，节约学生的时间成本。对外经贸大学立足于本校办学特点，开展了有关国际税收的一系列讲座，邀请四大会计师事务所的从业人员走进校园进行关于转让定价等的实务知识讲座，也让学生走进德勤办公大楼参加教学实践活动，为同学们认清实务中的操作问题指明了方向。上海财经大学为学生设立就业咨询室和沟通艺术工作坊,组织模拟面试和职场礼仪教育,举办职业生涯规划讲座,并帮扶就业困难同学。中国人民大学为消除税务专业硕士新生对专业学习及职业生涯规划的困惑,组织"税务专业硕士沙龙",邀请来自企业、事务所的业界精英与新生进行近距离交流,让新生能够尽快进入自我管理和设计的发展轨道。暨南大学组织学生赴实习基地"立信会计师事务所(特殊普通合伙)广东分所"进行实践教学活动,通过实习动员、岗前培训、实习总结、汇报交流等过程管理,取得了良好的教学效果。

2. 实习基地增多

调查结果显示,已招生的47家培养单位均已建立实习基地,共计建立实习基地547个,平均每家培养单位拥有11.64个实习基地,在各培养单位3年的努力下,实习基地数量从2016年的389家增加到现在的547家。实习基地数量最多的是江西财经大学,已建立41个实习基地,其次是西南政法大学(40个)和浙江财经学院(35个)。在现有实习基地中,税务部门最多,占实习基地总数的30.71%,其次是税务师事务所和企业,分别占23.58%和17.92%(见图8)。

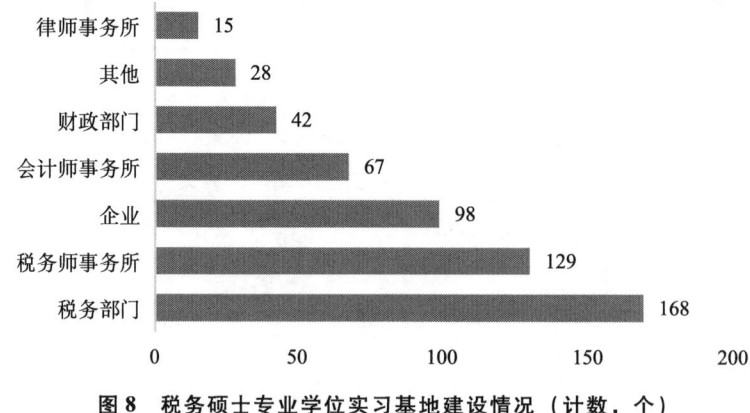

图8 税务硕士专业学位实习基地建设情况(计数,个)

3. 就业质量高

根据各培养单位提交的年度总结报告,税务专业硕士毕业生就业升学率均接近于100%,且就业质量普遍较高。根据地区不同经济特点的差异,各个地区的就业偏好也有所不同：华北地区的税务专业硕士毕业生进入行政事业单位的比例普遍偏高，因为在华北地区设有更多的行政事业单位和大型国企，毕业生追求稳定，多进入此类单位求职；而华东地区经济发达，私营企业、金融机构较为活跃，毕业生在此类企业就业概率很高。总体来说，税务专业硕士毕业生总体就业质量不错。北京国家会计学院的毕业生在毕马威、德勤、普华永道等"三资"企业所占的比例为20%左右，在大型国企工作的比例在40%以上。复旦大学的毕业生有48%的毕业生进入金融机构工作，此类工作在所有职业中占比最高。中南财经政法大学的毕业生就业去向以大型国企、外资企业、金融机构为主，且税务专业硕士同学的专业素质得到了用人单位的高度肯定。

五、税务专业学位教育发展存在的主要问题

（一）招生问题

第一，在税务专业硕士招生的复试环节中不能很好地考查学生的实践能力，也不能够体现税务专业硕士考生的特色。在复试中，专业面试是其中较为重要的一个环节，即招生专业根据实际情况组成导师组，对进入复试的考生进行综合面试，以考查学生对综合知识的运用能力等。这一环节是以主观试题为主，即通过导师组的考查，确定考生是否符合全日制硕士专业学位研究生的招生目标，同时也要考查考生的创新能力及培养潜力，这样才能真正考查学生是否符合招生要求，是否适合攻读税务专业硕士。相较于初试的客观性，复试的主观性更应该考查考生灵活运用和实践的能力。

第二，专业学位研究生培养应重视实践和应用，旨在培养在专业和专门技术上受到正规、高水平训练的高层次人才。学术型学位重在学术研究。专业学位和学术学位在培养目标上有各自明确的定位，但是在招生复试环节中没有明确区分。

（二）培养问题

1. 部分实践性强的课程急需拓展合适的师资

由于校内师资偏重学术研究，校外导师又不一定具备研究生培养过程中

的所有专业技能和工作经验，导致一些实践性强的课程找不到合适的师资。以"国际税收"为例，一些培养单位受区域和资源的约束，很难找到有相关实践经验的师资。

2. 攻读税务专业硕士学位的学生对具体研究方法认识模糊

讨论研究方法是论文的形式要件之一，研究方法是否科学也是评判学位论文质量的重要指标，但是，在前文分析的样本论文中，依然有一部分作者没有明确指出论文运用的研究方法，还有一部分作者只是泛泛而谈，说不出自己到底运用了什么研究方法，也没有结合具体研究内容提炼出论文的研究方法。但有文件指导的税务专业硕士学位论文在研究方法的描述上，比财政学学术型研究生学位论文的描述更规范，这说明我们在税务教育内容与知识结构上，有关研究方法的指导和教育还需要进一步提升。

这一问题主要集中表现在以下两个方面：

一是样本论文陈述的研究方法总频次位列第一的都是文献研究法。大概论文作者认为"文献回顾""文献综述"或"文献查阅"等这些对该领域其他人的研究文献进行回顾梳理就是文献研究法。但就文献研究法而言，其在学术界的定义为：通过规范的方法对文献资料进行收集、整理并分析以便对研究对象作出深入的考察和探究。这里所指的文献资料大部分都是零次文献，比如尚未整理的原始数据、个人提供的日记和回忆录等，而样本论文作者的文献资料一般是期刊上所发表的一次文献，从严格意义上说，文献综述并不属于文献研究法的一种。

二是样本论文作者对于税务领域或经济学、管理学领域的研究方法认识不一致，描述不规范。不少学位论文作者甚至"创新"了一些词组来描述论文的研究方法，因此，我们在统计研究方法时发现了五花八门的种类，比如，"文献研究法""文献分析法""文献阅读法"等，到底哪一种才是规范的说法呢？还有一些作者概括了一些我们不知如何理解的研究方法，如"描述分析与回归分析结合法""调查问题法"等。另外，许多作者确切知道自己运用了什么具体方法，但不知如何在论文中描述与介绍，或者不同作者的描述与介绍大不相同。例如，对建立理论模型后再利用收集的数据使用 Stata 等软件进行回归分析，一些作者称之为实证研究法，另一些作者称之为"计量分析法"，还有一部分作者称之为"定性与定量分析结合法"。

（三）就业问题

1. 培养过程与就业结果不匹配

根据本报告统计结果，不同地区间的税务专业硕士毕业生的就业去向偏好是不同的，但是各培养单位开设的主体课程却大同小异，未根据地区经济特点制定课程设计和个性化就业指导，造成培养人才的同质化。在华北地区，以北京为例。北京是我国的政治中心，行政事业机构众多，税务专业硕士毕业生进入行政事业单位的就业倾向较高，但是目前的实际状况是：由于实践教学中与税务机关接触的较少，大部分同学在真正就业前对有关行政事业单位的工作了解甚少，学生在不知道自己是否适合此类岗位的情况下花费大量时间和精力报考此类单位，入职后却发现自己并不适合这类工作，导致错失了真正适合自己的岗位和就业的黄金时间。而华东地区以上海为代表。上海作为全国的金融中心，税务专业硕士毕业生相当大一部分进入金融机构工作，但是部分学校开设的主体课程还是偏向于财税基本理论制度，而不是有策略地偏向市场需求导向，这样学生在就业后还要花费大量时间学习与金融相关的税收专业知识，不利于学生的职业发展。

2. 税务专业硕士扩招使得就业形势严峻

近年来国家大力支持专业硕士的发展，专业硕士也不断进行扩招，根据《2020 年全国研究生招生调查报告》，专业学位研究生占全体研究生的比例从 2009 年的 15.9% 增长到 2020 年的 60%，并且未来比例可能还会增长，税务专业硕士在这个大背景下也在不断扩招，招生人数从 2015 年的 849 人增加到 2019 年的 1328 人。2020 年受新冠肺炎疫情影响，各培养单位又进行了一轮大规模扩招。而税务专业硕士的主要就业趋势是行政事业单位、企业和事务所，虽然因税制改革会需要更多高层次税务人才，但每年招聘的数量依旧有限，即使是每年人才流动较大的会计师事务所，比如天健会计师事务所总所税务咨询岗校招人数也维持在 5—6 人，税务岗位市场招聘需求稳定，但是供给却在不断增加，使得税务专业硕士就业形势愈加严峻。

六、促进税务专业学位教育进一步发展的对策建议

（一）招生问题的对策

第一，在税务专业硕士招生复试环节可以增加案例分析的能力，学习专业知识的目的之一是为了以后能在实际工作中加以运用，因此在复试环节应该增加现场案例分析，考查其分析能力和思维方法，这样可以避免招收"高分低能"的考生攻读税务专业硕士。

第二，税务专业硕士在招生录取时需要将初试成绩与复试成绩综合加权进行录取。在以往的研究生招生工作中初试成绩占较大的比重，针对税务硕士专业学位的特点，在专业学位的招生录取工作中考虑加大复试的权重，加强导师在复试环节中对学生综合能力的考查，同时也提高了考生和考官对复试的重视程度。在以往的税务专业硕士的复试环节，笔试还是占着很大的比重，而笔试的内容也偏重于书面知识，可以适当增加对考生制作 PPT 以及现场讲解能力的考查。

（二）教育培养问题的对策

1. 课程设置应涵盖职业伦理方面的教育，并进一步加强与实践部门的联系，共享培养单位的优秀课程

目前，国内高校的税务硕士课程越来越关注实践的发展，但某些课程还需要进一步加强校外兼职教师和实践部门的参与。境外高校的税务硕士培养一般会设置道德和伦理学课程，注重培养学生的职业道德。与税收实务部门密切合作也是境外税务硕士教育项目的特色。例如，普华会计师事务所（PWC）与奥地利经济大学税法研究中心密切合作，是该大学的主要合作伙伴，定期共同举办各种小型学术讨论会，促进理论和实践的交流。在这些讨论会上，税务硕士研究生们可以和相关研究人员与权威人士近距离讨论最新的税收案例和最新的税收政策，并得到锻炼的机会。但对于优秀师资不足的培养单位，税务硕士教指委可以协调各培养单位，共同开发像"国际税收"这类对师资实战经验要求极高的 MOOC 等线上课程，或者通过线上授课的方

式共享优质师资的优质课程，整合资源，互认学分。

2. 重视税务硕士教育的研究方法指导，规范学位论文写作

研究生学位论文是税务教育的重要成果，对研究方法的科学认知直接关系到学术研究的科学性，教育指导委员会、培养单位和论文指导老师应当对学位论文的形式与内容进行规范与指导，对那些困扰师生们的问题多加研究与讨论，可以在校内开设有关研究方法的专题课程。密集的研究方法培训有助于提高税务研究生对研究方法的实际运用水平，进而提升科研能力。

规范科学地撰写研究方法是体现研究人员科研素养的重要标志之一，在西方国家的学位论文框架中方法论的阐述是必不可少的内容，但从抽样数据来看，一方面，研究生对研究方法的理解不到位；另一方面，研究生本身对研究方法的重视程度也不够，直接导致研究方法的自述意识和水平达不到应有的水准。要想改变这种情况，培养单位可以将研究方法设置为学位论文的必要章节，并且将研究方法的自述内容纳入论文审核机制的考查范围之内；还可以将其适当地作为论文答辩过程中的提问内容，以完善的研究方法撰写制度来加强税务研究生对研究方法的重视。

（三）就业问题的对策

第一，根据各地区的就业特点，因地制宜地调整课程设置和实习基地。如果一个地区税务专业硕士毕业生就业倾向于行政事业单位，则应加强税收治理、税收政策与税收征管的课程量，夯实理论知识，形成系统的税收理论体系。若一个地区的企业或者专业的会计师税务师事务所对税务毕业生的需求量比较大，则应该加强对学生专业实践能力的培养，进一步完善实践教学。如华东地区，因为地处金融中心，金融企业多，对毕业生的需求相对于其他类型的企业也偏多，所以培养单位应充分考虑到就业情况，尽可能地让学生在以后的工作中学有所用。华北地区行政事业单位较多，而此地区毕业生在行政事业单位工作的比例是在所有地区中最高的，但是在学生就业前，只有少部分人有机会进入这类机构实习，其他学生则存在盲目就业现象，所以培养单位应该加强与税务机关等机构合作，增加来自此类单位校外实践导师的比例，争取让更多有目标进入行政事业单位的同学在就业前能够深刻体验这类职业是否真的适合自己。综合来说，各地培养单位应因地制宜，考虑税务专业硕士的供需情况，将学生的就业偏好考虑进课程设计和实践教学中，这样才能使培养过程与最后的结果是相匹配的。

第二，推广专业方向分流，减轻就业压力。在专硕大规模扩招的背景下，我们要思考的是如何增强学生的就业竞争力和凸显出学生的就业优势。相较于学硕，只有较少单位对专硕进行专业方向分流，建议税务专业硕士招生较多的培养单位大规模推广此办法。中国社会科学院大学从2020级税务专业硕士开始对学生实行方向分流，分为税收政策与治理、企业税务管理与筹划和国际税收三个方向。国际税收方向的同学比较适合外企的税务岗或四大会计师事务所，税收政策与治理比较适合行政事业岗，而企业税务管理与筹划则比较适合国内企业的税务部门，这样在一定程度上分流了就业选择，避免出现就业选择扎堆的情况。通过专业方向分流，可以让学生在学习系统的税收学知识之后，专攻某个方向，虽然研究方向最后可能会和就业方向有所出入，但是这样会让学生在就业选择上有所偏好，并且能减少学生的同质化，而且分流对以后的就业发展也有好处，学生能将在学校里学的专业知识运用到适应的岗位上，专业化程度会比未被分流的学生更强，有利于以后的职业发展。

分报告二：

中国税务公务员教育发展报告*

2019—2020年，税务公务员教育培训坚持以习近平新时代中国特色社会主义思想为指导，认真贯彻落实《2018—2022年全国干部教育培训规划》和国家税务总局党委决策部署，肩负高质量教育培训税务干部、高水平服务税收事业的重要职责，紧紧围绕国税地税征管体制改革和减税降费等税收中心工作，同时，结合"不忘初心、牢记使命"主题教育培训，以深入学习习近平新时代中国特色社会主义思想，特别是习近平总书记关于税收工作的重要论述为首要任务，聚焦税收工作主题主业主线，把握干部成长规律和干部教育培训规律，着力提升税务干部政治素质和专业能力，不断提高干部教育培训的质量和效果，持续推进人才强税战略，培养造就忠诚干净担当的高素质专业化税务铁军，旗帜鲜明讲政治，同心协力育人才，为高质量推进新时代税收现代化提供有力保证，充分发挥税务教育培训统一思想、提升能力、助推改革的重要作用，奋力开创税务干部教育培训新局面，为高质量推进新时代税收现代化提供了坚强保证。面对突如其来的新冠肺炎疫情，税务教育培训工作者深入学习贯彻习近平总书记关于统筹推进常态化疫情防控和经济社会发展的重要讲话和重要指示批示精神，按照党中央、国务院决策部署，认真落实国家税务总局党委提出的"优惠政策落实要给力、'非接触式'办税要添力、数据服务大局要加力、疫情防控工作要尽力"的"四力"要求，旗帜鲜明讲政治，攻坚克难勇担当，围绕发挥税收职能作用，全力服务"六稳""六保"大局，积极推进工作创新和突破；以"学习兴税"平台建设为契机，探索拓展"互联网+"新课堂，深化形式多样的教学科研活动，努力提升教

---

* 主笔：田建利，国家税务总局税务干部学院人事处副处长。

育培训质量，增强干部队伍本领，为支持疫情防控和税收服务经济社会发展提供了有力保障。

一、2019年税务公务员教育的发展

2019年是新税务机构运行的开局之年，国家税务总局党委高度重视税务系统"事合、人合、力合、心合"建设。公务员教育培训工作坚持以习近平新时代中国特色社会主义思想为指导，以建设高素质专业化税务干部队伍为目标，以《2018—2022年全国税务系统干部教育培训规划》为遵循，将学习贯彻习近平新时代中国特色社会主义思想作为教育培训的首要任务，以学习贯彻习近平总书记关于税收工作重要论述为重点，突出党的理论教育和党性教育，扎实开展领导干部培训、税收专业化培训、领军人才培养、练兵比武活动、网络大学建设、培训保障体系建设等重点工作，为高质量推进新时代税收现代化提供了有力保证。

（一）全面深入开展习近平新时代中国特色社会主义思想和习近平总书记关于税收工作重要论述教育

以学习贯彻习近平新时代中国特色社会主义思想为首要任务，以学习贯彻习近平总书记关于税收工作重要论述为重点，强化干部理论武装。在税务系统实施习近平新时代中国特色社会主义思想教育培训计划及"一把手"政治能力提升计划，把习近平新时代中国特色社会主义思想作为税务系统各级党委理论学习中心组学习的重点，作为国家税务总局党校（干部学院）和省税务干部学校主要课程，作为税务干部学习的中心内容，建立学习效果检测机制。组织处级以上领导干部理论教育和党性教育专题培训4期，培训13200人天；税务系统处级领导干部任职培训班15期，培训24000人天；组织税务系统县区税务局局长进修班3期，培训5400人天；组织税务系统青年才俊示范培训班1期，培训3300人天。实施税务系统年轻干部理想信念宗旨教育培训计划，突出理想信念宗旨教育培训、优良作风教育培训，加强年轻干部政治训练和实践锻炼。

（二）认真开展党的十九届四中全会精神学习教育

1. 提高思想认识

2019 年 10 月 28 日至 10 月 31 日召开的中国共产党十九届四中全会第一次完整深刻论述了推进中国特色社会主义必须坚持的根本制度、基本制度、重要制度，第一次对如何在新时代把我国制度优势更好地转化为国家治理效能作出了顶层设计、全面部署。会议强调财税治理是国家治理的重要组成部分，为推进税收治理体系和治理能力现代化指明了方向。税务系统认真学习领会十九届四中全会精神，在坚持"十三个优势"的基础上，研究如何更好地发挥税收在国家治理中的基础性、支柱性、保障性作用，提出完善税收立法、税收政策与国家法律法规的有序协调以及改进税收治理、优化执法环境和制度、措施的建议，积极发挥推进税收治理现代化的智囊作用。将学习贯彻全会精神作为今后一个时期干部教育培训的重大政治任务，作为发挥税收服务国家治理体系和治理能力现代化作用的重要举措，突出领导干部这个"关键少数"，提高培训全覆盖的质量，促进学习贯彻全会精神在税务系统持续抓深抓实；各级党委理论学习中心组发挥学习示范作用，将全会精神学习作为重点内容，领导班子成员带头学、带头研讨交流、带头宣讲辅导。

2. 认真组织落实

税务系统以习近平总书记在十九届四中全会上的重要讲话精神和全会通过的《中共中央关于坚持和完善中国特色社会主义制度、推进国家治理体系和治理能力现代化若干重大问题的决定》作为重点内容，统筹结合中央印发的党员教育培训工作规划和党政领导班子建设规划纲要，认真制定培训计划，细化培训安排，层层压实教育培训工作责任；统筹运用集中培训、专题研讨、辅导讲座等多种方式，分级分类抓好教育培训。国家税务总局党建工作局牵头负责各省级税务局厅局级干部集中轮训；国家税务总局机关党委牵头负责总局机关司局级、处级干部集中轮训；各省（区、市）级税务局牵头负责处级及以下领导干部的集中轮训；国家税务总局还在税务网络大学和"学习兴税"平台上提供相关学习资源供干部上网自主学习。

3. 确保培训效果

在各级各类培训班中，开设了党的十九届四中全会教学单元或课程，精心挑选培训师资，依托地方党校、高校等优质教育培训资源，紧扣税收工作实际和税务干部关注的重点、热点问题，有效提高教育培训的针对性、实效性；灵活采取集中研讨、心得交流、学习成果测试等方式，加强督促考核，推动学深学透；严格培训纪律，妥善解决工学矛盾，在培训时长、内容和质量上不打折扣，教育培训取得了实际效果，推动学习成果转化为谋划工作、完善制度、推进改革的实际成效。

（三）强化理论武装，扎实开展党的理论教育培训和党性教育培训

推进开展领导干部轮训调训，举办第二轮副司级领导干部、正处级领导干部轮训班及中青年干部调训班，举办处级干部理论教育培训和党性教育培训班、税务系统党建师资培训班、税务系统机关干部综合知识培训班，继续抓好党校主题班次教学，深化习近平新时代中国特色社会主义理论武装，自觉坚持和运用辩证唯物主义和历史唯物主义世界观、方法论分析解决问题，做到真学真懂真信真用。以开展"不忘初心、牢记使命"主题教育培训和"新中国成立70周年"系列庆祝活动为契机，深入开展理想信念、革命历史和革命传统、爱国主义、改革开放等教育培训活动，加强党章、党规党纪、党的宗旨、党内政治文化和社会主义核心价值观教育培训，用党性教育培训激发责任担当的内化作用，统一思想，凝聚人心。各省级税务局参照国家税务总局做法，对本单位本系统领导干部开展轮训调训。把斗争精神、斗争本领作为领导干部培训的重要内容，激励领导干部始终保持战略定力、坚定必胜信念，不断提高防范风险、抵御风险的能力。切实提升领导干部"八种本领"，促使领导干部主动担当、善于担当，不断增强高质量推进新时代税收现代化的能力。

（四）围绕税务工作主题主线，提升培训针对性和有效性

坚持围绕中心、服务大局，准确把握税收改革发展新形势新任务，围绕落实减税降费政策，完成税费收入、推进税制改革、优化税收执法方式与加强税务监管等重点任务。国家税务总局有针对性地开展"一竿子到底"的视频培训，积极开展各项业务互补融合性培训、新业务培训，有力发挥培训提能力、助创新、激活力、促"四合"的作用。进一步落实"人才强税"战略，扎实推进领军人才、专业人才库人员、青年才俊培养，增强税务干部适

应新时代、实现新目标、落实新任务的本领。开展业务融合培训。以岗位胜任力为重点,实施税务干部专业化能力提升计划。持续加大业务培训力度,针对个人所得税改革、社保费和非税收入征管职责划转,以及新出台的减税降费政策、优化执法方式与健全完善税务监管体系措施,加强对新业务知识的培训;以机构合并后规范高效运转为重点,按照内部管理规范、外部执法规范的要求,开展两轮视频培训,让党建行政新要求、税收新政策、征管新举措第一时间到岗到人。各级税务局以灵活、紧凑、务实的方式全方位、多层次地开展业务互补融合性培训,发挥好教育培训在助创新、激活力、促融合中的基础性作用。

1. 规范任职培训和专门业务培训

对 2017 年以来晋升处级领导职务且未参加过税务总局和地方组织的任职培训的领导干部进行任职培训,各省级税务局根据干部管理权限组织科股级干部任职培训;以加强思想政治建设、职业道德建设和业务能力建设为重点,开展机关干部培训;加强纪检干部和机关党支部书记、党务干部培训。

2. 创新初任培训

优化初任培训模式,推进初任培训工作做深做实;落实好师徒结对工作,发挥传帮带功能,指导青年干部在岗位实践中适岗履职、砥砺成长。为贯彻落实总局领导学习兴税工作的批示精神以及关于初任培训试点的有关要求,在黑龙江、安徽、广东省税务局开展了初任培训网络学习试点工作,探索由线下实体培训向线上线下融合式培训转型新路子。初任培训网络学习试点工作借助网络平台,通过微信群、直播课堂、网络辅导答疑等形式,坚持分层管理、跟踪督导、对表推进、到点抽查,实现网络培训和集中脱产培训的有效衔接。学员普遍反映,网络学习方式灵活,解决了工学矛盾;直播课堂讲座,共享了优质资源;线上辅导即时便捷,消除了学习死角;与集中培训比较,省事省力省钱,有巨大的发展空间。

3. 抓好"智力援西"培训

深入推进"智力援西"工作,鼓励东西部建立省际对口支援合作机制,推动优质教育培训资源向西部地区和基层税务机关、基层干部倾斜。"智力援西"培训班共 26 个,派出教学组 6 个,培训 17250 人天。

4. 开展国际税收合作培训

在国家税务总局税收服务"一带一路"建设领导小组领导下,积极协助推进税收征管能力促进联盟建设,参与建立"一带一路"税收培训交流平台,组织实施好中方培训项目,完成联盟培训班 3 期,协助相关部门办好经济合作与发展组织(OECD)、国际货币基金组织(IMF)等税收培训项目。推动"一带一路"税务学院建设。组建"一带一路"扬州、北京税务学院,打造"一带一路"培训基地。选拔 37 名师资培养对象,拟定《"一带一路"税收征管能力促进联盟中方师资队伍管理办法(试行)》,加强联盟培训师资培养和管理。

(五)推进"1115"素质提升工程,完善人才培养机制和措施

国家税务总局党委围绕国家战略需求和税收改革需要,全面构建税务系统素质提升"1115"人才工程,旨在打造拥有一百名税务战略人才、一千名税务领军人才、一万名业务骨干和五万名岗位能手的"金字塔"式人才梯队。突出"高精尖缺",建立健全有利于人才选拔、培养、管理、使用、考核的工作机制,最大限度激发和增强税务系统人才创新创造活力。

1. 加强领军人才培养

一是精心组织第一批、第二批领军人才联合培训,开展第三批领军学员结业培训,在北京大学举办第五批领军人才学员法制专题培训等 6 期公共课程集中培训、10 期专业培训,把学习成果转化为加强党的建设、推进税收改革发展的实际行动,确保减税降费政策等党中央、国务院的重大决策部署在税务系统落地生根。二是坚持高标准、严程序、重实绩,完成了第六批 158 名领军人才学员选拔工作。三是加强人成长规律研究,不断总结经验,完善机制,修订形成《全国税务领军人才学员学习培训管理办法》等 8 个办法,会同专业牵头司局制定公共和专业培养计划、优化设计 14 套公共和专业课程体系及能力训练方案,分批次、分专业形成面向未来领军人才学员的《公共培养计划》和 10 万余字的《专业培养计划》。

2. 开展专业人才和青年才俊培训

组织各级各类专业人才库人员培训,提升专业人才适应高质量推进新时代税收现代化要求的本领;加强青年才俊培养,举办青年才俊培训班。

(六) 持续创新开展"岗位大练兵、业务大比武"活动

按照税务系统素质提升"115"工程目标,选拔培养专业骨干和岗位能手;分级分类开展练兵比武活动,创新练兵比武形式。2019年8月,由国家税务总局教育培训中心主办,总局干部学院承办全国税务系统"岗位大练兵、业务大比武"活动网络竞赛。竞赛依托中国税务网络大学举行,报名人数创下税务系统最高纪录,达到663700多人,同时在线答题人数峰值为32100多人,115.82万人参加了练兵比武网络竞赛。竞赛设置"综合检测"和"专业提升"两个环节,面向省级以下税务局全体税务干部,提倡全员参与、自我检测。综合检测环节侧重检测税务干部综合素质,内容涵盖习近平新时代中国特色社会主义思想、政治理论和党性教育培训、当前税收改革发展相关政策及重点工作、税收应知应会知识等;专业提升环节侧重检测税务干部专业化能力,内容涵盖岗位胜任力及国税地税征管体制改革后新业务知识等。综合检测环节成绩合格且专业提升环节成绩进入本省前30%的选手于11月7日在税务干部学院举行比武决赛。税务总局选择2—3个岗位类别在全国范围内举行团队式比武决赛。

(七) 加强培训保障能力建设,提高培训质量和效果

1. 贯彻落实《中国共产党党校(行政学院)工作条例》,加强税务院校建设

2019年10月,中共中央印发了《中国共产党党校(行政学院)工作条例》(以下简称《条例》),对加强党对党校(行政学院)工作的集中统一领导,提高新时代党校(行政学院)工作的科学化、制度化、规范化水平,培养造就忠诚干净担当的高素质专业化干部队伍,具有十分重要的意义。国家税务总局党委印发《税务系统贯彻〈条例〉实施意见》,持续推进习近平新时代中国特色社会主义思想系统权威进教材、生动有效进课堂、刻骨铭心进头脑,在思想上政治上行动上同党中央保持高度一致,构建具有税务特色的习近平新时代中国特色社会主义思想教学培训体系，推动税务教育培训工作高质量发展，为税收事业发展培养造就忠诚干净担当的高素质专业化干部队伍，为提高税收治理能力，推进新时代税收现代化建设提供重要支撑和保障。加强组织领导，各省税务局党委落实办学治校的主体责任，原则上党委书记兼任党校校长，切实履行第一责任人责任；各省税务局党校按照《条例》要求设立校务委员会，负责全面领导党校工作；将税务党校工作纳入党委整体工作部署，支持税务党校教学科研、决策咨询、管理服务创新，加强对落实《条例》情况的监督检查，确保党中央关于党校工作的重大决策部署落到实处。强化建章立制。各省税务局党委、税务党校坚持用制度管校兴校，以深入学习贯彻落实《条例》为契机，积极推进办学理念、教学方式、体制机制改革创新，建立健全领导干部"上讲台"、与学员座谈等覆盖税务党校工作各领域的制度体系；强化问题导向，结合税务党校工作实际，对标《条例》查问题、找差距，深入教师、学员中开展调研，研究出台了有效管用的具体措施，着力破解了制约党校事业发展的突出问题，增强了党校工作活力。开展精品项目创建、精品课程建设，展现税务院校新形象，加强税务院校主渠道主阵地建设，不断提升专业化办学水平。

2. 加强师资队伍建设

强化学校师资配备，提升专职教师比例，完善教学设施，切实提升教学质效；探索开展校际交流协作，推动优质教育培训资源共建共享。推进领导干部上讲台，完善兼职教师培养制度，把更多领导干部、优秀业务骨干吸纳进兼职教师队伍；出台专兼职教师挂职挂教制度，制定实施细则，确保落实到位；围绕改革发展需要，同步培训改革急需的骨干师资；以名师创建为抓手，扎实开展"比技能、比方法、比效果、展风采"活动，开展全国精品培训项目和五星税务培训师评定，选拔教育培训师资人才子库人员81名，持续提升专职师资能力和水平。

3. 加强学习资源建设

构建由"大纲+教材+课件+案例+题库"组成的学习资源体系，集中研发改革急需教材，及时优化更新相关课程，围绕国税地税征管体制改革编写《税务系统廉政教育培训》《社会保险政策与实务》《税务机关非税收入征收管理》等教材16本,开发相应网络课件645个;开发领军人才选拔、业务大比武和数字人事"两测"等命题规范;征集精选优质教材、习题和课件,向全系统推广,促进学习资源共建共享;筹建国家税务总局学习资源建设专家委员会,构建业务司局、省市局、基层单位和税务院校协同开发机制,推进资源建设规范化、可持续发展。

4. 加强网络教育培训建设

适应信息化发展趋势,研究制定《税务系统网络培训学时学分管理办法》,加强网络教育培训管理;启动中国税务网络大学系列标准建设,升级网班网课功能,探究"OTO"培训模式,加快网络教育培训资源共建共享、数据互联互通;开展网络大学分校试点工作,逐步建成以中国税务网络大学为主、各省分校及各司局业务分院为辅的兼容、开放、共享、规范的税务系统网络培训体系,促进教育培训和互联网融合发展。2019年5月23日,税务总局召开党委会部署学习兴税工程。要求充分利用"互联网+"和人工智能,建设学习兴税平台,改造税务教育培训,向学习要素质、向教育要能力,兴起大学习热潮,助力推进税收现代化。教育中心牵头制订《学习兴税工作方案》,明确了学习兴税工作的指导思想、工作原则、工作思路、阶段目标和重点工作。启动学习兴税平台开发工作;编写《学习兴税有关问答》,做好学习兴税有关理念宣传;构建学习兴税学、测、用、评制度体系。建立"税务干部知识分类体系",将税务知识划分为十类四级目录576个知识标签,对现有中国税务网络大学、各省税务局的数字化学习资源进行集中审核并标注标签。编制《税务系统学习资源建设指导目录(试行)》,扎实开展学习兴税资源建设。选取上海、江苏和辽宁省税务局对平台功能、日常运营、初任培训、数字人事"两测"、智慧校园等7项工作进行试点。

5. 开展教育培训科研工作

对深入学习贯彻习近平总书记关于税收工作重要论述、教育培训和互联网融合发展、领军人才培养、练兵比武等教育培训重点工作开展课题研究,促进科研成果在工作实践中的应用。

6. 提高干部教育培训队伍管理水平

一是建立健全教育培训制度。就需求调研制度、组织调训制度、工作督查制度开展调研，加强制度建设；完善干部教育培训工作联席会议制度，进一步增强其统筹协调、齐抓共管、内联外通功能；规范各级税务机关教育培训计划编制工作，严格规范送审备案程序，提高教育培训经费执行效率；发挥绩效考评功能，结合实际将税务干部教育培训规划量化指标纳入绩效考核。二是加强培训项目管理和项目质量评估。干部教育培训的管理部门在税务总局党委领导下切实履行主管职能，加强对各级税务局统筹规划、工作指导、协调服务和督促检查，注重对培训项目主办单位指导监督，严肃纪律，严把质量，确保了各项干部教育培训任务落到实处、取得实效。完善税务系统培训项目质量和效果评估制度及指标体系，探索税务系统网络教育培训项目质量和效果评估方式方法，推进评估工作规范化；加强培训项目质量和效果评估管理，进一步规范重点项目质量和效果评估工作；抽查评估开展情况，加强税务系统培训项目质量和效果评估结果应用。三是做好新版教育培训管理软件上线及应用。推广新版税务干部教育培训管理软件，实现培训项目全流程操作，经费划拨、评估模块全面应用；组织软件过渡期数据迁移，采取措施收集整理好数据，分析好数据，应用好数据。四是提高教育工作者自身素质能力。加强教育工作者培训，鼓励教育工作者坚守对党忠诚的政治品格，坚守打铁必须自身硬的作风，大兴调查研究之风，从严治校，从严治学，做改革促进者。

（八）开展数字人事"两测"工作

根据机构改革后税务干部基本情况、分类定级以及参试人员信息，修订数字人事"两测"组织实施办法。2019 年 12 月 7 日，组织国家税务总局负责的业务能力升级与领导胜任力测试。总局机关 1—11 级、36 个省税务局和驻各地特派办 8 级以上共计 4.9 万多人次参加，达到"稳妥积极、安全平稳"的预期目标。各省局自行组织了 7 级以下业务能力测试和副处级以下领导力测试。

二、2020 年税务公务员教育的发展

2020 年，税务干部教育培训工作进一步把学习贯彻习近平新时代中国特

色社会主义思想作为首要任务,认真贯彻落实国家税务总局党委决策部署,积极落实党中央过紧日子、厉行节约的要求,压减经费预算,做好疫情防控,加强统筹指导,以党的政治建设为统领,以推进学习兴税工程为重点,改革完善税务干部教育培训模式,推动教育培训向数字化升级,为税收治理体系和治理能力现代化提供有力保障。

(一)突出政治统领

按照习近平总书记关于"要加强干部教育培训,使广大干部政治素养、理论水平、专业能力、实践本领跟上时代发展步伐"的总体要求,深入贯彻落实新时代党的组织路线,坚持把学习贯彻习近平新时代中国特色社会主义思想、习近平总书记关于税收工作的重要论述作为税务干部教育培训首要任务,旗帜鲜明讲政治。一是持续深化习近平新时代中国特色社会主义思想教育培训,不断加强理论武装。通过集中轮训、专题讲座、网络培训等多种方式,认真开展习近平新时代中国特色社会主义思想教育培训,共举办党的理论教育和党性教育培训班及领导干部任职培训班 22 期。以宣传贯彻《全国税务系统党的建设工作规范(试行)》为契机,推进党中央路线方针政策以及国家税务总局党委重要指示要求进课堂。特别是在疫情特殊形势下,创新理论学习方式,依托学习兴税平台开展党的十九届四中、五中全会精神网络轮训,配合机关党委开展总局机关党建知识"每月一测",有力保障习近平新时代中国特色社会主义思想的及时学、跟进学。二是突出了《习近平谈治国理政(第三卷)》、习近平总书记关于力戒形式主义官僚主义重要论述选编等学习培训内容,在司局级领导干部培训班增加提升政治能力内容,在"一把手"培训班增加民主集中制内容,在领军人才培训班增加党性锻炼内容,在青年才俊培训班增加党风廉政教育培训内容,将党的理论教育培训、党性教育培训贯穿干部教育培训全过程和各方面,教育引导党员干部牢固树立"四个意识",坚定"四个自信",做到"两个维护"。三是加强党务干部培训,服务全面从严治党。认真贯彻落实国家税务总局党委及驻总局纪检监察组关于"在解决实际问题上下功夫,力求实效"等各项要求,把党务干部特别是纪检干部培训放在重要位置,将总局机关纪检委员、省局党委纪检组长、地市局党委纪检组长等作为培训重点,在中国纪检监察学院专门举办纪检办案骨干培训,加强纪检干部培训项目质量评估,持续提高纪检干部业务能力和专业水平。全年举办党务干部培训班 8 期，其中，纪检业务培训班 5 期，培训规模 4651 人天，确保党中央、国务院决策部署落地生根。

（二）服务税收改革

贯彻落实党的十九届四中全会提出的"把提高治理能力作为新时代干部队伍建设的重大任务"的要求，围绕落实新发展理念、减税降费、个税改革、社保非税、优化营商环境、"一带一路"建设等重点工作，国家税务总局全年共举办专业化能力培训 51 期，"一竿子到底"视频培训 9 期，举办服务海南自由贸易港建设、支援雄安新区建设、"智力援西"等帮扶培训 10 期、教学组 4 个，有力保障党中央、国务院重大战略决策部署在税务系统落地落实。各地省局积极开展务实管用的专业化能力培训，大力培养税务干部的专业素养、专业能力、专业作风和专业精神，增强税务干部适应新时代、实现新目标、落实新任务的本领，发挥好教育培训提能力、助创新，激活力、促"四合"的作用。

（三）推进学习兴税

为深入贯彻落实习近平总书记关于推进学习型党组织和学习大国建设的重要指示精神，国家税务总局王军局长提出，要"实施人才强税、学习兴税战略，与时俱进，不断用先进的理念和技术改造税务干部学习，使之跟上时代脚步"。国家税务总局党委决定成立学习兴税指导委员会，在中国税务网络大学的基础上建设和应用学习兴税平台，加强教材编写和改革，实施学习兴税工程的重大决策，强调以平台为载体，以兴税为目的，以条线管理为机制。广大税务教育工作者认真学习领会推进学习兴税工程的重大意义，积极推动互联网、大数据、人工智能同实体培训的深度融合，培育干部教育培训新动能，把学习兴税平台建设成为税务干部学习工作的小秘书、建功立业的知识库、展示能力的大舞台。各级税务机关按照"学习日常化、工作学习化、测试随时化、成果累计化、应用挂钩化"工作要求，深刻认识应用学习兴税平台对促进干部成长、提升治理能力、推动税收工作的重要意义，把应用学习兴税平台作为理论武装的新阵地、推动工作的抓手；围绕干部岗位工作要求和学习需要，及时开发、更新和推送权威精练的学习资源，引导干部学在日常、用在日常，自觉向学习要能力、长知识、添才干；紧密结合重点工作任务,实施务实管用的"一竿子到底"的课堂直播、线上培训,实现政策宣传、工作部署与业务培训同步进行,推动党中央、国务院决策部署以及国家税务总局工作要求的快速落实,为实现税收现代化提供更有力的智力支持。

一是推进平台开发和应用试点。按照王军局长关于"建设好、运用好、发展好学习兴税平台"的要求,克服疫情影响,攻坚克难,创新探索,高标准、高质量推进平台建设及应用试点。2020年4月21日,学习兴税平台提前定版上线运行。设置"党建专区""公共知识""领军人才""初任培训""兴税讲堂"等6大专区、26个司局频道、133个一级栏目和139个二级栏目,支持移动端、PC端两端应用,实现了课程学习、网络培训、练习测试、直播课堂、视频会议、竞技挑战等功能。平台功能实用、界面友好,基本满足干部线上学习培训需要。2020年5月12日,王军局长在研究推进学习兴税平台建设第三次专题会上指出,"金四"工程两项重要试点工作之一就是学习兴税平台建设。国家税务总局教育中心负责学习资源建设的整体规划、制度建设,综合协调公共专区等资源建设;各司局负责本条线的资源建设和更新维护工作。试点省局配合总局司局,持续不断地抓好学习资源建设,做到常常有、时时新、逐步深,让人学时有兴趣、学后有效用。2020年6月16日起,进一步在6个司局条线以及辽宁、上海、江苏、厦门4个省市税务系统和北京特派员办公室试点"学、测、用、评"及条线管理等各项应用和运营模式。2020年8月14日,国家税务总局王军局长在听取学习兴税平台建设和试点情况汇报时指出,要科学统筹推进学习兴税平台的内容建设。税务干部的必学内容包括党建知识、公共知识和专业知识三个方面,简称"1+1+1"体系。制度是推进工作的基本依据,机制是制度执行落实的重要保障。各省税务局教育培训主管部门负责建立省、市、县三级学习兴税平台管理员体系,负责日常运营。各单位充分发挥学习兴税平台在干部教育培训特别是网络培训中的优势作用,自主组织开展学习资源建设、网络培训实施、直播课堂授课、在线测评考试等网络培训活动。2020年年底前,在顺利完成功能试点并在税务总局机关正式上线运行的基础上,在全国税务系统推广使用。各司局、省局积极探索运用平台开展网络培训,保障党的十九届四中、五中全会学习培训任务顺利完成,围绕减税降费、社保划转等重点工作和部门工作需要开展条线学习培训,服务"六稳""六保"大局;着力打造数字化学习品牌,"兴税讲堂"实现权威声音"一竿子到底";"兴税云课堂"实现"云端送课上门";"直播晨会"实现"基层业务基层讲";积极依托平台探索"线上+线下"培训、网络培训集中化等新模式,广泛开展党建知识"每月一测"、日常练兵、比武竞赛、定期测试等活动,日常学日常练、边学边练、以练促学的理念深入人心,干部利用平台进行自主学习的习惯逐步形成。

二是强化学习兴税平台资源建设。以《国家税务总局关于应用学习兴税平台的指导意见(试行)》(以下简称《指导意见》)和《学习兴税平台学习资源建设管理办法(试行)》为依据,按照"平台由总局主建、学习内容由总局司局主推、培训课程由总局司局主设"的工作思路和司局"业务主管、学习主抓、资源主建"的条线主责机制,落实总局机关各司局条线管理主体责任和税务干部学院、"三会三社"优势,完善"税务知识分类体系",抓资源规范建设和资源能力建设等,探索形成"条线主责抓统筹、上下联动成合力、内外结合促共建"的资源建设新格局,逐步构建贴近岗位实际、门类科学齐全的学习资源体系。国家税务总局制发了《全国税务系统教材编写规范(试行)》《全国税务系统命题工作规范(试行)》《全国税务系统视频课件技术规范(试行)》,推进了学习资源标准化、规范化建设;制定了《学习兴税平台学习资源建设流程指引》,加强了总局各司局资源建设工作的组织实施;及时制作更新了"课程录制申请表""学习兴税平台学习资源发布申报表""学习兴税平台资源纠错办理单""学习兴税平台学习资源变更申请表"等,探索建立了学习资源开发、审核、发布、纠错、维护等全流程闭环管理和运行机制。总局各司局突出"权威精炼、务实管用",从增量入手带动存量,从简单形式入手逐步引人入胜。优先开发工作所需、基层急用的学习资源,再立足长远,从税务干部能力提升着眼,研究条线业务知识体系和配套学习资源。

三是同步加强制度机制建设。在《指导意见》基础上,制发《学习兴税平台学习资源建设管理办法(试行)》《学习兴税平台日常学习测试管理办法(试行)》,发布了教材编写规范、命题工作规范、视频课件技术规范等系列规范流程,总体上形成以《指导意见》为核心、涵盖学、测、用、评全流程的"1+3+N"制度体系。

截至 2020 年 12 月,平台用户有 70 余万人,日活跃用户最高达 16 万人;发布课程 1700 余门,总时长近 2100 小时;举办网络培训班 150 余期,培训 15 万余人次;组织在线练习测试 2000 余场,580 万余人次参与;以 450 元/人天初步测算,仅网络培训可节约教育培训经费4330万元,平台应用效果逐步显现。中央政治局委员、中央办公厅主任、中央和国家机关工委书记丁薛祥,中央组织部副部长、国家公务员局局长傅兴国先后对税务系统依托学习兴税平台真抓实抓党建学习、加强税收业务学习的做法予以高度肯定。学习兴税平台逐步成为税务系统理论武装的新阵地、干部培训的新载体和带队治税的新抓手。

(四) 改进领军培养

按照国家税务总局局长王军"更高要求、更大强度、更严措施"的指示,全面加强和改进领军人才培养工作。一是加强顶层设计,围绕"选准、精育、严管、善用"总基调,修订完善"1+6"全国税务领军人才培养新制度。二是圆满完成税务机构改革后第六批领军人才学员招生和首次集中培训。三是优化领军结业管理。印发《全国税务领军人才学员结业论文管理规程(试行)》,严格论文评审答辩,推进论文成果应用,对第四批税务领军人才学员结业论文所提工作建议梳理提炼后反馈相关司局。四是完善培训模式。在提高政治素养、改进能力训练、优化课程体系、推进混合培训上下功夫,完成第六批领军学员首次集中培训、第四批领军学员结业培训,以及各批次领军人才学员公共培训、专业培训和国际化培训18期。2020年1月8日,第六批全国税务领军人才学员首次集中培训结业式在国家税务总局干部学院举行。总局党委委员、副局长王陆进出席结业式并讲话,要求第六批领军人才学员要以习近平新时代中国特色社会主义思想为指导,牢记使命,争当标杆,为税务领军人才品牌增辉添彩。

2013年以来,国家税务总局党委认真贯彻落实习近平总书记重要指示精神,按照党中央、国务院人才强国战略,实施人才工程育俊杰,在全国税务系统积极探索和建立了一套较为完整的领军人才培养制度机制,树立了鲜明的人才培养使用导向,并取得了积极成效,较好服务了税收改革发展。税务领军人才培养工作始终坚持把制度建设作为管根本、管全局、管长远的基础保障,制定了《全国税务领军人才培养规划(2013—2022年)》《全国税务领军人才学员选拔暂行办法》等"1+6"的制度体系,涵盖选拔、培训、管理、使用的全过程、全周期。已选拔培养5批607名税务领军人才学员,在集中培训、挂职锻炼、专项工作、课题研究等环节中,对领军人才学员进行严格的动态管理和考察鉴别。对于考核不达标的,进行预警、淘汰或劝退,累计已有 151 人次受到预警,16 人因未达到培养要求被责令补修,33 人被取消培养资格。正是实施了高起点选拔、全方位考察、极限化培训、实战化锤炼,这种具有新时代亮点的税务领军人才培养模式,成为税务系统"人才工程育俊杰"的鲜明特征。截至 2020 年底,领军人才学员参加上挂、下派、到系统外挂职锻炼共 453 人次,参加总局专项工作 1496 人次。在领军人才学员中已经产生了一批征管信息化专家,培养了一批国际税收人才,造就了一批稽查执法能手,训练了一批税收分析强手,形成了一支税收各领域的骨干队伍,为税收现代化"六大体系"建设提供了有力的人才支撑。

(五) 创新练兵比武

2020 年全国税务系统"岗位大练兵、业务大比武"活动紧扣总局党委提出的"聚焦四力,共同战疫"要求分为岗位练兵竞赛和业务比武展示两个部分。即依托学习兴税平台开展全员全岗练兵竞赛和进出口税收、信息安全、税务稽查三个专业集中比武。2020 年 10 月,比武展示在国家税务总局税务干部学院举办,来自全国各省(区、市)税务部门的 252 名选手参加了展示。经全面考评,河南、大连税务局等 18 名集体单位和温佳、陈沐铌等 40 名税务干部个人获得 2020 年度练兵比武活动通报表彰。

自 2016 年实施干部素质提升工程以来,各级税务机关持续开展"岗位大练兵、业务大比武"活动,树立了爱岗敬业、勤学精业的正面导向,营造了比学赶超、进取成才的良好氛围,有力激发了广大干部职工的学习热情。面对疫情特殊形势,税务系统积极探索抽选与推荐相结合、网络攻防对抗等新方式,充分发挥学习兴税平台新优势,实现优质资源共建共享,促进网络学习日常化,确保了练兵比武各项工作在常态化疫情防控中持续有序推进。各级税务机关合理把握工、学、赛三者关系,多措并举、勇于创新,努力引导干部职工在更好地服务"六稳""六保"大局和构建新发展格局中"真学、真比、真干",掀起了全员学习的新高潮,为高质量推进新时代税收现代化建设积聚了力量、增添了风采。

(六) 规范培训管理

为着力解决干部教育培训领域存在的供给不充分、效果不明显、发展不平衡等问题，提高干部教育培训工作的统筹性、针对性和实效性，结合开展"不忘初心、牢记使命"主题教育培训和贯彻落实《2018—2022年全国税务系统干部教育培训规划》，国家税务总局进一步加强和规范干部教育培训工作。

1. 坚持党管教育

把干部教育培训工作作为党的建设和干部队伍建设的重要组成部分。加强与党建部门协调配合，确保把干部教育培训工作纳入党的建设整体部署和工作规划；把学习贯彻习近平新时代中国特色社会主义思想作为党委（党组）理论学习中心组学习主要内容，作为税务院校的主课，作为税务干部学习的中心内容，把党的基本理论教育培训、党性教育培训覆盖干部教育培训全领域，把提高政治觉悟、加强政治训练、提升政治能力贯穿干部教育培训全过程，把讲政治要求贯穿教育培训教学和管理全环节；推动"不忘初心、牢记使命"主题教育培训往深里走、往心里走、往实里走，认真研究解决主题教育培训查摆的问题，巩固深化主题教育培训成果，激发税务干部担当作为主体意识，真正发挥干部教育培训在统一思想、凝聚人心、促进"四合"中的作用。

2. 注重专业能力

坚持问题导向，聚焦税收发展重点、岗位工作难点、纳税人和缴费人关切点，加强培训需求调研和培训项目设计，开展务实管用的专题培训，帮助税务干部丰富专业知识、提升专业能力、锤炼专业作风、培育专业精神，增强税务干部服务发展、依法治税、改革创新能力；坚持实践导向，总结各类人才培养工作经验做法，立足实际，开拓创新，着力打造具有本地特色、适应税收事业发展需要、引领带动作用突出、能够攻坚克难的专业人才队伍；加强培训统筹，采取学习教育培训和实践锻炼、业务培训与岗位练兵、人才培养与评先评优相结合的方式，探索建立源头培养、跟踪培养、全程培养的素质培养体系，激发干部岗位成才、岗位建功的内生动力。

3. 坚持分类分级

按照干部管理权限组织实施教育培训的原则，国家税务总局重点开展司局级干部、市（州）局"一把手"、领军人才（学员）、总局专业人才库、高层次专门业务、国际合作培训等；省局重点开展处级干部、县（市、区）局"一把手"、省局专业人才库、专业骨干、岗位能手、科级干部任职、新录用公务员初任培训和重点项目示范培训等，落实税务总局选学调训任务；市（州）局重点开展科级及以下干部、基层税务所（分局）长、市（州）局岗位能手、专门业务、一线干部岗位知识和技能培训等，落实上级选学调训任务；县（区）局重点开展岗位实训，落实上级选学调训任务；各级教育培训部门加强对本系统教育培训工作的统筹和对下级部门的指导，构建横向广交流、纵向大延伸的一体化格局，促使教育培训工作更加接地气、聚人气、显生气。

4. 规范项目管理

强化项目计划。年度教育培训计划一经国家税务总局党委会议批准，原则上不得调整。因工作需要确需增加培训项目或经费预算的（包括使用非教育培训经费举办的培训项目），应撰写签报会签财务司和教育中心后，报请国家税务总局主要负责人审批同意。教育培训项目实施前，相关单位应以司局便函形式制发正式培训通知，同时须会签教育中心，就培训相关事项进行明确。

规范培训流程。按照《全国税务系统培训项目管理办法》（税总发〔2020〕17号）要求，推行培训项目负责制，优化培训工作流程，加强对培训项目的统筹计划、审核报批、组织实施、考核评估全流程的规范化管理，提高培训质效；培训项目主办部门、承办机构密切配合，认真做好培训项目的策划设计、师资选定、组织管理、考核评估等工作，促进税务干部学有所获、学有所成，把每个培训班都办出特色、办成精品。

强化主体责任。根据《培训方案策划基本规范》（税总办发〔2015〕183号）要求，科学制订方案，将学习贯彻习近平新时代中国特色社会主义思想和党的十九大精神、党风廉政、党的理论和党性教育培训等内容纳入干部教育培训课程体系，择优安排师资，严密组织实施，确保培训效果。同时，主办单位要督促培训机构及时登录税务干部教育培训管理系统录入学员报到、学习课程、考试成绩、项目质量评估等教学信息。

严格项目评估。要求各单位严格按照《税务系统培训项目质量评估办法》

（税总发〔2016〕20号）要求，组织学员对培训项目进行评估，并根据结果填写"学员测评问卷汇总及评估分值表"。认真组织开展《干部教育培训条例》实施情况评估和《2018—2022年全国税务系统干部教育培训规划》实施情况中期评估，选择领军人才学员培养、处级领导干部任职等项目进行重点评估，线下评估分值平均94.72分，线上评估分值平均98.19分，培训项目效果良好，得到普遍认可。

5. 提升管理水平

按照讲政治、懂业务、会管理的要求，加强教育培训管理者自身建设，提高培训项目设计能力和组织管理水平；将需求调研作为培训项目计划生成的前置程序，精准把握组织需求和岗位需求，不举办培训目的不明确、没有具体成效的培训项目；推行项目化管理方式，精细策划培训项目，科学编制培训方案，明确培训目标、培训内容、课程设置、授课师资、管理要求，根据内容要求，有针对性地选用讲授式、研讨式、案例式、模拟式、体验式等教学方法；把从严从实要求贯穿教育培训全过程，强化过程管理，抓实每一个环节和细节；把是否达成培训目标作为项目评估的主要指标，分析原因，总结经验，吸取教训，举一反三，不断提高培训质量和效果。

6. 加强师资建设

制发《税务系统兼职教师管理办法（试行）》，规范税务系统兼职教师管理工作。精心组织开展税务培训师"比知识、比技能、比效果、展风采"竞赛活动，税务系统专兼职教师广泛参与，仅进入初赛的人数就高达1.2万名。活动有效激发了师资队伍活力，形成百舸争流、千帆竞发的生动局面。开展"一带一路"税收征管能力促进联盟中方师资培训，提升联盟培训师资能力水平。

7. 防范涉训风险

严格落实中组部《干部教育培训学员管理规定》和国家税务总局关于培训管理的各项要求，制发《从严从实规范干部教育培训经费使用管理的通知》，规范培训计划审批；严格培训机构选择，举办培训项目应优先选择税务系统内院校，确需在系统外举办的，不得安排在高档宾馆和风景名胜区；严肃讲台纪律,把讲政治贯穿教学、科研、管理全过程,决不允许传播违反党的理论和路线方针政策、违反中央决定的错误观点;严格学员管理,认真落实中央八项规定及实施细则精神,《学员手册》中须收录中组部和国家税务总局关于加强学员管理的有关规定,明确项目责任人和班主任,加强培训跟班管理;严格培训经费管理,落实国家税务总局有关培训费管理规定要求,厉行节约,严禁超范围、超标准列支。按照国家税务总局党委聚焦"四力"工作要求,落实培训项目承办机构所在地的疫情防控要求,确保各项防控措施严之又严、细之又细、实之又实地落实到位,加大线上培训力度,"停课不停教",助力税务干部"防疫学习两不误"。

(七) 推进税务干部学院(总局党校)改革

根据中央编办《关于税务系统事业单位机构编制核定有关事宜的批复》(中央编办复字〔2019〕151号)和国家税务总局党委有关工作要求,整合税务系统干部培训资源,将湖南税务高等专科学校、辽宁税务高等专科学校并入国家税务总局税务干部进修学院,国家税务总局税务干部进修学院(中共国家税务总局党校)更名为国家税务总局税务干部学院(中共国家税务总局党校)。税务干部学院(总局党校)采取"一院三区"的办学模式,主校区在扬州,挂"国家税务总局税务干部学院""中共国家税务总局党校"牌子;长沙、大连为分校区,原湖南税务高等专科学校、原辽宁税务高等专科学校分别挂"国家税务总局税务干部学院(长沙)""国家税务总局税务干部学院(大连)"牌子,同时分别加挂"中共国家税务总局党校(长沙)""中共国家税务总局党校(大连)"牌子。税务干部学院(总局党校)是国家税务总局直属正厅级公益二类事业单位,具备独立法人资格,接受国家税务总局党委领导。2020年6月,国家税务总局税务干部学院(中共国家税务总局党校)举行挂牌仪式。

1. 把握改革方向,稳中求进抓改革

以改革方案为基本依据和工作指南,领会国家税务总局意图,提升政治站位,加强政治机关意识教育。牢固树立"党校姓党"的意识,把遵守政治纪律作为重中之重,要求做到强化政治意识,坚定政治立场,保持政治定力。高度重视并有针对性地做好思想政治工作。在改革过程中,税务干部学院及时了解干部职工想什么、盼什么、怨什么，分析研判思想动态，切实把准思想脉搏，及时发现问题，有力疏导解决；在确保稳定的前提下，把讲团结落实到具体工作之中。

2. 以制度建设为基础，推进实施方案改革

建立沟通高效、运转顺畅的改革实施工作机制。聚焦实施方案中规定的10项工作任务，将100个具体改革事项编成任务清单，对表销号。总结工作实践中形成共识的事项用制度加以固定和规范，建立一整套基本制度体系，为"一院三区"形成运转顺畅的工作机制，进而为争创"国内一流、国际知名"在职培训院校奠定制度基础。修订印发工作规则、党委工作规则、纪委工作规则和重大事项请示报告制度，从全面正确履行工作职责、坚持依法治校、实行科学民主决策、推进院务公开、强化工作纪律、落实全面从严治党责任、健全完善监督制度等方面，全面推进学院工作科学化、规范化、制度化。

3. 以教学为中心促进融合发展

税务干部学院印发了8项教育培训制度和规范，构建了"一院三区"教育培训制度体系。按照"教学融合、项目先行"的原则，以项目为纽带和载体，打造有形抓手，找准融合点，把"一院三区"的人才和师资优势集聚起来，组成团队进行攻关，初步形成了一批有特色的项目、高水平的课程和服务税收改革发展的科研成果。构建"一院三区"党建、纪检工作体制机制，制定了《教职工跨校区工作管理办法》，建立教职工跨校区工作机制，鼓励教职工跨校区临时授课、集中工作、跟班学习、挂职锻炼，在培训项目研发、科研项目攻关、重大制度制定、"金牌课程"打造、培训班级管理等方面分享经验智慧，拓宽工作视野，从而放大了校区优势，加强了深度融合，提升了办学品质，推动了一体发展。

分报告三：

中国税务服务执业教育发展报告[*]

2019—2020 年，随着国税地税合并等一系列"放管服"改革的推进，纳税人的税务服务需求越来越多样化，仅靠税务机关难以满足税务服务这个庞大的市场需求，借助税务服务中介向纳税人提供涉税业务服务，不仅满足了纳税人的需求，税务服务中介的专业服务还能有效提高纳税人的遵从度和满意度，从而提高税收征管的效率。而税收政策不断发展变化，税务服务业需要不断加强执业继续教育，从而提高税务服务执业人员的专业能力，保持其专业知识的前沿性，确保能提供最新无误的专业服务，得到纳税人和税务机关的认可。

首先，本报告从税务服务业的发展历程出发，认识税务服务业及其执业继续教育的重要性；然后从税务服务的机构及服务内容、税务中介组织机构从业人员、税务中介组织机构从业人员的执业教育几个方面简要概述我国税务服务业的执业教育。2019 年税务师事务所数量及从业人员数量有所上升，并且税务师事务所的执业税务师人数及事务所收入总额都有所增长。截至 2019 年 12 月 31 日，全国从事经营活动的税务师事务所共 6806 家，比上年增加 665 户，同比增加 10.83%，全年税务师事务所收入总额为 241.5 亿元，同比增加 18.7%。而截至 2019 年底，全国共有律师事务所 31966 家，与 2018 年相比增幅为 4.92%。2020 年，全国共有会计师事务所 9800 余所。整体来看，税务中介机构的规模在扩大，服务结构也在进行调整升级，整体服务质量与水平都有所提高。

其次，本报告介绍了税务及税务行业近两年来的发展及对税务服务业产

---

[*] 主笔：丁芸，国家税收法律研究基地副主任，首都经贸大学教授。

生的影响。为适应税务改革和涉税服务的需要，税务师、注册会计师、律师行业及其他相关行业都十分重视职业教育工作。税务师行业在中税协、地方税协的正确领导和支持下，2019—2020 年教育培训工作取得了长足进步，开展了中税协"金税三期"涉税风险管理培训班，第六届中国税务律师、税务师、税务研究生暑期学院圆满结业；在完成培训计划的同时，成功举办了"2019 年减税降费知识竞赛——第九届全国税法知识竞赛""减税降费"座谈会，以及举办了"一带一路"涉税服务论坛暨跨境涉税服务联盟启动仪式，组织全国税务师执业资格考试的筹备工作等，这些活动不仅提升了税务师个人的业务水平，也使得税务师行业的社会地位和国际影响得以日益增强。

再次，本报告介绍了我国税务服务执业教育的基本概况及发展情况，指出我国存在师资资源缺乏沟通、国际化执业教育缺位、未能充分发挥线上线下培训优势、缺乏跨领域的税务专业服务执业培训等问题；并分析了新时代下"互联网+"、财富管理、供应链、"一带一路"背景下税务服务所面临的挑战。

最后，本报告对新形势下我国税务执业教育的发展思路及措施提出建议：扩大培训范围，增强针对性培养效果；创新线上、线下多种培训方式；完善税务服务执业教育教材；健全税务人才考核机制；加强与其他税务中介培训机构合作。

一、中国税务服务执业教育概述

（一）中国税务服务业的发展历程

我国的税务服务业萌芽于 20 世纪 80 年代中期。1984 年，中国税务协会成立，开展了经济、税务咨询、税收信息服务等业务。1985 年，新疆创办了全国第一家税务咨询事务所，随后国内其他地方也陆续成立了税务咨询事务所。20 世纪 80 年代中期在武汉、重庆、广州三市成立了民间税务咨询和代理组织协调机构，之后其他城市涉税服务组织加入，于 1998 年发展为"七城市税务咨询联合会"。

在萌芽阶段，税务服务业主要是提供税务咨询服务的税务代理，具体包括接受专项咨询委托业务、接受企业委托税务顾问业务和电话税务咨询服务。这一阶段成立的组织和机构推进了税务服务行业的发展，但业务较为单一，并不深入，尚未形成一个较为成熟的税务服务行业。

1990年，全国税收工作会议召开，决定在我国全面推行纳税人自行申报纳税制度，明确纳税人在纳税工作中的主体地位。这一制度的确立为我国税务服务行业提供了发展的契机，被认为是我国税务服务行业初创期的开端。在税务服务行业的初创期，税务服务行业通常被认为是税务代理行业。1992年，我国颁布了《中华人民共和国税收征收管理法》，规定了"纳税人、扣缴义务人可以委托税务代理人代为办理税务事宜"，首次以法律形式明确了税务代理人从事税务代理业务；次年，征管法实施细则对税务代理人的法律责任作出规定，这对我国税务服务行业的发展具有重要意义。

1994年，我国启动了全面性、结构性税制改革，使得我国税制体系更加复杂，纳税人寻求税务专业服务需求增加。为顺应市场需求，国家税务总局在《关于开展税务代理试点工作的通知》中下发了《税务代理试行办法》，对税务代理人资格认定、权利与义务、代理业务范围、代理关系、代理机构以及税务代理责任等一系列事项做出了规定，这是我国税务服务制度正式形成的标志，具有里程碑的意义。1995年，注册会计师考试中经济法科目分为经济法和税法两个科目，并于同年成立中国税务师咨询协会，成为税务师行业自律组织。

2001年，国家税务总局下发了《税务代理业务规程（试行）》，从税务代理的业务流程上作出具体规定，进一步规范了税务服务行业从业人员的执业行为。2003年，中国税务咨询协会正式更名为中国注册税务师协会，对我国注册税务师进行行业管理。2004—2009年，国家税务总局与中税协先后发布了《关于开展税务代理行业专项检查的紧急通知》《注册税务师行业自律管理办法（试行）》《税务师管理暂行办法》《关于印发注册税务师职业基本准则的通知》一系列文件，促进了税务服务机构与税务机关的彻底脱钩，进一步规范税务服务行业从业人员的执业行为。

2012年，国家税务总局出台了关于印发《注册税务师行业"十二五"时期发展指导意见》的通知，标志着我国税务服务行业进入了一个崭新的发展时期。同年12月，全国律师协会成立了财税法专业委员会，随后国内多地律师协会均成立了税法专业委员会。2014年7月22日，国务院发布了《关于取消和调整一批行政审批项目等事项的决定》，取消了注册税务师职业资格行政许可，将职业资格由准入类改为水平类。2016年，税总函〔2016〕407号文件暂停执行了《注册税务师管理暂行办法》第二十三条中注册税务师可承办的涉税鉴证业务；同年，人社部发布《国家职业资格目录清单公示》，"税务师"进入专业技术人员资格清单。

2017年9月1日起施行的《涉税专业服务监管办法（试行）》（国家税务总局2017年第13号公告）全面放开了税务服务市场，更加着重建立健全监管制度，提高监管水平。同年，国家税务总局发布了《涉税专业服务信息公告与推送办法（试行）》《涉税专业服务信用评价管理办法（试行）》《国家税务总局关于采集涉税专业服务基本信息和业务信息有关事项的公告》等文件，加强了税务服务的信息管理、信用管理，进一步规范了专业税务服务行为。《税务师事务所行政登记规程（试行）》《中国税务师协会等级税务师事务所认定办法（2017年修订）》等文件的出台，也进一步规范了税务师事务所的行政登记与管理机制。2018年，为深化"放管服"改革，国家税务总局《关于税务师事务所行政登记有关问题的公告》与中税协《中国注册税务师协会等级税务师事务所认定办法（2018年修订）》，对税务师事务所的管理进行了规范。

2019年，为深化个人所得税改革，国家税务总局《关于发挥涉税专业服务作用，助力个人所得税改革有关事项的通知》加强落实了党中央、国务院关于个人所得税改革的决策部署，充分发挥涉税专业服务作用，助力个人所得税改革实施；国家税务总局办公厅关于印发《税收管理领域基层政务公开标准指引的通知》与国务院办公厅关于《促进平台经济规范健康发展的指导意见》，使税务师事务所的管理进一步规范化和标准化。

税务专业服务在20世纪80年代中期萌芽、90年代成长、21世纪初规范，再到近十年的快速发展，目前已经成为国家税收事业重要的社会型管理力量。税务师、会计师、税法律师等税务服务提供者为我国税务专业服务制度的形成与发展做出了不懈努力。这段时间里税务专业服务提供者的地位也随之发生了转变，即由原来的"涉税中介"转变为"涉税主体"。一方面，就服务内容而言，税务服务提供者不只是作为联系征纳双方的桥梁，提供的税务服务行为实质上不仅是代纳税人行使某些义务，有时也代纳税人行使某些权利，例如享受税收优惠的权利、税法知悉权、要求公平纳税权等；另一方面，是承担连带责任，如果税务专业服务提供者出现失误致使纳税人不缴或者少缴税款，而且纳税人又不能履行其纳税义务时，税务专业服务提供者就得承担连带责任。这样的一种转变表明了税务专业服务社会组织在我国税收征纳关系中的地位越来越重要。

税务专业服务的不断发展，对税务服务业提出了更高的要求。政策在变化，时代在更迭，为适应市场变化与满足市场要求，税务服务业也在不断进行自我调整。在此背景下，继续教育显得尤为重要。税务服务业需要不断学习新知识、新政策，在执业时坚持继续教育，保证执业时掌握最新的执业技能，才能提供最前沿最准确的服务。也正是继续教育的存在，使得税务服务业经过一系列的发展得以存续并不断优化升级。

（二）税务服务的机构及服务内容

我国税务服务行业已经呈现开放之势，国家向税务师、会计师、律师等相关行业逐渐放宽限制，因此，不同服务机构都可以开展税务业务。目前，税务服务行业机构众多，包括税务师事务所、会计师事务所、律师事务所、财税咨询公司等专业机构。但不同专业机构提供的税务服务各有偏重，内容也不尽相同。

税务专业服务机构可以从事下列涉税业务：

1. 纳税申报代理

纳税申报代理，是指对纳税人、扣缴义务人提供的资料进行归集和专业判断，代理纳税人、扣缴义务人进行纳税申报准备和签署纳税申报表、扣缴税款报告表以及相关文件。

2. 一般税务咨询

一般税务咨询，是指通过电话、书面、晤谈、网络咨询等方式对纳税人、扣缴义务人的日常办税事项提供税务咨询服务。税务咨询服务涉及内容广泛，咨询、服务形式多样。

税务咨询以税收方面的疑难问题为主导，具体包括：（1）税收法律规定方面的咨询；（2）税收政策运用方面的咨询；（3）办税实务方面的咨询；（4）涉税会计处理的咨询；（5）税务动态方面的咨询。

3. 专业税务顾问

税务顾问对纳税人、扣缴义务人的涉税事项提供长期的专业税务顾问服务。税务顾问所从事的税政指导工作比税务咨询更深入一步，具有服务层次高、可操作性强的特点。税务顾问在为纳税人、扣缴义务人解决税政疑难问题的过程中应当参与实际操作。对于担当税务顾问的企业，税务师在签订合同后，要全面了解企业基本情况、历年纳税档案、企业办税人员的业务素质等内容，以书面形式为企业提供一份办税指南。

4. 税收策划

税收策划，是指对纳税人、扣缴义务人的经营和投资活动提供符合税收法律法规及相关规定的纳税计划、纳税方案。

5. 涉税鉴证

涉税鉴证，是指鉴证人接受委托，凭借自身的税收专业能力和信誉，通过执行规定的程序，按照法律、法规以及依据法律、法规制定的相关标准，对涉税事项真实性和合法性出具鉴定和证明。

6. 纳税审查

纳税审查，是指接受行政机关、司法机关的委托，依法对企业纳税情况进行审查，得出专业结论。纳税审查的基本内容包括：审查企业核算是否符合《企业会计准则》和分行业财务制度及会计制度，审查计税是否符合税收法规，审查纳税人有无不按纳税程序办事、违反征管制度的情况等；此外，纳税审查还应关注纳税人的生产、经营、管理情况。

7. 其他税务事项代理

接受纳税人、扣缴义务人的委托，税务专业服务机构还代理建账记账、发票领用、减免退税申请等税务事项。

8. 其他涉税服务

上面第 3 项至第 6 项涉税业务，即专业税务顾问、税收策划、涉税鉴证和纳税审查四项业务,应当由具有税务师事务所、会计师事务所、律师事务所资质的涉税专业服务机构从事,相关文书应由税务师、注册会计师、律师签字,并承担相应的责任。

税务师事务所是我国税务服务行业机构的主要组成部分。根据中国注册税务师协会统计,截至 2019 年 12 月 31 日,全国从事经营的税务师事务所共 6806 户,比上年增加 665 户,同比增加 10.83%(见图1)。全年税务师事务所收入总额为 241.5 亿元,同比增加 18.7%。从区域分布情况看,北京、浙江、江苏、山东、广东所在地区的税务师事务所数量依旧占据较大的比例,税务师事务所主要集中在华东、中南和华北地区等经济较为发达的地区。

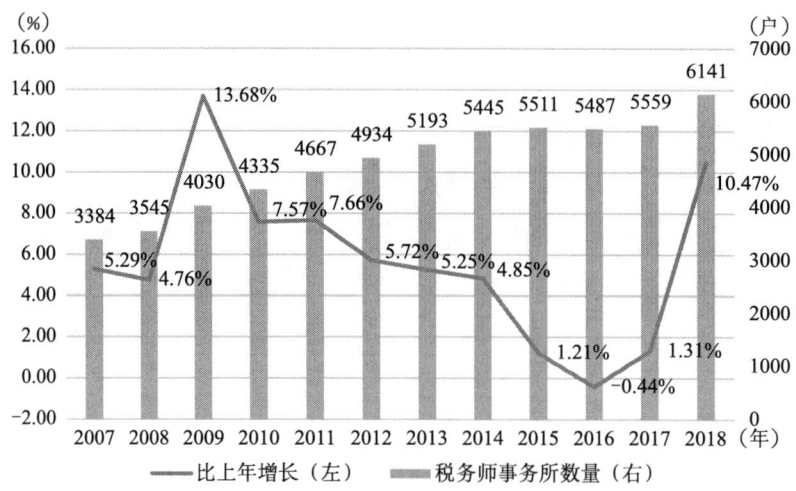

图1 2007—2018 年全国税务师事务所数量及其增长速度

而截至 2019 年 12 月 31 日,全行业共计认定等级税务师事务所 1299 家(不含授牌子所、分所),其中,A 级 802 家、2A 级 240 家、3A 级 192 家、4A 级 33 家、5A 级 32 家。2019 年等级事务所比 2018 年 1179 家等级事务所净增加 120 家,其中,A 级事务所净增加 36 家,2A 级事务所净增加 45 家,3A 级事务所净增加 23 家,4A 级事务所净增加 7 家,5A 级事务所净增加 9 家。

与 2018 年相比,2019 年税务师事务所数量和税务师事务所的收入总额都有较为显著的增长。在新常态背景下的行业战略调整期中,税务师事务所进行了一系列资源整合，进行了行业内的结构性调整，数量和年度收入都有所增长。在等级事务所中，所有等级的税务师事务所数量较上年都有所上升。市场的放开使得税务师事务所数量增加，同时，A级与2A级的税务师事务所也保持着较高的增长趋势。通过税务师行业的结构调整升级，5A级税务师事务所有着高增长的表现状态，表示税务师事务所的质量水平逐渐提高，高水平的税务师事务所越来越多（见图2），前景喜人。

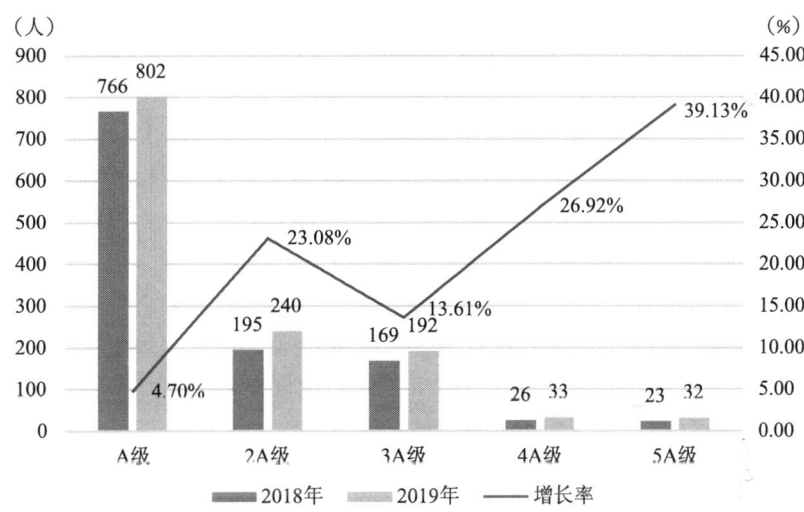

图2　等级税务师事务所数量变动情况

从图3可以看出，2018年度涉税鉴证收入总额为86.45亿元，占行业收入总额的42.49%，鉴证业务仍占较大比重，较2017年度增加8.54亿元，同比增加10.97%，其中，企业所得税汇算清缴鉴证业务收入为56.28亿元，占行业收入总额的27.66%，同比增加2.09亿元，增幅为3.86%；土地增值税清算鉴证业务收入为11.07亿元，占行业收入总额的5.4%，同比增加2.97亿元，增幅为36.66%；一般税务咨询收入为33.10亿元，占行业收入总额的16.27%；专业税务顾问收入28.95亿元，占行业收入总额的14.23%。企业所得税汇算清缴及土地增值税清算为主的鉴证业务依然是税务师事务所比较重要的业务范围，这是由于受填报习惯的影响，大部分事务所在进行数据统计时仍将企业所得税纳税申报代理业务、企业所得税年度纳税申报准备业务计算在所得税汇算清缴鉴证业务里，使得所得税汇算清缴鉴证业务占行业收入的比重偏大。

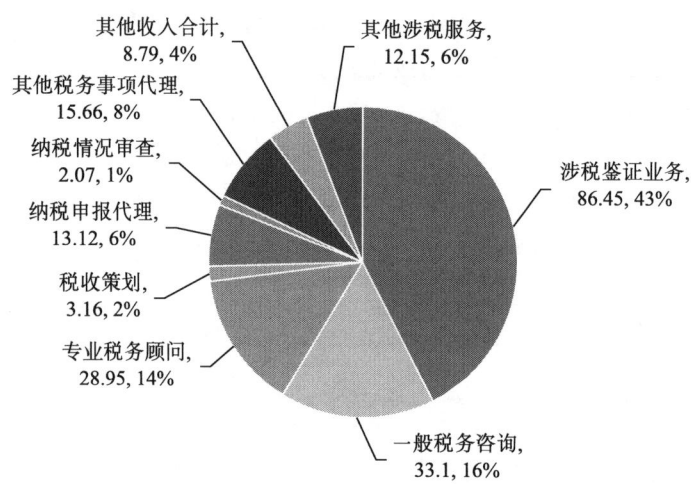

图3　税务师事务所2018年各类业务收入情况及占比（单位：亿元）

2020年9月29日，中国注册税务师协会公布了《关于发布2019年度税务师事务所经营收入前百家名单的公告》，根据税务师行业2019年度报表数据，按经营收入排序，将经营收入前100名的税务师事务所名单进行公布。

2019年度百强所经营收入在每年都保持持续增长的基础上，又连续两年同比增长超过30%，占行业经营收入比重保持稳定，整体规模呈现良好的增长态势；利润总额同比继续增长，占行业总利润的比例超过70%，所均贡献度、人均贡献度、师均贡献度均远远高于行业平均水平，盈利规模和盈利能力进一步提升。2019年度，百强所从业人员同比增长约10%，税务师同比增长约15%，分别占行业总体人员的比重超过1/4和1/5，且比上年占总体比重均有提升，百强所人才吸引能力显著增强。2019年度进入百强排名的事务所收入再创新高，在2018年大幅提升的基础上又有所提升，2019年有18家税务师事务所新登百强。从地区分布来看，百强所分布在17个地区，比上年增加了一个地区。其中，北京40家，浙江14家，上海11家，江苏、宁波各6家，四川5家，广东4家，安徽、山东、青岛、重庆各2家，天津、山西、厦门、湖南、深圳、陕西各1家。受行业发展历史和区域经济等因素影响，十年来百强所的分布地区数量一直维持在16个左右，主要集中在北京、浙江、上海、江苏、广东等经济较发达的地区。从十年的发展历程来看，排名居前的税务师事务所优势积累，规模急剧扩大，2019年度百强所中有近半数是集团所，集团化发展已经成为事务所做大做强、扩大规模的趋势。对比十年来前十强排名的情况，百强所收入所占比例也在增长，表明收入在逐渐向大所集中，规模效应明显。

中税协根据税务师行业 2019 年度报表数据统计，将 2019 年经营收入排名前 100 位的税务师事务所名单公布如下（见表1）①。

表 1　　　　　　　　　　2019 年百强事务所

序号	事务所	序号	事务所
1	上海德勤税务师事务所有限公司	24	中鸿税务师事务所有限公司
2	中税网税务师事务所集团有限公司	25	杭州知联税务师事务所有限公司
3	京洲联信税务师事务所有限公司	26	北京致通振业税务师事务所有限公司
4	中汇（北京）税务师事务所有限公司	27	中金税务师事务所有限公司
5	中瑞税务师事务所集团有限公司	28	海华税务师事务所有限公司
6	尤尼泰税务师事务所有限公司	29	安永（上海）税务师事务所有限公司
7	亚太鹏盛税务师事务所股份有限公司	30	中联税务师事务所有限公司
8	国富浩华（北京）税务师事务所有限公司	31	天健税务师事务所有限公司
9	中瑞岳华税务师事务所集团有限公司	32	北京华泰恒瑞税务师事务所有限公司
10	北京华政税务师事务所有限公司	33	北京中税网通税务师事务所有限公司
11	立信税务师事务所有限公司	34	北京竞数圣税务师事务所有限公司
12	国融兴华税务师事务所有限责任公司	35	晖帆税务师事务所有限公司
13	北京审信国际税务师事务所有限责任公司	36	普华永道税务师事务所（上海）有限公司
14	大信税务师事务所集团有限公司	37	北京浩信税务师事务所有限公司
15	中税联华（北京）税务师事务所有限公司	38	山东百丞税务师事务所有限公司
16	致同（北京）税务师事务所有限责任公司	39	江苏方正税务师事务所有限公司
17	大华（北京）税务师事务所有限公司	40	宁波阳明税务师事务所有限责任公司
18	北京中翰税务师事务所集团有限公司	41	四川万和润沣税务师事务所有限公司
19	中税科信税务师事务所有限公司	42	上海毕马威税务师事务所有限公司
20	北京天职税务师事务所有限公司	43	宁波正源税务师事务所有限公司
21	北京永大税务师事务所有限公司	44	绍兴东方税务师事务所有限公司
22	华税税务师事务所有限公司	45	广东正中国穗税务师事务所有限公司
23	信永中和（北京）税务师事务所有限责任公司	46	北京天扬君合税务师事务所有限责任公司

① 中国注册税务师协会：关于发布 2019 年度税务师事务所经营收入前百家名单的公告，http://www.cctaa.cn/hyxw/hyrd/2020 - 09 - 29/CCON20900000028054.html. 2020 - 9 - 29。

续表

序号	事务所	序号	事务所
47	安徽容诚税务师事务所有限公司	74	四川天健税务师事务所有限公司
48	江苏大公税务师事务所有限公司	75	北京中利信源税务师事务所有限责任公司
49	瑞安新一税务师事务所有限公司	76	北京铸源茂达税务师事务所有限责任公司
50	四川金普林税务师事务所有限公司	77	上海骁天税务师事务所有限责任公司
51	北京睿和税务师事务所有限公司	78	北京大有宏业税务师事务所有限责任公司
52	浙江正瑞税务师事务所有限公司	79	无锡宝光税务师事务所有限公司
53	广州中韬华益税务师事务所有限公司	80	四川精财信税务师事务所有限公司
54	上海立信诚瑞税务师事务所有限公司	81	金华中瑞税务师事务所有限责任公司
55	浙江佳信税务师事务所有限公司	82	慈溪三北税务师事务所有限公司
56	浙江正大联合税务师事务所有限公司	83	宁波中瑞税务师事务所有限公司
57	浙江鸿瑞税务师事务所有限公司	84	中勤万信税务师事务所（北京）有限公司
58	杭州余杭东方税务师事务所有限责任公司	85	江阴市长江税务师事务所有限公司
59	浙江中瑞税务师事务所有限公司	86	青岛海德税务师事务所有限公司
60	浙江通达税务师事务所有限公司	87	广东祥和税务师事务所有限公司
61	北京国佳中天宝通税务师事务所有限公司	88	北京睿畅税务师事务所有限公司
62	北京智墨税务师事务所（普通合伙）	89	陕西公正税务师事务所有限公司
63	北京中勤永合税务师事务所有限公司	90	慈溪奇生税务师事务所有限公司
64	厦门市国正税务师事务所有限公司	91	青岛正业税务师事务所有限责任公司
65	杭州大驰税务师事务所有限公司	92	上海立丰税务师事务所有限公司
66	北京华信宏景税务师事务所有限公司	93	北京德润税务师事务所有限公司
67	安徽和讯税务师事务所有限公司	94	山西中邦睿达税务师事务所有限公司
68	上海东尊税务师事务所有限公司	95	重庆睿捷税务师事务所有限公司
69	四川兴瑞税务师事务所有限责任公司	96	苏州市兴瑞税务师事务所（有限责任公司）
70	山东启阳税务师事务所有限公司	97	北京欣洪海明珠税务师事务所有限公司
71	南方（杭州）税务师事务所有限公司	98	余姚中禾信税务师事务所有限公司
72	北京中烨泽瑞税务师事务所有限责任公司	99	上海青信税务师事务所有限公司
73	北京智方圆税务师事务所有限公司	100	上海尚瑞税务师事务所有限责任公司

2020年度经营收入前百家税务师事务所收入合计161.77亿元，同比上年增加20.34亿元，增幅达14.38%。经营收入、资产总额和利润总额分别占行业整体的60.45%、49.34%和70.07%，执业税务师和人员总数分别占行业整

体的 24.41% 和 27.12%。2020 年第 100 名的收入为 2271.27 万元，比 2019 年度第 100 名收入 2159.52 万元提升 5.16%。

收入在 10 亿元（含）以上 3 家，5 亿（含）—10 亿元 6 家，3 亿（含）—5 亿元 6 家，1 亿（含）—3 亿元 25 家，5000 万元（含）—1 亿元 4 家，3000 万（含）—5000 万元 37 家，3000 万元以下 19 家。

百强所分布在 17 个地区。其中，北京 41 家，浙江 15 家，上海 9 家，江苏 6 家，宁波 6 家，广东 5 家，四川 5 家，山东、青岛、重庆各 2 家，安徽、湖南、厦门、深圳、广西、陕西、天津各 1 家。

百强所中包含 43 家集团所。其中，北京 28 家，上海 5 家，浙江 2 家，天津 1 家，江苏 1 家，安徽 1 家，湖南 1 家，广东 2 家，深圳 1 家，重庆 1 家。

根据税务师行业 2020 年度报表数据统计，按经营收入排名前 100 名的税务师事务所名单见表 2[①]。

表 2　　　　　　　　2020 年百强事务所

序号	事务所	序号	事务所
1	上海德勤税务师事务所有限公司	16	中税科信税务师事务所有限公司
2	中税网税务师事务所集团有限公司	17	致同（北京）税务师事务所有限责任公司
3	京洲联信税务师事务所集团有限公司	18	信永中和（北京）税务师事务所有限责任公司
4	中汇税务师事务所有限公司	19	北京中翰税务师事务所集团有限公司
5	中瑞税务师事务所集团有限公司	20	北京永大税务师事务所有限公司
6	北京华政税务师事务所有限公司	21	华税税务师事务所有限公司
7	大信税务师事务所集团有限公司	22	浙江知联税务师事务所有限公司
8	国融兴华税务师事务所有限责任公司	23	大华（北京）税务师事务所有限公司
9	中瑞岳华税务师事务所集团有限公司	24	中金税税务师事务所有限公司
10	亚太鹏盛税务师事务所股份有限公司	25	中鸿税务师事务所有限公司
11	立信税务师事务所有限公司	26	安永（上海）税务师事务所有限公司
12	国富浩华（北京）税务师事务所有限公司	27	天健税务师事务所有限公司
13	尤尼泰税务师事务所有限公司	28	容诚税务师事务所（北京）有限公司
14	北京审信国际税务师事务所有限责任公司	29	海华税务师事务所有限公司
15	北京天职税务师事务所有限公司	30	中联税务师事务所有限公司

① 中国注册税务师协会：关于发布 2020 年度税务师事务所经营收入前百家名单的公告，http://www.cctaa.cn/hyxw/hyyw/2021－08－16/CCON20900000027550.html. 2021－08－16。

续表

序号	事务所	序号	事务所
31	北京致通振业税务师事务所有限公司	62	山东启阳税务师事务所有限公司
32	北京中税网通税务师事务所有限公司	63	北京智方圆税务师事务所有限公司
33	北京华泰恒瑞税务师事务所有限公司	64	北京中烨泽瑞税务师事务所有限责任公司
34	北京竞数圣税务师事务所有限公司	65	北京中利信源税务师事务所有限责任公司
35	上海毕马威税务师事务所有限公司	66	北京国佳中天宝通税务师事务所有限公司
36	普华永道税务师事务所（上海）有限公司	67	瑞安新一税务师事务所有限公司
37	中税标准税务师事务所有限公司	68	北京利安达税务师事务所有限责任公司
38	山东百丞税务师事务所有限公司	69	上海骁天税务师事务所有限责任公司
39	晖帆税务师事务所有限公司	70	厦门市国正税务师事务所有限公司
40	北京浩信税务师事务所有限公司	71	北京铧源茂达税务师事务所有限责任公司
41	江苏方正税务师事务所有限公司	72	无锡宝光税务师事务所有限公司
42	宁波阳明税务师事务所有限责任公司	73	四川天健税务师事务所有限公司
43	四川万和润沣税务师事务所有限公司	74	四川兴瑞税务师事务所有限公司
44	宁波正源税务师事务所有限公司	75	安徽和讯税务师事务所有限公司
45	北京天扬君合税务师事务所有限责任公司	76	广东恒生税务师事务所有限公司
46	广东正中国穗税务师事务所有限公司	77	杭州余杭东方税务师事务所有限公司
47	四川金普林税务师事务所有限公司	78	杭州大驰税务师事务所有限公司
48	浙江正大联合税务师事务所有限公司	79	广州中韬华益税务师事务所有限公司
49	浙江佳信税务师事务所有限公司	80	北京华信宏景税务师事务所有限公司
50	浙江正瑞税务师事务所有限公司	81	北京大有宏业税务师事务所有限责任公司
51	北京睿和税务师事务所有限公司	82	慈溪奇生税务师事务所有限公司
52	江苏大公税务师事务所有限公司	83	宁波中瑞税务师事务所有限公司
53	浙江鸿瑞税务师事务所有限公司	84	青岛海德税务师事务所
54	上海立信诚瑞税务师事务所有限公司	85	金华中瑞税务师事务所有限责任公司
55	北京智墨税务师事务所（普通合伙）	86	北京欣洪海明珠税务师事务所有限公司
56	上海东尊税务师事务所有限公司	87	江阴市长江税务师事务所有限公司
57	南宁汉鼎税务师事务所有限责任公司	88	苏州市兴瑞税务师事务所（有限责任公司）
58	慈溪三北税务师事务所有限公司	89	陕西公正税务师事务所有限公司
59	浙江通达税务师事务所有限公司	90	余姚中禾信税务师事务所有限公司
60	浙江中瑞税务师事务所有限公司	91	青岛正业税务师事务所
61	四川精财信税务师事务所有限公司	92	南方（杭州）税务师事务所有限公司

续表

序号	事务所	序号	事务所
93	广东祥和税务师事务所有限公司	97	北京鑫税广通税务师事务所有限公司
94	北京睿畅税务师事务所有限公司	98	上海海之信税务师事务所有限公司
95	重庆睿捷税务师事务所有限公司	99	浙江宏诚税务师事务所有限公司
96	北京德润税务师事务所有限公司	100	浙江中瑞江南税务师事务所有限公司

会计师是税务服务业中的重要人才力量，其优势在于拥有法定业务，可由会计报表审计延伸到涉税服务，同时为企业提供一揽子服务。成本具有相对优势，能提供会计、税务、评估等服务的集团式事务所非常受纳税人欢迎。我国会计师行业从事涉税服务分为以下两种情况：第一种情况是会计师事务所在从事审计等业务的同时，也提供税务代理、税务咨询以及涉税财务投资等专业服务。第二种是会计师事务所另设税务师事务所。根据国家税务总局公告 2011 年第 67 号文件的规定：其他涉税专业服务机构如果从事涉税鉴证业务，必须具备注册税务师执业资质，成立税务师事务所。因此，许多会计师事务所单独设立税务师事务所，提供与专业涉税服务相关的业务。以国际四大会计师事务所来说，普华永道、安永、德勤、毕马威分别成立了上海中天正鉴税务师事务所、安永（上海）税务师事务所、上海德勤税务师事务所、上海毕马威税务师事务所。另外国内的大型会计师事务所也大多成立了与自身业务相关的税务师事务所①。

会计师行业出于拓展业务市场的需要，很多税务业务是伴随着审计业务而发生的，通俗一点说就是客户购买审计服务，然后附带提供涉税鉴证业务。至于税务代理及咨询顾问方面，很多还是以单独的业务约定达成的。现实中，在税总函〔2016〕407 号文件发布之前，涉税专业服务领域除涉税鉴证业务外，税务咨询等其他涉税业务都是针对所有从业人员开放的。但根据 2014 年会计师业务结构统计分析，在注册会计师所有业务里，审计业务为 70%，非审计业务为 30%，非审计业务中涉税业务仅占 3.4%。可以看出，涉税服务业务在会计师的总业务中没有占较大的比重，反映出会计师和税务师行业在业务实践方面的差异。

---

① 岳杨. 我国涉税专业服务行业的定位与发展研究［D］. 首都经济贸易大学，2017.

截至2019年底，全国共有律师事务所3.2万家，与2018年相比增幅为4.92%。其中，合伙所1.9万多家，占59.55%；国资所950多家，占2.98%；个人所9110多家，占28.47%。从律师事务所规模来看，律师10人（含）以下的律师事务所2.1万多家，占65.63%，律师10人（含）至20人的律师事务所6700多家，占20.94%；律师20人（含）至50人的律师事务所3350多家，占10.47%；律师50人（含）至100人的律师事务所600多家，占1.88%；律师100人（含）以上的律师事务所310多家，占0.97%。我国税务律师的执业领域有：

（1）税务咨询及顾问。企业在从事经营管理过程中会涉及大量的税务法律事务，聘请专业的税务律师作为日常税务顾问是现代企业普遍采取的一项重要管理制度。

（2）企业税收优惠申请。现行税法中包含了各种税收优惠与财政补贴，税务律师根据国家的财税政策向企业提供最新的信息和规划，能为符合条件的企业争取税收利益。

（3）重大事项税务规划。税务规划不仅与企业财务状况和特点等财务问题相关，也涉及企业交易结构设计，涵盖证券法、公司法、合同法、民法等法律。而税务律师往往兼具税收、法律、财务会计等多方面的知识和应用能力，可以提前为企业设计出最优的交易方案，在这一方面比会计师、税务师更具有优势。

（4）国际税务服务。在经济全球化背景下国际投资日益频繁，而各国税法体系和环境差异较大，税务成为我国企业拓展跨境业务时必须面对的问题。这些年来税务机关明显加强了反避税工作力度，如BEPS反避税措施，国家对税收协定滥用、同期资料准备、受控外国公司税收问题等也越来越重视。因此，我国税务律师在国际税务领域发挥着很大的作用。

（5）税务争议解决。这是税务律师的核心业务，包括税务听证、行政复议、行政诉讼代理、税企关系协调以及税务稽查应对等。

近几年来，我国税收征管逐步规范化，简政放权征管重心后移，税务机关税务稽查更现代化。由此一来，纳税人面临着税收政策缺位、对税收政策理解不同等一系列挑战，税法风险也随之升高。税收征管环境的变化要求税务服务从业者具备多元化的专业技术能力和战略远见，对于我国涉税专业服务机构来说既是机遇也是挑战。税务律师精通税收相关法律和企业财务知识，擅长从法学的视角考虑企业的法律风险和潜在问题，具备解决复杂税务问题的专业能力，业务跨度更全面。这也是拥有法律背景的税务人士在涉税专业服务机构中的比例不断增加的原因所在。

虽然目前大部分律师事务所聚焦在涉税服务的司法方向，但其市场切入点比较好，容易获得客户信任。当有大量的延伸服务时，一些律师事务所也引进人才，单独成立税务部门从事具体涉税服务，例如华税集团。

（三）税务中介组织机构从业人员

截至2019年12月31日，全国从事经营的税务师事务所共6806户，比上年增加665户，同比增加10.83%。全年税务师事务所收入总额为241.5亿元，比2018年增加18.71%。2019年全国税务师行业从业人员共计105037人，其中执业税务师有46624人。

中税协组织的全国税务师职业资格考试为事务所培养了一大批税务师的潜力军。2019年11月9日至10日，中税协组织2019年度全国税务师职业资格考试。全国共设立37个考区（含香港），在151个城市设立了590个考点，计6840个考场，报考人数555182人，相比上年增加了65%，报考科次为1519614人，相比上年增加了66%。据初步统计，2019年全国税务师职业资格考试全科合格人数为27760人，较上年增长了29%，5科目平均参考率41.93%，比上年减少了约10个百分点（见图4）。

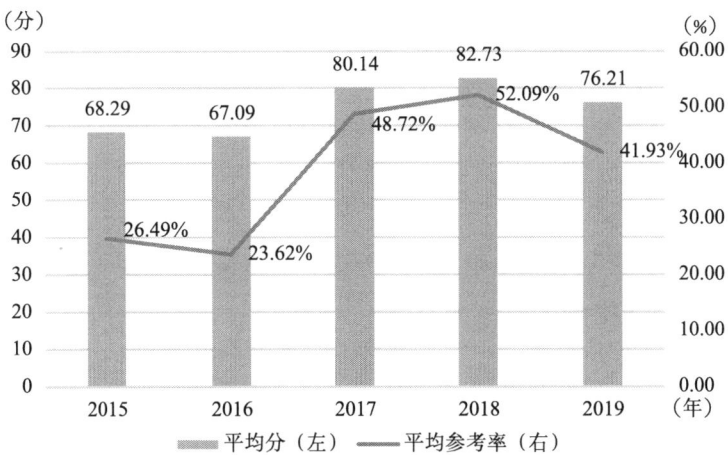

图4 2015—2019年全国税务师职业资格考试5科平均通过率趋势图

根据注册会计师协会数据统计，截至 2019 年 3 月 31 日，全国注册会计师 107430 人，中国注册会计师协会会员达到 256112 人，其中非执业会员 148682 人①。从司法部律师公证司公布数据来看，截至 2019 年底，全国共有执业律师 47.3 万多人，比 2018 年增长 11.61%。

（四）税务中介组织机构从业人员的执业教育

我国税务师行业目前仍以中税协、地方税协、事务所三级培训体系为主，会计师事务所、律师事务所也分别开展涉税业务的执业教育。

中税协 2019 年除常规培训外，专项业务培训基地试点工作不断取得阶段性成果。专项业务培训是依托高等级事务所优质资源开展的行业培训工作，是培训工作的一项创新之举，意义重大。2019 年中税协在天阳君合、中汇、中税咨询、中翰税务、长春税苑这 5 家税务师事务所进一步试点了 5 个业务方向的专项业务培训基地，试点成效显著。

中税协组织的面授培训班办班数量、质量有新的发展，人才阶梯建设有进展。2020 年中税协全年共发布 17 期培训班通知。其中，扬州基地举办 5 期计划内培训班；西部基地举办 1 期计划内培训班；大连基地举办 4 期计划内培训班；专项业务基地举办培训项目 7 期。

线下面授的执业教育不足以满足税务服务从业人员的需要，网校教育在此发挥了重要作用。2019 年网校建设有新进展，市场化经营有新突破。2019 年进一步优化了网校电商模式的各项功能，截至 2019 年底，网校注册用户达 21.7 万，活跃学习用户 5 万多，同时网校依托市场化经营理念，扩大对外合作，与各培训基地合作，举办计划外培训班；与出版社合作，网上销售财税专业图书；与全国各地教师合作，共建课件资源，实现网上销售课件。这些教育资源的网络化极大地方便了执业人员的学习与再教育。2020 年度，根据教育培训委员会审议后的培训计划，结合年度预算经费，中税协年初计划举办预算内直播培训 22 期，其中涉税政策解读 4 期，海南自贸区政策专题 6 期，企业组织管理 5 期，专项业务提升 7 期。

中税协还通过举办比赛、走进校园、面向社会等形式广泛开展活动，动员了一大批学生、执业税务服务人员和全社会人士相互交流，以赛促学，主

---

① 中国注册税务师协会：中注协个人会员超过 25.6 万人，http：//www.cicpa.org.cn/news/201904/t20190424_ 51887.html. 2019 - 4 - 24。

动学习，参与培训，通过竞赛展示学习成果。2019年6月28日举办的"2019年减税降费知识竞赛——第九届全国税法知识竞赛"，比赛形式推陈出新，与往年竞赛只面向财税人员不同，此次全国税法知识竞赛将参赛人员范围扩大到全社会人士，共有58594人报名答题。大赛启事发出后，得到了税务机关的大力支持，参与本届竞赛的税务干部达到了20716人。34个省（市、区）均参与了本届竞赛活动，多个地方税协积极动员协会工作人员、税务师事务所、从业人员参赛，并呼吁税务师事务所发动企业客户和社会各界人士参与答题。共有14283名纳税人参与了本届竞赛，税务师事务所及其他机构参与人数达到了7102人。除了机关企事业单位以及各类相关行业的办税人员外，各地税协和税务师事务所积极走进高校，共组织了16493名学生报名答题，比赛形式推陈出新，运用了互联网、手机等传播手段助力，并特请有关专业技术部门在中国注册税务师协会官方网站以及中国注册税务师协会微信公众号设置"减税降费知识竞赛"登录页面，全部以个人为单位进行实名注册、答题；竞赛聘请资深税务专家参考实际工作案例，结合最新的政策法规，经过归纳总结设置题目，并依据总局和中税协领导指示，加大了税法知识部分的题量。在全部100道试题中，包含减税降费知识题80道，税务师知识题20道，全部为单选题，满分100分。

2019年12月15日，由中华全国律师协会、中国注册税务师协会联合主办，全国律协财税法专业委员会、中国政法大学财税法研究中心、北京华税律师事务所、华税税务师事务所有限公司、金杜律师事务所、中税网税务师事务所有限公司联合承办，华税学院协办的"2019中国税法论坛暨第八届中国税务律师和税务师论坛"在北京圆满举行。会议聚焦推进国家治理体系和治理能力现代化与涉税服务新机遇，22位嘉宾围绕国家治理现代化与税制改革和税收立法、税收征管改革与涉税服务创新、近期税务争议案件深度解析与业务提升、新时代涉税服务创新、"一带一路"倡议、数字经济与国际税法服务创新等几大主题，分别作了演讲。论坛现场除来自税务机关、行业协会、高等院校、律师事务所、税务师事务所、企业的人员以外，还有2万余位社会各界人士通过视频直播观看了此次论坛。中国税法论坛暨中国税务律师和税务师论坛作为一项具有影响力的活动，为律师、税务师两大行业交流融合、跨界发展发挥了重要作用，律师、税务师、专家学者齐聚一堂，共同探讨焦点话题，为税务服务行业的工作人员提供了工作方向与指引，拓宽工作思路，提高执业教育层次①。

全国律协、中税协、中国政法大学联合主办，华税律师事务所、华税税务师事务所、中国政法大学财税法研究中心共同承办了"第六届中国税务律师、税务师和税法研究生暑期学院（2019）"，之前五届暑期学院已向全国32个省、市、自治区培养输送了1000余名涉税专业服务骨干人才和税法后备人才，成为各地涉税专业服务机构的中坚力量，有力提升了税务师和税务律师的执业水准。

二、中国税务服务执业教育的创新发展及成效

（一）税务及税务服务行业的发展，引领执业教育创新

1. 规范税务师行业执业行为，推动纳税申报代理等涉税专业服务的标准化

根据国家税务总局《涉税专业服务监管办法（试行）》（国家税务总局公告2017年第13号）等有关规定，结合行业实际，中税协组织制订了《税务师行业涉税专业服务规范基本指引（试行）》等20项执业规范。

2. 国家税务总局发布《税务文书电子送达规定（试行）》

2019年12月3日，为深入贯彻党的十九届四中全会精神，落实"放管服"改革要求，优化税务执法方式，进一步便利纳税人办税，国家税务总局制定了《税务文书电子送达规定（试行）》，自2020年4月1日起施行。

税务文书送达是保障税务机关依法行政、保护纳税人合法权益的重要组成部分。长期以来，税务机关高度重视税务文书送达工作，不断完善相关制度，规范文书送达行为。但随着经济社会发展和技术创新，传统文书送达方式不能更好地方便纳税人办税。例如，纳税人网上办理涉税事项涉及税务文书的，还需要税务机关送达或者纳税人到税务机关领取纸质税务文书，影响纳税人的网上办税体验；又如，传统的文书送达方式时间较长，纳税人难以

---

① 中国注册税务师协会：关于举办"2019中国税法论坛暨第八届中国税务律师和税务师论坛"的通知，http://www.cctaa.cn/zczd/zxwj/2019-11-13/CCON19900000025018.html.2019-11-13。

尽快知道文书内容，不能尽快行使相关权利、履行相关义务。为进一步便利纳税人办税，更好地保护纳税人合法权益，提高税收征管效率，减轻征纳双方负担，在吸收纳税人意见及总结部分地区试点经验的基础上，经深入研究论证，国家税务总局制定《税务文书电子送达规定（试行）》，明确税务文书电子送达相关规定。

《税务文书电子送达规定（试行）》对税务文书电子送达主要规定了五部分内容：一是明确送达效力，规定电子送达与其他送达方式具有同等法律效力，以及电子送达对受送达人权利义务的影响；二是遵循自愿原则，规定电子送达以受送达人同意为前提，受送达人同意电子送达的签订"税务文书电子送达确认书"，税务机关提供线上、线下多种签订途径；三是明确送达路径，税务机关通过特定系统送达电子版式税务文书；四是规范送达操作，规定送达完成标准、系统自动记录、信息提醒服务等内容；五是限定文书范围。

3. 国家税务总局发布《非居民纳税人享受协定待遇管理办法》

为深化"放管服"改革，进一步优化税收营商环境，提高非居民纳税人享受协定待遇的便捷性，国家税务总局制定了《非居民纳税人享受协定待遇管理办法》，自2020年1月1日起施行。

4. 国务院印发《实施更大规模减税降费后调整中央与地方收入划分改革推进方案》

实施更大规模减税降费是应对当前经济下行压力的关键之举，调整中央与地方收入划分改革是落实减税降费政策的重要保障。《实施更大规模减税降费后调整中央与地方收入划分改革推进方案》提出三个方面的政策措施：一是保持增值税"五五分享"比例稳定。进一步稳定社会预期，引导各地因地制宜发展优势产业，鼓励地方在经济发展中培育和拓展税源，增强地方财政"造血"功能，营造主动有为、竞相发展、实干兴业的环境。二是调整完善增值税留抵退税分担机制。建立增值税留抵退税长效机制，并保持中央与地方"五五分担"比例不变。为缓解部分地区留抵退税压力，增值税留抵退税地方分担的部分（50%），由企业所在地全部负担（50%）调整为先负担15%，其余35%暂由企业所在地一并垫付，再由各地按上年增值税分享额占比均衡分担，垫付多于应分担的部分由中央财政按月向企业所在地省级财政调库。

三是后移消费税征收环节并稳步下划地方。按照健全地方税体系改革要求，在征管可控的前提下，将部分在生产（进口）环节征收的现行消费税品目逐步后移至批发或零售环节征收，拓展地方收入来源，引导地方改善消费环境。

5. "涉税专业服务相关信息"被列为税收管理领域基层政务公开标准目录二级公开事项

国家税务总局印发的《税收管理领域基层政务公开标准指引》，将"涉税专业服务相关信息"纳入公开事项。根据规定，"涉税专业服务相关信息"公开内容（要素）包括：

（1）纳入监管的涉税专业服务机构名单及其信用情况。

（2）未经行政登记的税务师事务所名单。

（3）涉税服务失信名录。由税务主管部门"自该政府信息形成或者变更之日起20个工作日内及时公开"。

6. 国家税务总局制定出台《税收征管操作规范》

为更好地适应国税地税征管体制改革后的新形势、新要求，国家税务总局在深入开展"不忘初心、牢记使命"主题教育中边学习边调研边检视边改进工作，加速制定出台《税收征管操作规范》（以下简称《操作规范》），进一步规范税费业务办理，解决纳税人、缴费人和基层税务人反映最强烈的痛点堵点难点问题，降低税费遵从成本，提高税费征管效率。

7. 深化增值税改革

《财政部 税务总局 海关总署关于深化增值税改革有关政策的公告》（财税〔2019〕39号）明确，纳税人发生增值税应税销售行为或者进口货物，原适用16%和10%税率的，税率分别调整为13%、9%；纳税人购进农产品，原适用10%扣除率的，扣除率调整为9%；纳税人购进用于生产销售或委托加工13%税率货物的农产品，按照10%的扣除率计算进项税额；原适用16%税率且出口退税率为16%的出口货物，出口退税率调整至13%。原适用10%税率且出口退税率为10%的出口货物、跨境应税行为，出口退税率调整至9%。进一步扩大进项税抵扣范围，将旅客运输服务纳入抵扣，并将纳税人取得不动产支付的进项税由分两年抵扣改为一次性全额抵扣；对主营业务为邮政、电信、现代服务和生活性服务业的纳税人，自 2019 年 4 月 1 日至 2021 年 12 月 31 日按进项税额加计 10% 抵减应纳税额（10 月 1 日起又进一步将生活性服务业加计抵减比例提高 15%）。

8. 实施小微企业普惠性优惠

对小规模纳税人，将增值税起征点由月销售额 3 万元提高到 10 万元；大幅放宽可享受企业所得税优惠的小型微利企业标准，并加大所得税优惠力度；由省、自治区、直辖市人民政府根据本地区实际情况，对增值税小规模纳税人在 50% 的税额幅度内减征"六税两费"（即资源税、城市维护建设税、房产税、城镇土地使用税、印花税、耕地占用税和教育费附加、地方教育附加）；扩展投资初创科技型企业享受优惠政策的范围。

9. 实施个人所得税专项扣除

2018 年 8 月 31 日，第十三届全国人大常委会第五次会议通过了新修改的《中华人民共和国个人所得税法》，第六条对子女教育、继续教育、大病医疗、住房贷款利息、住房租金、赡养老人 6 项专项附加扣除政策作出明确规定。在此基础上，国务院印发《个人所得税专项附加扣除暂行办法》，自 2019 年 1 月 1 日起正式实施 6 项专项附加扣除政策。

10. 降低社会保险费率

经国务院常务会议审议通过，国务院办公厅印发《降低社会保险费率综合方案》（国办发〔2019〕13 号），明确降低城镇职工基本养老保险单位缴费比例，各省、自治区、直辖市及新疆生产建设兵团（以下统称"省"）养老保险单位缴费比例高于 16% 的，可降至 16%；继续阶段性降低失业保险、工伤保险费率；调整社会保险缴费基数政策，各省以全口径城镇单位就业人员平均工资核定社会保险个人缴费基数上下限，个体工商户和灵活就业人员可以在本省全口径城镇单位就业人员平均工资的 60% 至 300% 之间自愿选择缴费基数。

11. 清理规范行政事业性收费和政府性基金

按照国务院常务会议部署，国家出台了进一步清理规范行政事业性收费和政府性基金的政策措施，明确减免不动产登记费，减征文化事业建设费，扩大减缴专利申请费、年费等的范围；降低因私普通护照等出入境证照、部分商标注册及电力、车联网等占用无线电频率收费标准；将国家重大水利工程建设基金和航空公司民航发展基金征收标准降低一半；对产教融合试点企业兴办职业教育符合条件的投资，按投资额 30% 抵免当年应缴教育费附加和地方教育附加。

12. 资源税立法

《中华人民共和国资源税法》已由中华人民共和国第十三届全国人民代表大会常务委员会第十二次会议于 2019 年 8 月 26 日通过，自 2020 年 9 月 1 日起施行，对在中华人民共和国领域和中华人民共和国管辖的其他海域开发应税资源的单位和个人征收资源税。

13. 外商投资法立法

2019 年 3 月 15 日第十三届全国人民代表大会第二次会议通过了《中华人民共和国外商投资法》，进一步扩大对外开放，积极促进外商投资，保护外商投资合法权益，规范外商投资管理，推动形成全面开放新格局，促进社会主义市场经济健康发展。

（二）税务行业的发展对税务服务业产生的影响

税务行业的改革与发展不仅需要税务机关层层推进，而且纳税人也需要了解新政，相关办税人员需要深入了解政策的内涵及相关业务流程，都需要对相关人员进行培训，以保障工作的顺利进行，税务中介组织机构的作用便突显出来，税务中介组织通过为纳税人办理业务很好地传达了政策规定及其意图，作为税务机关和企业的桥梁发挥了重要的作用。这不仅是税务服务业的机遇，也是挑战。

1. 印发《纳税申报代理业务指引（试行）》等多项具体业务指引和执业规范

税务师行业执业规范是税务师事务所及其涉税服务人员开展业务的行为标准，是行政监管和行业自律的重要依据。近年来，税务师行业的执业环境在法律、监管和实践等方面发生了重要变化，国家一系列减税降负政策在提升企业发展动能的同时，也为税务师行业发挥专业服务作用带来了新的机遇与挑战，为规范税务师行业执业行为，推动纳税申报代理等涉税专业服务的标准化，根据国家税务总局《涉税专业服务监管办法（试行）》（国家税务总局公告2017年第13号）等有关规定，结合行业实际，中税协拟制了《涉税专业服务业务规范拟制方案》，提出了构建行业业务规范基本指引、指引、具体业务指引、释义的四层架构体系，先后制定并论证项目共61项；2019年制发31项规范指引，包括《税务师行业涉税专业服务规范基本指引（试行）》和职业道德等9项指引以及《增值税纳税申报业务指引（试行）》等21项具体业务指引。

2. "一带一路"与税务中介机构的发展

2013年，习近平总书记纵观中国和世界发展大势，为促进各国共同繁荣，提出共建"一带一路"倡议。6年来，"一带一路"建设从理念转化为行动，随着"一带一路"建设向更大范围、更宽领域、更高层次推进，参与国家的数量越来越多，跨境投资的规模越来越大，经贸往来的频次越来越高，税收的重要性日益凸显，税收制度越来越成为"一带一路"沿线国家和地区营商环境的重要体现，税收便利越来越成为投资便利的重要保障，税收合作也越来越成为经贸合作的重要组成部分。

2019年4月18日—20日，国家税务总局在浙江乌镇举办了第一届"一带一路"税收征管合作论坛。来自85个国家和地区的税务部门负责人或其授权代表，以及16个国际组织、多家学术机构和跨国企业代表出席。这是中国税务部门迄今为止举办的参与方最多、规模最大、国际关注度最高的高级别主场多边活动，在各方的共同努力下，论坛主要取得了四个方面成果：一是构建了"一带一路"税收征管合作机制，34个理事会成员、22个观察员和19个税收征管能力促进联盟成员，共同签署了首个"一带一路"税收征管合作谅解备忘录，正式建立了"一带一路"税收征管合作机制；二是建立了"'一带一路'税收征管能力促进联盟"，将通过开展税收培训、税务技术援助、税收前沿问题研究和知识产品开发等活动，帮助"一带一路"沿线国家和地区共同提高税收征管能力；三是深化了"一带一路"税收征管合作共识；四是制定了"一带一路"税收征管合作行动计划。围绕《乌镇声明》，明确路线图、时间表，形成《乌镇行动计划（2019—2021）》，确保合作机制参与方共同采取行动，实现阶段性目标。

以税务师事务所为代表的税务中介行业时刻与一线纳税人打交道，在宣传"一带一路"相关政策中，有着不一样的分量与效应。因为涉税专业服务组织的税务中介人员本身就是一个形象的品牌，他们的建议与意见更具有实效和权威。"一带一路"建设是税务师行业发展的机遇和挑战。

国家在推进"一带一路"、鼓励企业到"一带一路"沿线国家投资的过程中离不开税务中介从业人员的建言献策，在执行过程中也需要税务中介的专业服务。对于实力雄厚、有能力"走出去"的企业来说，"一带一路"相关政策是陌生的，这就需要涉税专业服务人员进行代理或协助。因此，部分税务机关和企业邀请税务中介人员对纳税人予以培训，鼓励涉税中介机构参与"一带一路"的建设中，为"走出去"纳税人提供涉税咨询服务，详细讲解有关政策，帮助纳税人做好境外税务指南，减少和规避纳税风险，增强企业的国际竞争力，持续提高纳税人满意度。

对于税务中介行业尤其是注册税务师行业而言，"一带一路"建设潜藏着巨大的市场需求，给税务中介机构带来了新的发展机遇，同时对税务中介从业人员也提出了更高的业务水准要求。

（三）中国税务中介组织机构执业教育的发展

税法是我国法律体系的重要组成部分，是国家依法征税和纳税人依法纳税的行为准则。税务中介机构在税务执业教育上起到了重要的作用，有利于税法的宣传、实施，充分发挥税收职能，不仅为纳税人的税务事项出谋出力，而且逐渐被推至破解一系列重大经济社会问题的前沿地带。税务中介服务在越来越得到更多人认可的同时，也对未来税务中介机构职业教育工作提出了更高的要求。因此，应当清醒地认识到税务专业人才的社会需求，积极完善教育机制，及时调整教育方案，从而使我国的税务中介机构职业教育得到健康持续发展，培养出更多税务专业人员。

1. 中国税务师的教育模式

中国注册税务师协会前身为中国税务咨询协会，成立于1995年2月28日，是经中华人民共和国民政部批准的全国一级社团组织，是由中国注册税务师和税务师事务所组成的行业民间自律管理组织，受民政部和国家税务总局的业务指导和监督管理。2003年更名为中国注册税务师协会后，协会一直秉承着探索创新精神和真诚服务社会的理念，积极进取，勤勉履职，带领广大会员和从业人员，踏上了追逐注税梦的征程。

长期以来，"3+3+1"培训模式是税务师行业会员后续教育培训的主要形式，培养出了大批税务行业人才。第一个"3"是指中税协、地方税协、税务师事务所组成的3个层级培训体系；第二个"3"是指中税协扬州、西部、大连3个面授培训基地；"1"是指中税协为会员提供的一个远程教育服务平台。在这一过程中，中税协、地方税协、税务师事务所各司其职，在税务师教育事业的顺利推进上，发挥着举足轻重的作用。

2020年，根据教育培训委员会审议后的培训计划，结合年度预算经费，中税协年初计划委托3个培训基地举办预算内培训班17期，其中，扬州基地5期，西部基地1期，大连基地4期，专项业务培训基地7期。共举办了18期面授培训班，有2500多人次参加；开设高端人才培训班2期，参加培训人数448人，行业领军人才（清华班）第三次集中培训顺利完成；开发了中税协网校直播平台，网上培训方式是中税协为会员提供远程继续教育的互联网方式，截至2019年，网校注册用户达21.7万，活跃学习用户达5万多。2020年度，根据教育培训委员会审议后的培训计划，结合年度预算经费，中税协计划举办预算内直播培训22期，其中涉税政策解读4期，海南自贸区政策专题6期，企业组织管理5期，专项业务提升7期。截至2020年底实际开展了28次直播培训，累计近3万人观看直播；网校上线24门视频课程，共计95个学时，全年累计上线远程继续教育课程150多个学时；开发完成税务师继续教育综合学时管理平台，实现对所有取得税务师资格证的人员的继续教育管理和审核。网上教育的优势除了不受时间、空间限制之外，更重要的是其积累的大数据为分析会员学习习惯和需求提供了依据，对提高教育培训质量很有意义。

2. 积极推进专业化建设，创新行业人才培养机制

中国注册税务师协会积极创新继续教育培训方式，进一步强化了中税协、地方协会、事务所三级培训体系；在巩固扬州、西部培训基地的基础上，增设大连培训基地；并试点与厦门红大、深圳亚太鹏盛、北京致通振业、北京华税、北京华政等税务师事务所联合建立专项业务培训基地；共开设各类面授培训班 170 余期，培训学员近 3 万人次；加强"互联网＋培训平台"建设，2016 年上线了新网校系统，年上线课程 400 学时，注册学员 15 万人，每年在线学员 4 万多人。构建领军人才、高端人才、业务骨干、后备人才的梯次人才培养体系，已评选和培养高端人才 1000 余名，其中 300 位已通过考核结业；2019 年与清华大学联合开展行业领军人才培养计划开始实施。

3. 积极推动产教融合，推动实用型人才培养

认真贯彻落实党中央、国务院关于产教融合的文件精神，制定印发《税务师行业产教融合工作规划（2018—2022）》和《2019 年税务师行业产教融合实施方案》，全行业与 100 多所院校签订了人才培养战略合作协议，初步建立了协会、税务师事务所与院校协同育人机制；探索建立税务师行业大学生实习基地联盟与网络平台，全方位服务大学生实习与实训，培养实用型涉税服务人才。开展"双师型"师资队伍建设。通过举办"税务师杯"优秀财税教师评选和"解税宝杯"最具影响力财税教师评选，遴选出 100 多名优秀教师参与行业培训工作。委托大连培训基地，为 200 多家事务所培养了 500 多名教师人才。举办首期涉税专业"双师型"师资培训班，为 33 所院校近百名教师培训实务教学技能。与上海立信会计学院开展了《税务师人才培养体制机制研究——财经类高校培养人才视角》《税务师高端人才案例汇编》《税务师人才实验班教学改革路径研究》等课题研究，研究成果获得上海市教委教学创新奖。

4. 中国税务师的培训内容

近两年中税协组织了对税务师的全方位的培训，以适应涉税服务的需要。以《中国注册税务师协会 2020 年税务师继续教育培训计划》为例，培训内容包括涉税代理鉴证业务、金融产品涉税业务等常规项目、企业重组等高端人才培养项目、国家税收业务等计划外市场化项目等，具体内容如下。

（1）计划内常规项目培训（见表 3）。

表 3　　　　　　　　　　　　　常规项目培训

序号	项目名称	主要培训课程	培训目标	培训对象
1	增值税专门业务培训班	增值税一般计税深度解析 增值税简易计税深度解析 出口退税业务深度解析 增值税简易计税深度解析 增值税优惠政策深度解析 增值税纳税申报表填报若干注意事项 增值税会计深度解析 增值税常见税企争议与解决办法	增值税不仅是我国第一大主税种，也是确定其他税种税基的基础和前提。通过培训，帮助学员全面系统掌握增值税政策及管理，为各项税务代理业务的开展打下坚实的基础。	执业税务师及业务助理
2	房地产相关产业税收业务培训班	房地产涉税法律案例分析 房地产企业增值税重难点深度解析 房地产企业所得税重难点深度解析 房地产企业土地增值税清算重难点深度解析 房地产企业其他税种（个税、契税、房土税、印花税）重难点深度解析 房地产企业常见税企争议及解决办法 房地产企业会计核算精要 涉税专业服务监管办法（试行）及配套制度解读	帮助学员了解房地产企业各种业态及盈利模式，熟悉与房地产企业相关法律制度，系统掌握房地产企业增值税、土地增值税、企业所得税政策，与所得税关键要点及土地增值税清算税务代理，掌握增值税时代房地产行业商业模式与税务规划方法，提高参训学员的相关代理技能和水平	执业税务师及业务助理
3	企业所得税汇算清缴业务培训班	企业所得税年度纳税申报表代理实务 高新技术企业及研发费加计扣除政策深度解析 《政府会计准则第10号——政府和社会资本合作项目合同》与税收 关联申报和同期资料管理 企业所得税常见税企争议与解决办法 资产损失政策解析与企业所得税税前扣除凭证管理办法解读 充分发挥税收在国家治理现代化中功能作用（含十九届四中全会报告解读）	帮助学员全面掌握企业所得税年度纳税申报表填报方法及涉及的相关税收政策，了解新会计准则与企业所得税差异以及企业所得税管理中的相关法律问题，指导参训学员更好地完成企业所得税汇算清缴代理工作，提高企业汇算清缴的业务代理能力和水平	执业税务师及业务助理

续表

序号	项目名称	主要培训课程	培训目标	培训对象
4	新所长任职能力提升培训班	涉税服务在国家治理中的作用与契机 筑牢夯实"中国之治"的制度根基 品牌管理：思维引导与案例解析 打造高绩效工作团队 人力资本股权激励与合伙人机制创新 法律思维在涉税服务中的应用 税务师事务所管理模式的创新：由个人能力向组织能力转换 历史的天空　文明的传承 优化营商环境与涉税服务创新	引导学员以市场规律为导向，促进事务所内部管理体制与人才培养机制的优化升级，提高所长在团队管理、风险识别、业务拓展等方面的能力，提升团队工作效率，为事务所长远可持续发展提供借鉴	所长及中层以上管理者
5	土地增值税清算业务培训班	房地产开发企业成本核算要点及其对土地增值税清算的影响 土地增值税立法情况介绍及现行政策解析 土地增值税清算操作实务要点 房地产行业企业所得税政策解析（与土地增值税政策的对比分析） 税务师行业业务规范解读及应用 非公组织党员教育管理 培训沙龙：如何拓展土地增值税清算的筹划空间 学员论坛：土地增值税清算业务经验漫谈	使学员充分认识到放管服改革给涉税服务行业带来的广阔商机，了解土地增值税改革动向；掌握房地产行业成本核算要点，通过梳理土地增值税清算政策，找准土地增值税清算实务的操作要点；通过各地土地增值税清算的案例交流，分享管理经验，规避市场风险，提高业务水平，增强市场竞争力	税务师事务所业务骨干及希望扩宽此业务领域的税务师

续表

序号	项目名称	主要培训课程	培训目标	培训对象
6	高新技术企业专项代理实务研修班	高新技术企业认定的基本条件和申报流程 高新技术企业认定专项审核及执业风险 高新技术企业财务核算要求和涉税风险问题解析 税务咨询报告写作指导 高新技术企业所得税重点优惠政策解读 制造业申请高新技术企业认定注意事项 软件业申请高新技术企业认定注意事项 新时代视角下的《共产党宣言》 培训沙龙：高新技术企业认定疑难问题及风险防范 学员论坛：高新技术企业涉税业务代理经验漫谈	使学员掌握2020年最新的高新技术企业政策细节变动，系统掌握高新技术企业认定的操作要点、政策相关风险的控制，帮助其规避代理风险，正确出具专项审核报告，从具体行业入手指导，从而提高高新技术企业认定的业务水平及实践能力	税务师事务所业务骨干
7	大企业税务风险管控高级研修班	涉税专业服务监管新规对税务师行业的影响及行业党建工作要点 大企业商业模式与组织架构的涉税风险管控 大企业重组及股权业务涉税风险管控 大企业跨境投资涉税风险管控 大企业关联交易涉税风险管控 减税降费背景下税收风险的规避与管控 税务师行业业务规范解读及应用 培训沙龙：大企业税务风险管控疑难问题探讨 学员论坛：大企业税务风险管控经验谈	以大企业商业模式与组织架构设计为出发点，着重解析大企业税务风险管控三个主要方面——股权转让、跨境投资和关联交易；通过培训沙龙，汇集各地成功经验，分享问题解决思路和方法，提升税务师大企业重点涉税事项专业服务水平	税务师

续表

序号	项目名称	主要培训课程	培训目标	培训对象
8	提升税务师培训技能研修班	培训课程设计的方法、规范和常用工具	帮助具备一定业务水平的税务师，强化其作为业务培训师资所具备的基本素质与技能，进行行业业务分析及培训营销模式训练，从而提升其开展涉税培训业务的教学能力及沟通协调和营销能力，打造出税务师行业的培训金课	已经是兼职教师或者想成为兼职教师的税务师从业人员
		课件制作的规范与技巧		
		与客户有效沟通的技巧和艺术		
		税务师事务所的爆品战略		
		税务师行业业务分析及培训营销模式		
		税务师培训师资试讲选拔——分组		
		税务师培训师资试讲观摩——班级		
		非公组织党员教育管理		
		培训沙龙：打造税务师行业培训金课		
		大班制研讨：一堂好课的打磨		
		高新技术企业认定的基本条件和申报流程		
		高新技术企业财务核算的要求和涉税风险问题解析		
		高新技术企业税收优惠政策和政策执行中存在的主要风险问题分析		
		高新技术企业认定专项审核报告操作实务		
		高新技术企业税收征免与执业风险案例分析		
		培训沙龙：聚焦创新驱动 关注高新企业发展		
		课件制作的规范与技巧		
		与客户有效沟通的技巧和艺术		
		税务师事务所大客户营销技巧与方法		
		培训技能与税务师事务所业务拓展分析		
		税务师师资试讲演练——分组试讲、点评		
		税务师师资试讲演练——班级观摩汇报		
		培训沙龙：传统文化与职业素养		

(2) 计划内高端人才培养对象培训（见表4）。

表4 高端人才培养对象培训

序号	项目名称	模块	主要培训课程	培训目标	培训对象
1	2018级高端人才企业重组税务代理研修班	重组法律问题	并购重组中的相关法律问题。内容包括：并购重组相关法律法规；法律尽职调查清单；交易过程中的法律问题及处理；签约和接管中的法律问题及处理；交易架构下各法律主体问题；公司法、合伙法、信托法下主体的法律责任问题等	帮助高端人才厘清企业并购重组相关法律问题，掌握企业并购重组重难点税收政策及应注意的税收问题，促进高端人才企业重组税务代理能力和水平的进一步提升	2018年中税协选拔的（第五批），并已参加第一次高端人才培训班的学员
		企业重组会计与税收政策	并购重组企业会计报告问题（商誉、合并报表风险及会计策略选择）		
			并购重组税收政策疑难解析		
			并购重组典型案例涉税分析		
			对赌协议税收问题分析		
			资本运作与资产重组方案设计		
			资产重组常见税企争议与解决办法		
			资产重组税务管理重难点事项		
2	2020级高端人才"走出去"企业税务代理研修班	国家宏观投资战略	"一带一路"倡议概览	帮助高端人才了解国家宏观投资战略和境外投资框架设计，掌握"走出去"企业相关税收政策，提高"走出去"企业税务代理能力和水平	2019年中税协选拔的（第六批）高端人才培养对象
			中国企业海外投资税务风险控制与管理		
			国际税改对"走出去"企业的影响		
		境外投资框架设计	"走出去"企业股权架构搭建设计中的税收问题与案例分析		
			跨境服务贸易的税务处理（技术、特许权及EPC合同）		
			"一带一路"国家（地区）税收概览		
			"走出去"企业投资模式成功案例评鉴		
		税收政策	境外所得税抵免政策与案例分析		
			关联交易及反避税调整案例分析		
			外派人员所得税政策与案例分析		
			税收协定介绍及案例分析		
			"走出去"企业跨境税收争议预防与解决		
		其他安排	税收策划业务指引		

(3) 专项业务培训（见表5）。

表5　　　　　　　　　专项业务培训

序号	课程名称	课程模块	课程主题	培训目标	培训对象
1	进出口规范申报及风险防控与稽核	进出口通关	企业进出口业务海关环节操作流程及风险防控	帮助学员了解海关环节操作流程与风险防控，以及进出口通关申报、归类、查验等，以提高学员在进出口稽核查及服务过程中的经验	
			报关单填制及规范申报、商品编码归类		
			海关查验工作介绍		
			进出口单证的审核及常见问题		
			企业进出口业务海关环节操作流程及风险防控		
		一般贸易	进口货物完税价格的确定	了解进出口货物完税价格的调整项目及如何审定完税价格	
			价格专项稽查案例分享		
2	企业并购重组涉税高级研修班	税法税制解析	税制改革与涉税行业服务创新		
			企业并购重组财税管控		
		企业并购涉税实务	企业重组税收政策解析及优惠政策运用		
			跨国企业并购涉税风险管理与应对		
		企业资本运作操作要点	企业股权结构设计及案例分析		
			新三板最新政策解读		
3	卓越税务师五项能力训练	政策解读能力		全面提升税务师职业素养和综合能力	税务师骨干，分2次培训，每次实际培训时间4天
		咨询报告撰写能力			
		企业账目税务审核能力			
		税收策划提案能力			
		咨询现场沟通能力			

续表

序号	课程名称	课程模块	课程主题	培训目标	培训对象
4	房地产业涉税疑难问题处理与金融业税收实务管理研修班	行业分析	注册税务师行业形势分析		
		合作与共赢——高端税务服务方案分享	企业集团纳税实务操作指南		
			企业集团税务筹划操作指南		
			企业集团并购重组指南与个案咨询		
			基建项目税收筹划		
			研发费全流程管理及信息化		
			建筑业全流程涉税管理		
			房地产项目全流程税务筹划		
			PPP项目财税管理		
			EPC项目增值税管理		
			资管产品增值税管理		
			全流程税务管理体系服务方案		
			个人所得税代理与筹划		
			税务咨询标准化管理		
			团队建设与服务流程规范		
		房地产企业全流程涉税管理与案例分析	拿地阶段		
			融资阶段		
			开发阶段		
			销售阶段		
			自持阶段		
		金融业税收实务管理与应用	信托业务的税收管理与应用		
			基金业务的税收管理与应用		
			证券公司资管业务的税收管理与应用		
			资产证券化业务的税收管理与应用		
			类Reits的税收管理与应用		
			债券业务的税收管理与应用		
			融资租赁业务的税收管理与应用		
			供应链金融的税收管理与应用		
			典当业务的税收管理与应用		
			期货业务的税收管理与应用		
			预付卡业务的税收管理与应用		
			第三方支付业务的税收管理与应用		
			互联网金融业务的税收管理与应用		

续表

序号	课程名称	课程模块	课程主题	培训目标	培训对象
5	"金税三期"涉税风险管理培训班		"金税三期"背景下的税务预警与纳税评估指标解析		
			"金税三期"背景下关联交易的税务风险控制与纳税规划		
			"金税三期"大数据时代税务稽查重点方向及应对		
			历史的天空,文明的传承		
			"金税三期"背景下企业并购重组中的税收问题解析		
6	互联网金融涉税业务培训班		金融企业最新税收政策梳理及税收风险排查		
			投融资决策税收规划		
			2020年资管计划业务模式透析及涉税分析		
			区块链技术解析及涉税应用		
			股权架构设计与股权转让税收规划设计		
7	建筑集团税务风险管控及案例解析培训班		后疫情时代涉税服务行业发展与展望		
			建筑集团税收风险管控及案例解析		
			建筑集团增值税规划与案例解析		
			案例研讨		
			学员分享		
			建筑集团个人所得税规划及案例解析		
			事务所数字化转型的思考		
			税务师事务所发展研讨		
			圆桌沙龙(咨询产品创新交流)		
			建筑集团劳务公司全流程风险管控与案例解析		
			税务司法鉴定在涉税诉讼活动中的需求和作用		
			虚开疑难案件中的税务司法鉴定实务解析		
8	第六届中国税务律师、税务师和税法研究生暑期学院		当前税制改革与税收立法前沿问题	分享税制改革和税收立法的前沿问题,并针对并购重组、国际税收等热点问题进行专题分析	执业税务师、律师及企业人员
			税务稽查与企业应对案例分析		
			近期典型税务争议案件深度剖析与税收司法改革		
			企业并购重组税务风险管理与案例分析		
			国际税收热点问题与税务争议解决		

续表

序号	课程名称	课程模块	课程主题	培训目标	培训对象
9	建筑业与金融业税务管理实务研修班第一期	注册税务师行业形势分析与点评		当前中国经济工作与税收工作的改革，中国税务师行业的发展和现状分析	税务师事务所所长、副所长、总经理、经理、项目经理等税务师事务所从业人员
		合作与共赢——高端税务服务方案分享		税务师事务所企业定位、战略转型、高端税务服务案例分享	
		新形势下建筑企业税收管理应对实务		PPP项目税收筹划实操；棚户区改造税收政策解析；企业全税种风险点解析	
		金融企业税收管理实务		新形势下金融机构税务管理；研发费加计扣除管理实务；税务会计应用；人工智能与税务共享	
10	建筑业与金融业税务管理实务研修班第二期	注册税务师行业形势分析与点评		当前中国经济工作与税收工作的改革，中国税务师行业的发展和现状分析	税务师事务所所长、副所长、总经理、经理、项目经理等税务师事务所从业人员
		合作与共赢——高端税务服务方案分享		税务师事务所企业定位、战略转型、高端税务服务案例分享	
		新形势下建筑企业税收管理应对实务		个人所得税新政解读及管理应对；新会计准则解读与要点分析；企业税务稽查与风险应对	
		金融企业税收管理实务		增值税风险分析及管理应对；税制改革与"金税三期"管理应对；发票管理实例解析；"放管服"企业所得税管理	

（4）网校直播培训（见表6）。

表6　　　　　　　　　　网校直播培训

序号	项目名称	主要培训课程	培训目标	培训对象
1	涉税政策解读	深化增值税改革政策要点及难点分析		
		跨境业务税收政策与涉税风险分析		
		雄安新区、粤港澳、海南自由贸易港区域税收研究		
2	海南自贸区政策专题	海南自贸区政策专题		
		海南自贸港税制税政详解		
		海南自贸港文旅体育相关政策详解		
		海南自贸港金融贸易相关专题		
		海南自贸港高新科技鼓励类产业专题		
		海南自贸港人才人事及教育创新专题		
3	企业组织管理	中小型税务师事务所的组织变革		
		如何打造税所的现代化治理体系和治理能力		
		税务师事务所管理能力提升		
		项目知识管理		
		项目复盘方法理论		
4	专项业务提升	资产无偿划拨的税务处理		
		细分行业——税务咨询行业未来		
		涉税服务的国际视野		
		资产重组的税收问题分析		
		研究开发费用加计扣除审核实务与疑难解析		
		"薪社税"一体化管理专项业务培训		
		后疫情时期涉税服务创新与最新税务争议解决实务		

除了常规的教育培训以外，中税协、地方税协及事务所等组织团体还不断加强行业宣传和对外交流，开展多项活动。通过创办杂志、建立网站和微信平台、开展"减税降费"知识竞赛、举办税收大讲堂等多种方式向税务师行业从业人员、税务机关干部、企业财务人员以及广大纳税人，宣传党和国

家的税收方针、政策,传播税务师行业理论研究成果和实践经验。

中国注册税务师协会、中国注册税务师同心服务团在 2019 年举办了"减税降费知识竞赛——第九届全国税法知识竞赛"活动,竞赛围绕国家税务总局第 28 个全国税收宣传月主题"落实减税降费、促进经济高质量发展",普及税法知识,助力减税降费政策落地生根,比赛形式推陈出新,利用互联网、手机等信息技术平台,进行线上答题。大赛启事发出后,得到了税务机关的大力支持,参与本届竞赛的税务干部达到了 20716 人。34 个省(市、区)均参与了本届竞赛活动,多个地方税协积极动员协会工作人员、税务师事务所、从业人员参赛,并呼吁税务师事务所发动企业客户和社会各界人士参与答题。同年 12 月 15 日,中税协与其他协会联合主办了"2019 中国税法论坛暨第八届中国税务律师和税务师论坛",会议聚焦推进国家治理体系和治理能力现代化与涉税服务新机遇,22 位嘉宾围绕国家治理现代化与税制改革和税收立法、税收征管改革与涉税服务创新、近期税务争议案件深度解析与业务提升、新时代涉税服务创新、"一带一路"、数字经济与国际税法服务创新等几大主题,分别作了演讲。

通过这些活动,不仅保证了税务师个人的业务水平,也使得税务师行业的社会地位和国际影响得以日益增强。

5. 中国注册会计师教育发展

截至 2019 年 3 月 31 日,中注协有执业会员(注册会计师)107430 人、非执业会员 148682 人,个人会员总数超过 25 万,达到 256112 人。注册会计师和非执业会员人数保持稳步增长态势,与注册会计师的人才培养工作机制不断完善、行业人才培养力度逐渐加大有密不可分的关系。

(1)组织好考试工作,提高考试服务水平。注册会计师考试每年都修订考试大纲和辅导教材,改进命题机制,完善评卷机制,提升考试评价的科学性,组织实施一年一度的注册会计师全国统一考试。坚持问题导向,善用制度创新解决考试中遇到的问题,巩固考试基本制度改革和组织管理制度改革成果,深入探索考试工作规律,扎实推进考试质量保证体系改革;打造职业化考试管理人才队伍,不断提升注册会计师行业职业化水平,切实维护好考试工作秩序和考生的合法权益,更好地服务于人才强国战略和经济高质量发展,把考试工作放在服务国家经济建设的大局中谋划和实施。2019 年注册会计师考试的报名人数达到173.15万人,涨势渐快(见图5)。组织好注册会计师的考务工作是注册会计师人才培养的基础条件。

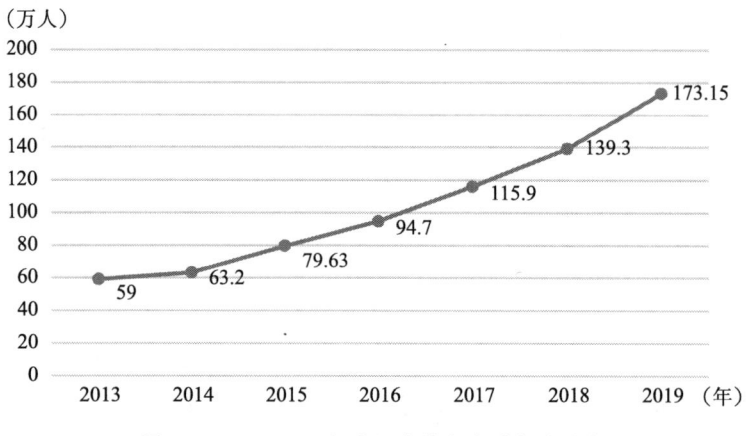

图5 2013—2019年注册会计师考试报名人数

(2)加强注册会计师培训教育。根据《注册会计师行业发展规划(2016—2020年)》关于人才职业化建设的目标,中税协围绕行业"职业化建设"主题,调整培训主体定位,整合培训资源,创新培训机制、内容和手段,深化对人才职业化成长规律的认识,提升行业人才工作科学化和规范化水平,提高注册会计师的执业胜任能力和行业服务国家建设的能力。

在培训教育中,中注协积极整合调动各主体资源,通过中注协远程、委托三所国家会计学院(北京、上海、厦门)面授、送教西部等培训形式,对会员进行继续再教育。加强专业知识、职业技能、职业道德、职业价值观与职业态度、实务案例课程开发;加强特殊领域、高端需求、高技术含量、高附加值服务课程开发;加强新政策、新制度、新技术、新业务、新技能等新领域理论和实践创新课程开发。2019年面授培训注册会计师19930人次,会计师事务所党组织书记及党务工作人员3500人次,助理人员5000人次,全年面授培训规模28430人次①。

通常,按照《中国注册会计师胜任能力指南》所规定的会计、审计、财务、税务、法律及相关知识,组织和企业知识,信息技术知识三大知识领域,

---

① 中国注册会计师协会:中国注册会计师协会发布2019年注册会计师培训计划,http://www.cicpa.org.cn/news/201904/t20190402_51836.html.2019-4-2。

智力技能、技术和应用技能、个人技能、人际和沟通技能、组织和企业管理技能五大技能,以及职业道德、价值观与态度和终身学习理念的要求,开发注册会计师胜任能力全要素模块课程,积极满足基本的、常规的、通用的知识和技能的培训需求,将面授培训与网络培训、地方特色业务课程、案例讨论、自学、自由交流等结合起来,满足对专业知识、职业技能、职业道德判断等胜任能力要素的需要,增强培训的灵活性、针对性和有效性。具体培训内容见表7。

表7　　　　　　　　　　远程培训班（4期）*

序号	培训对象	培训课程	培训内容
1	助理人员	会计师事务所助理人员培训班	1. 中国注册会计师胜任能力框架解读; 2. 注册会计师全国统一考试制度简介; 3. 注册会计师职业道德准则与行为规范; 4. 审计流程讲解; 5. 执业中常见问题与解答; 6. 职场礼仪或EXCEL在财务中的运用
2	注册会计师	新税收政策与实务培训班	1. 最新税收热点与大数据税收监控; 2. "营改增"和最新个税政策解读; 3. 纳税筹划及风险管理; 4. 资本运作和并购重组中的税务问题; 5. 非贸易付汇的税收问题
3	会计师事务所党组织书记及党务工作者	会计师事务所党组织书记能力提升远程培训班	1. 学习贯彻《中国共产党支部工作条例（试行）》; 2. 学习贯彻全国组织工作会议精神; 3. 解读《加强行业党内监督的指导意见》; 4. 加强党务工作者能力培养
4	注册会计师	新准则与实务操作培训班	1. 会计准则最新修订及准则执行中的问题案例分析; 2. 政府会计准则、制度讲解与政府财务报告编制; 3. 最新会计准则执行中的监管问题; 4. 中央财政科技计划项目（课题）结题审计指引讲解; 5. 反洗钱和反恐怖融资操作规程讲解

续表

序号	培训对象	培训课程	培训内容
中国注册会计师协会2019年注册会计师涉税培训表			
5	送教省份注册会计师	新业务拓展培训班	1. 推动中小会计师事务所做精做专路径和市场开发； 2. 风险导向审计中的审计预期； 3. 内部控制审计； 4. 审计工作底稿编制理论与实务； 5. 绩效评价政策与实务； 6. 事务所咨询业务； 7. 政府会计； 8. 企业会计准则最新变化及案例分析； 9. 新会计准则下的税法与会计差异分析； 10. 税收政策理论、税务处理
6	送教省份注册会计师	新业务拓展培训班	1. 新审计准则、新会计制度、新税收政策解读； 2. 管理会计咨询、纳税筹划咨询、司法会计鉴证、人力资源管理； 3. 经济责任审计实务与案例； 4. 专项审计的标准； 5. 中小会计师事务所业务开发、拓展指导和经验交流
7	送教省份注册会计师	新业务拓展培训班	1. 政府会计准则及会计制度； 2. 行政事业单位内部控制的设计与评价； 3. 行政事业单位/企业内部控制审计； 4. 行政事业单位预算绩效评价审计； 5. 中小企业管理咨询服务； 6. 纳税筹划及实务
8	送教省份注册会计师	新业务拓展培训班	1. 《政府会计制度——行政事业单位会计科目和报表》解读； 2. 会计师事务所审计风险点控制方法； 3. 会计师事务所参加政府采购及业务承接技能、政府购买服务专项咨询； 4. 注册会计师业务与写作表达技能； 5. 注册会计师执业法律风险与防范、注册会计师职业道德案例讲解； 6. 新一轮中国税制改革的背景与方向； 7. 个人所得税改革相关讲解

续表

序号	培训对象	培训课程	培训内容
9	送教省份注册会计师	新业务拓展培训班	1. "高质量发展"政策解读； 2. 新业务拓展案例分析； 3. 国家税收政策分析； 4. 审计准则最新变化解读； 5. "金税三期"与新业务拓展培训； 6. 失控的控制者——全球会计师职业风险状况分析
10	送教省份注册会计师	新业务拓展培训班	1. 中小会计师事务所非审计业务拓展案例分析； 2. 新一轮中国税制改革的背景与方向； 3. "金税三期"与新业务拓展培训； 4. 个人所得税改革相关讲解； 5. 纳税筹划及实务
11	经理级别以上人员	科创板、新三板上市培训班	1. 科创板政策解读； 2. 多层次资本市场和企业上市选择； 3. 企业上市财务问题； 4. 企业上市税务问题； 5. 企业上市法律问题； 6. 企业挂牌上市后的投融资与市值管理
12	经理级别以上人员	企业纳税筹划培训班	1. 党的十九大确定的税制改革与最新税收政策解读； 2. 企业税收政策应用与风险防范； 3. 上市公司会计审计问题及其对税收的影响； 4. 企业并购重组中的税务问题； 5. 纳税筹划及实务； 6. "金税三期"与企业税务风险控制要点； 7. 我国新税法对全球税收政策的影响
13	经理级别以上人员	会计师事务所管理咨询培训班	1. 管理会计与企业价值提升； 2. 战略成本管理； 3. 战略导向的全面预算管理； 4. 企业税务管理与纳税筹划； 5. 集团资金管理； 6. 企业绩效评价

续表

序号	培训对象	培训课程	培训内容
14	经理级别以上人员	企业管理咨询与税务咨询培训班	1. 党的十九大确定的财税形势与热点问题解读； 2. 企业管理会计咨询案例与实务； 3. 企业绩效管理实施与难点解析； 4. 企业内部控制咨询业务的整个程序； 5. 中小民营企业战略管理咨询业务拓展； 6. 政府购买服务专项咨询； 7. 企业内部控制流程再造与精益管理； 8. PPP实务与案例； 9. "营改增"政策解读； 10. 纳税筹划及风险管理； 11. 资本运作和并购重组中的税务问题； 12. "金税三期"与企业税务风险控制要点； 13. 涉外经济区税收管理方案
15	经理级别以上人员	私营企业理财研讨班	1. 家族办公室与信托结构； 2. 私营家族企业财富管理与全球资产配置； 3. 私营家族企业并购投资基金设计与新三板攻略； 4. 房地产多层次融资策略与资产证券化； 5. 区块链技术与家族企业传承； 6. 高端客户经营与财富管理； 7. 私营家族企业理税与理财
16	经理级别以上人员	科创板、新三板上市研讨班	1. 科创板政策解读； 2. 新三板上市发行审核与审计风险控制； 3. 多层次资本市场和企业上市选择； 4. 企业上市财务问题； 5. 企业上市税务问题； 6. 企业上市法律问题； 7. 企业股权激励实务； 8. 企业挂牌上市后的投融资与市值管理
17	经理级别以上人员	企业并购重组业务培训班	1. 企业并购重组概述； 2. 企业并购重组的估值问题； 3. 企业并购重组的财务问题； 4. 企业并购重组的税务问题； 5. 企业并购重组的法律问题

续表

序号	培训对象	培训课程	培训内容
18	经理级别以上人员	涉税业务咨询培训班（长期班）	1. 党的十九大确定的财税形势与热点问题解读； 2. 中国税收格局与企业发展； 3. "营改增"政策解读； 4. 纳税筹划及风险管理； 5. 资本运作和并购重组中的税务问题； 6. 反避税调查； 7. 破产业务中的税务问题； 8. 非贸易付汇的税收问题； 9. 企业跨国投资税收法律风险规避； 10. 涉税案件调查； 11. 转让定价风险评估与管控； 12. 资本运作的涉税问题； 13. 纳税评估方法与案例分析； 14. 现场案例教学：专题研讨
19	经理级别以上人员	税务法律研讨班	1. 党的十九大确定的税制改革政策走向解读； 2. "互联网+"时代商业模式及财税影响； 3. 企业并购重组与IPO过程的相关税务问题； 4. 现行所得税政策的重点难点解析与纳税实务问题； 5. PPP操作流程及相关法律问题； 6. 财务管理中的法律问题； 7. 学员案例分享
20	经理级别以上人员	企业纳税筹划培训班	1. 新一轮中国税制改革走向； 2. 纳税筹划与风险管理； 3. 企业所得税新政策解析与纳税实务问题； 4. 后"营改增"时代增值税疑难问题处理及风险规避； 5. "金税三期"背景下的税务风险管控； 6. "走出去"企业的税收风险与纳税筹划； 7. 企业并购重组与IPO过程中的相关税务问题； 8. 涉税专业服务监管与事务所发展策略

续表

序号	培训对象	培训课程	培训内容
21	经理级别以上人员	企业并购重组与IPO审计培训班	1. IPO常见会计审计问题讲解； 2. 企业并购重组与IPO过程中的相关税务问题； 3. IPO审计的客户承接与审计计划； 4. 中国、中国香港和美国资本市场比较； 5. 并购重组中的会计问题； 6. 并购重组评估实务及案例讲解； 7. 企业估值与企业并购； 8. 企业资本交易的财税处理及案例借鉴

* 中国注册会计师协会：中国注册会计师协会发布2019年注册会计师培训计划，http://www.cicpa.org.cn/news/201904/t20190402_51836.html.2019-4-2。

（3）加强会计高端人才的培养。为贯彻落实国家人才强国战略和注册会计师行业人才培养战略，着力培养一批具有国际和宏观视野、职业胜任能力和综合管理能力的注册会计师人才队伍，更好地服务国家建设和经济社会高质量发展，根据《国家中长期人才发展规划纲要（2010—2020年）》《会计行业中长期人才发展规划（2010—2020年）》《注册会计师行业发展规划（2016—2020年）》等文件精神，中注协制定了会员培养高端班的方案，计划在未来用10年左右时间，从中注协会员中选拔培养350人左右，通过3年的跟踪培养，使一批中青年优秀人才成长为道德操守好、宏观视野广、专业水平精、勇创新、敢担当的高端人才，为我国经济社会实现高质量发展，推进国家治理体系和治理能力现代化提供智力支持。选拔范围包括会计师事务所、政府部门、企事业单位、高校以及各级注协的中注协执业会员和非执业会员，采用"初选+笔试+面试"的方式，重点考察申报者的教育背景、职业经历、学术能力、社会贡献、参与行业工作、单位推荐意见等①。

6. 中国税务律师教育发展

在我国，税务律师行业虽然是一个新兴的行业，然而，随着经济社会的发展，税务争议时有发生，社会对税务律师的需求与日俱增。目前，国内税

---

① 中国注册会计师协会：关于开展中国注册会计师协会会员培养（高端班）的通知，http://www.cicpa.org.cn/news/202001/t20200109_52290.html.2019-1-9。

务律师在不同的法律环境下，形成了常规性法律服务、涉税审计和相关服务、税收优惠、重大事项的税务规划、跨境税收服务及纳税人权利的救济等比较稳定的几个执业领域。企业离不开税务律师的涉税服务，税务律师的职业教育不容忽视。

2019 年，全国律协财税法专业委员会、中国注册税务师协会培训部与中国政法大学财税法研究中心联合举办"第六届中国税务律师、税务师和税法研究生暑期学院"，以税务律师和税务师同时作为核心培训对象，并吸收部分税法研究生、企业税务经理、税务干部等财税专业人员参加，着力为全国各地涉税专业服务发展培训领军人才、骨干力量和后备队伍，有效提升税务律师和税务师的执业水准，迎接蓬勃发展的中国涉税专业服务。培训内容以当前税制改革和税收立法的热点问题、《税收征管法》修订难点热点问题深度分析、新个税法实施对涉税专业服务的影响分析与业务新动态、增值税、企业所得税、个人所得税等主体税种涉税服务新动态、最新典型、疑难税务争议案件深度解析、"金三"上线、"打虚打骗"下企业税务稽查应对服务、减税降费与中小企业节税筹划实务、数字企业、房地产、金融等行业税务风险管理与节税筹划、并购重组等税务风险管理和税务筹划案例分析、我国外商投资企业涉税服务新形势与业务提升、"一带一路""走出去"企业税务管理与风险防范、OECD 应对数字经济税收挑战的工作计划、BEPS 行动计划、全球金融账户涉税信息交换（CRS）等国际税务合作的最新进展与企业涉外税务风险防范。2014 年以来，五届暑期学院已经向全国 32 个省、市、自治区培养输送了近 1000 余名涉税专业服务骨干人才和税法后备人才，成为各地涉税专业服务机构的中坚力量，有力提升了税务律师和税务师的执业水准。暑期学院被誉为涉税专业服务的"黄埔学校"。

2019 年 12 月 15 日，中国税法论坛暨第八届中国税务律师和税务师论坛在北京举行，论坛以"推进国家治理体系和治理能力现代化与涉税服务新机遇"为主题，来自政府机关、行业协会、高等院校、企业、律师事务所、税务师事务所等税法理论与实务界的专业人士以及新闻媒体界的朋友 500 余人现场参加了本届论坛，2.3 万余名社会各界人士在线观看了会议直播。本届论坛上，与会税务官员、税法学者、税务律师以及税务师、企业财务人员等围绕国家治理现代化与税制改革和税收立法、税收征管改革与涉税服务创新、近期税务争议案件深度解析与业务提升、新时代涉税服务创新、"一带一路"、数字经济与国际税法服务创新等重大理论、实务议题，进行了广泛深入的研讨，彰显了前沿性、理论性、实务性、专业性、开放性的有机结合，社会关注度和参与度空前，继续引领包括税务律师、税务师等涉税服务行业的发展。

税务律师和税务师定位于"税法专家型"的新型涉税专业服务人员，已经在全行业和全社会形成共识，这为税务律师和税务师的业务互补和战略合作提出了迫切需求。两大涉税专业服务中介力量应当发挥各自的优势和资源，通过组织融合、业务合作、培训交流等多种合作途径，更好地服务于国家全面深化改革、全面依法治国和全面对外开放战略。

7. 其他相关行业的教育发展

除了中国税务师、中国注册会计师、中国税务律师这三大主要税务服务行业在大力发展行业教育外，其他税务服务相关行业也在逐步重视行业教育。以金融行业为例，2019年，中国金融学会举办"2019中国金融学会学术年会暨中国金融论坛年会"。本次会议的主题为"金融开放、供给侧结构性改革与金融治理现代化"，深入探讨了如何扩大我国金融业开放，增加金融有效供给，实现我国金融治理现代化，更好满足人民群众对高质量金融服务的需要。商务部外贸发展局在北京举办"2019年财税金融热点培训班"，在培训中，对2019年外汇管理新政策、人民币对美元、日元、欧元等汇率走势分析、涉外税务管理新政策、税收新优惠、个税改革及高净值个人税收筹划、"走出去"企业税务风险管理与提醒、审计的立法偏差与会计规则的弹性化发展及应对、跨境双向人民币资金池的运行和管理等热点问题进行了详细的讲解。通过培训，学员对宏观经济形势和财税金融政策有了更加全面的认识。

（四）中国税务中介组织机构执业教育的发展成效

作为税务中介机构，为适应税务改革和涉税服务的需要，税务师、注册会计师、律师行业都十分重视职业教育工作，近两年取得了长足的进步。

在中税协、地方税协的正确领导和支持下，2019—2020年教育培训工作取得了长足进步，具体体现在以下几个方面：

1. 加强制度建设工作

中税协制定并印发了《全国税务师职业资格考试制度汇编》，很好地指导税务师考试朝着科学、规范、安全的方向发展；制定了专项业务培训基地管理办法，指导专项业务培训基地建设工作；修订了税务师职业资格补助经费管理办法，规范考试经费列支工作；制定印发了中税协网校课件征集管理办法，为今后更好地推进网校资源建设、创新式发展奠定了基础。

2. 专项业务培训基地试点工作取得阶段性成果

专项业务培训是依托高等级事务所优质资源开展行业培训工作，是培训工作的一项创新之举，意义重大。2019 年，中税协在天阳君合等 5 家税务师事务所试点了 5 个业务方向的专项业务培训基地，试点成效显著。

3. 面授培训班办班数量、质量有新的发展，人才阶梯建设有进展

坚持改革创新理念，把教育培训和行业发展结合，传播新理念、新思想，培训新业务，引领行业转型升级，拓展新业务市场。2020 年中税协组织实施 17 期面授培训班。其中，扬州基地举办 5 期计划内培训班；西部基地举办 1 期计划内培训班；大连基地举办 4 期计划内培训班；2019 年的创新项目——专项业务培训班，全年共举办 7 期，全年培训 5000 多人次。

4. 网校建设有新进展，市场化经营有新突破

2019 年进一步优化了网校电商模式的各项功能，当前，网校注册用户达 21.7 万，活跃学习用户达 5 万多；同时网校依托市场化经营理念，扩大对外合作，与各培训基地合作，举办计划外培训班；与出版社合作，网上销售财税专业图书；与全国各地教师合作，共建课件资源，实现网上销售课件。

5. 税法宣传进校园活动和税法知识竞赛取得丰硕成果

中税协于 2019 年举办了多项有一定影响力的活动，在社会上有较大的反响，起到了较好的宣传作用。此两项工作动员难度大，时间跨度长，过程与结果都较完美，推进了校企间的深度融合，在宣传税法的同时，宣传了行业、税务师职业，加大了社会影响。

6. 指导地方税协教育培训工作有新作为

中税协在 2019 年多次组织召开全国教育工作会议、全国教育培训委员会会议，同时邀请地方税协的同志参加中税协培训班，通过言传身教指导地方税协开展培训工作，提高培训质量。

三、中国税务中介机构执业教育存在的问题及挑战

（一）我国税务中介机构执业教育存在的问题

我国税务中介执业教育在过去几年有了新的发展并取得了很大成绩，税务师、注册会计师、律师的执业教育齐头并进，形成了特有的教育培训模式，但与不断发展的涉税服务需求相比，仍然存在以下问题：

1. 师资资源有效沟通整合不够

我国税务中介机构每年开展的执业教育大多是由行业内知名专家学者对协会、企业、事务所执业者开展培训教育，还可以加大税务机关的专业人员对执业人员的系统常规培训。税务机关有着大量的优秀师资资源，但由于师资资源沟通不够，未能充分利用好这一丰富的师资资源库。

2. 国际化执业教育有待提升

随着国家大力推行"一带一路"，国际税收合作愈发密切，为了加强税收征管，打击跨境逃避税，BEPS（防止税基侵蚀和利润转移行动计划）、CRS（金融账户涉税信息自动交换标准）、FATCA（美国《海外账户税收合规法案》）等应运而生。目前我国已逐步建立起涉外税收体系，与不少国家签订了国际税收协定，推行吸引外资的税收政策。在企业"走出去"的过程中，税收政策在海外投资中发挥的作用越来越重要，涉税专业服务能协助提供国家建立和完善企业走出国门所需要的税收支持与服务。但在税务中介机构的执业教育中，主要是常规的国内业务培训，缺乏国际化培训，既缺乏我国与国际上的涉税业务教育，也缺乏国际市场上的国外涉税业务教育培训。

3. 线上线下培训没有充分发挥优势

目前中税协的培训仍以面授班为主，线上也仅供 PC 端学习，未能把两者

有效结合起来。面授班的课程覆盖面小，可以参加培训的学员有限，若结合线下直播、重播等功能广泛提供给学员学习，则会更好地发挥线上、线下结合培训的优势。线下培训的需求主要是手机端，仅仅是 PC 端的线上学习，不能满足学员随时学、随地学的学习需求。

4. 缺乏跨领域的税务专业服务执业培训

税务师、注册会计师、律师作为不同领域的涉税业务执业者，各有所长，也各有所缺，需要相互沟通学习。目前每年开展的较为短暂的税法论坛与暑期学院受众太小，沟通也不够密切，税务师、注册会计师、律师作为税务专业服务的主要三大领域执业者，需要更为密切、有深度、常规化的交流培训。

（二）新时代税务服务面临的挑战

1. "互联网＋税务服务"

"互联网＋"作为国家发展战略，对税务服务行业提出了新的挑战。互联网倡导免费和共享，税法咨询和常规业务服务等传统税务服务领域，将是收入为零的业务范围。随着大数据、互联网等信息化的高速发展，将来根据纳税人的原始业务数据自动完成税额的计算和纳税申报，税务代理业务也将是收入为零的领域。税务服务业在实施"互联网＋税务师"战略时，既要投入内容建设，以此产生聚集效应；又要开发自动化的功能，以此产生效率提升效应；更要研发专家模型，以此产生价值创造效应，这对税务服务行业提出了更大的挑战。

2. "财富管理＋税务服务"

在财富管理服务中，需整合企业家本人、企业家家人、企业家企业的税务服务需求，综合企业家不同角色的财富管理目标，协调不同财富管理目标之间的矛盾。股权设计、业务拓展、资产配置、企业重组、上市安排、财产分割、传承工具等，不同的方案税收成本存在重大差异，对企业家的财富影响巨大。《非居民金融账户涉税信息尽职调查管理办法》的颁布和实施，对于财富管理提出了更高的要求[①]。

---

① 张洪文. 以党的十九大精神为指引拓宽税务师事务所服务领域 [J]. 注册税务师，2018（1）.

财富管理税务服务,是税务服务大有可为的新的需求领域,对税务服务执业者的执业能力、执业水平提出了更高的要求。税务服务执业者应加大财富管理领域税务服务的广度、深度,关注不同税收管辖区的税法差异,合理判定纳税义务,有效规避税务风险,防止不当安排造成的不可挽回的财富缩水。这要求税务服务执业者不断继续教育,提升服务水平与质量,以满足财富管理的需求。

3. "供应链+税务服务"

供应链是以客户需求为导向,以提高质量和效率为目标,以整合资源为手段,实现产品设计、采购、生产、销售、服务等全过程高效协同的组织形态。国家为鼓励相关企业向供应链上游拓展协同研发、众包设计、解决方案等专业服务,向供应链下游延伸远程诊断、维护检修、仓储物流、技术培训、融资租赁、消费信贷等增值服务,推动制造供应链向产业服务供应链转型,提升制造产业价值链,建设一批服务型制造公共服务平台,发展基于供应链的生产性服务业。

在提供税务专业服务过程中,往往会发现客户所产生的税务问题并不是其自身的原因,其根源在于供应链的问题。所以,需要贯通供应链设计税务解决方案。不仅对供应链中的一个环节提供局部的税务服务,更应采取"一个流"的观念,将整体供应链纳入税务服务范围,提供供应链整体的税收规划方案。在从事税务服务时,审核取证应不局限于客户本身的纳税申报资料和账务数据,以及董事会决议、营销方案、市场策略、规章制度、经济合同、营业数据等业务证据,还应包括客户上下游企业的交易数据、合同证据,证据之间需要相互印证,不被表面的数据所误导,在提高审核效率的同时,获取真实、准确的审核证据,以支持审核意见类型。在提供税务咨询、筹划等服务时,更需要从供应链角度考虑整条业务线的设计与操作,对税务服务的深度与高度提出了更高的要求。

4. "'一带一路'+税务服务"

"一带一路"沿线有65个国家和地区,涉及基础设施互联互通、产业投资、资源开发、经贸合作、金融合作、人文交流、生态保护、海上合作等众多领域和项目。沿线国家之间税法差异、税收协定、税收优惠大量存在,无疑给税务筹划业务提供了广阔的施展空间。在进行税收筹划方案设计时，税务服务执业者必须保持税收风险意识，全面应用税收法规和协定，合理设计方案，统筹规划，采用过程方法保证税收筹划方案成功。从跨境交易的角度，要特别关注所得来源、居民身份、境外税收抵免、常设机构、股权转让征税、反避税规避等的设计，一方面保证委托单位获取最大的税收利益，另一方面保护国家的税收主权。目前我国的税务服务一直以服务国内企业为主，面对"一带一路"带来的新业务新挑战，税务服务执业者对"一带一路"沿线国家和地区的税法要进行深入的研究，成为某一国家或地区的税法专家，以提供更专业的税务服务。

四、新形势下我国税务服务执业教育的发展思路及措施

随着社会经济的发展，我国税务中介机构职业教育有了很大进步，取得了许多成就，但仍有各种问题不容忽视，必须进一步改进和完善我国税务中介机构的执业教育。

（一）扩大培训范围，增强针对性培养效果

首先，扩大培训范围。针对不同层次学员的需求设计课程。学员的学习能力和学习方向各不相同，根据税种或业务类别建立知识模块，划分难度等级，学员按要求完成某一级课程学习后，表示具备了某些知识或某项能力，系统将记录学员的学习数据，然后才能"进阶"学习高一级课程。学员能知道自己所学内容在知识模块或技能模块中所占的比例，体验知识或技能学习的进度，掌握对知识点的学习程度，激发学习的进取兴趣，引导学员跟进式学习。同时，学习行为数据不仅为学员，还可以为企业招聘、考核提供一份透明的学习情况表。学员根据自身的学习情况来决定接下来的学习计划，保证资源得以有效利用。

试点培训对象，如将精品网校课程引入财税院校，植入学生的选修课程体系中，提高学生的专业能力和机构的影响力。

其次，加强对高层次专业人才的培养力度，加大种子人才的培养。尽管

中税协、中注协等机构每年都有针对高端人才的专项培养计划以及长期的综合培养,但就全国范围而言,仍满足不了行业发展对人才的迫切需求。以税务律师为例,全国约有34万名律师,但专门从事税务服务的律师不超过800人,人才缺口巨大[①]。为此,税务中介机构仍需进一步扩大高端人才的招生培养规模,发挥种子人才的积极作用,以点带面,让有限的资源起到更有效的作用,促进行业整体素质快速提升。

最后,强化地方税协的作用,合理配置各协会的教育资源。加强与地方税协的联系,促进各地税协人才培训事业均衡发展,鼓励和引导地方税协在扩大培训规模的同时,不能忽视提高培训质量。通过信息化手段,提高中税协的控制能力,合理分配各协会的培训资源。贯彻中税协人才培养理念和方法,将地方税协培训的成功经验扩大。另外,合理安排培训时间以便事务所统筹安排参训人员,增强事务所报名的主动性、积极性,提高培训班的参训率。

(二) 创新线上、线下多种培训方式

丰富的教育方式是培养人才必不可少的手段,创新教育方式有利于扩大税务服务执业教育的成效。

一方面,要加强现有培训基地建设。中税协现有的扬州、成都、大连三个培训基地在税务行业人才培养中发挥了重要作用,为行业培养了大批高水平业务骨干。但随着培训规模的快速扩大,中税协教育培训部要提高对培训基地的管理水平,指导基地创新办学理念,提高办学质量,促进网校与基地、线上与线下优势互补,基地之间要取长补短,突出特色,共同发展,进一步提高基地教学质量和服务水平。

另一方面,创新多种学习交流平台。当前信息技术迅猛发展,"互联网+"的概念深入人心,税务教育也应顺势而为。中税协应当加强与专业技术团队合作,打造网校服务平台朝多元化方向发展,充分利用智能手机在人们生活中的重要地位,通过App、微信公众号、微信群等多种现代化方式加强培训力度,方便学员随时随地学习,弥补PC端学习平台的不便,以满足不同的需求。同时,加强网校平台与其他行业的对接,满足学员的多种需求,

---

① 马国华. 在2017中国税法论坛暨第六届中国税务律师和税务师论坛上的发言, https://www.sohu.com/a/211458979_665862. 2017 – 12 – 17.

如连接出版社,向学员推荐优秀财税刊物;连接企业人事部门,与企业双向互动,等等,优化在线学习体验。

(三) 完善税务服务执业教育教材

根据国务院职业资格改革精神,按照行业业务发展的要点和热点,结合税制、征管改革以及大数据分析等需求,税务师行业要及时完善职业资格考试大纲,教材、课件也随之与时俱进,并逐步建立行业知识库和试题库,进而提高行业专业水平和技能服务水平。

为了满足用户的多样性需求,还应大力开发教材的衍生产品。开发多种形式教材,如习题集、模拟卷等纸质资料满足方便查阅的需求,视频、音频、直播等影像资料满足视听的需求,通过 App、微信群、线下交流会等方式满足学员对碎片化学习的需求,加强学员与老师之间、学员与学员之间的互动交流。

(四) 健全税务人才考核机制

为了检验培训成果,建立完善的考核机制必不可少。

在人才选拔时,要严格按照规定进行,对从业人员的学历、资格证件、涉税专业服务能力、管理经验等综合能力进行严格把控;执业人员所受奖励须符合一定级别,并按照年限评选。在人才选拔过程中,要严格按照培养为使用服务的思想,遵循公开、平等、择优的原则,结合年度培养计划,层层选拔符合条件的培训对象,分层培养。在人才培养过程中,执业人员要在面授培训、远程培训、自学、考察案例研究等培养方式规定的时间内按要求完成各个阶段培养任务,成绩合格,才予以结业,并颁发由行业协会特制的有社会认可度的结业证书。建立一套从人才培养选拔到人才准予结业的考核机制,保证税务中介机构职业教育得以有效进行。

同时,也要设立奖励机制,对同时考取注册会计师、律师或资产评估师资格者,地方税协、税务师事务所应设立考核奖励机制,也要鼓励政府、企业建立奖励机制,从而吸引有培养潜质人员从事业务研究。

另外,对于已经通过考核的人员还要定期进行继续教育,建立长期、综合、全面的考核机制。

（五）加强与其他税务中介培训机构合作

为了适应税务行业的发展需要，培养出合格的税务行业人才，加强与各行业协会的联系，资源共享成为加强税务服务执业教育的有效途径。中税协可以通过高峰论坛和行业云平台，与其他相关行业协会，如会计、法律、金融、评估等行业的优秀教师资源互通，培养企业急需的多领域人才。

分报告四：

纳税人社会宣传与教育发展报告[*]

税收法制宣传教育是全国法制宣传教育的重要组成部分。进一步加强税收法制宣传教育，增强公民税法遵从意识，对于推进依法治理、营造良好的税收法治环境意义深远。从纳税人角度来看，由于各种原因，纳税人对税收知识的了解相对匮乏，有时候对于国家的税收政策难以完全和准确理解，为了依法履行纳税义务，避免税收风险，纳税人希望税务部门能及时、准确、权威地宣传和解释税法；从税务部门角度，为了完成国家赋予的依法征税职责，也需要通过各种途径对纳税人进行税收宣传与教育，增强纳税人的税收法律意识，提高纳税人的遵从意识，形成和谐征纳关系和依法纳税的社会环境。

对纳税人开展税收法制宣传教育的途径主要有三种。

第一，税务部门主导是核心。税收宣传就是法律赋予税务机关等政府部门的重要职责和义务。这也要求税务部门必须按照法律规定和税收工作的客观要求，深入开展税收宣传工作。2019—2020年我国税务机关为开展税收法制宣传教育展开了以下工作：一是丰富了税收宣传形式与内容，加深纳税人对税法知识的认识。通过发行纳税指南和税务公报、广播电视、报纸、新闻发布会和普通教育进行税法宣传；通过电话咨询、个人接触、上门服务提供专项咨询服务等，加深了纳税人对税法知识的认识。二是建立了纳税人服务组织，丰富纳税人学习方式。纳税人学堂、纳税人之家以及纳税服务志愿者组织是税务机关开展纳税服务的重要手段，让纳税人拥有更多获取税法知识的途径。三是建立和完善税收教育信息化系统，拓宽税收教育的受益群体范

---

[*] 主笔：郝琳琳，北京工商大学财税法研究中心主任、教授。

围。税务门户网站建设、税务公众号的设立以及12366服务热线的开通，让更多的纳税人方便快捷地了解税收知识。四是建立健全纳税人信用等级及配套激励措施，提升纳税人税收遵从度。完善纳税信用级别评价和发布制度，实行税务领域信用分类管理，发挥信用评价差异对纳税人的奖惩作用，建立税收违法黑名单制度，提高纳税人遵从度。五是由于疫情的影响，2020年以来，纳税人社会宣传与教育呈现了以网络宣传教育为主、线下教育为辅的特征。

第二，企业参与是关键。"营改增"的政策导向是大力发展第三产业，促进国家的产业转型，大力发展服务业也符合目前的发展需求。这一时期出现了许多纳税服务与咨询服务企业。这些企业也开展了税收知识教育与咨询服务，他们是税收教育的先行者。如高顿教育集团，其成立于2006年，致力于打造完整的"终身财经教育"生态体系，为企业及个人提供专业、系统、便捷的财经知识产品与服务，帮助万千企业系统提升财务运作水平，更为百万学员提供学习深造、求职、创业、职业晋升、人脉拓展的机会和舞台。目前，高顿旗下包含教育服务机构、互联网学习平台、智能科技教育平台、就业实训平台、高校服务平台、财经学习工具六大业务板块；拥有50家分支机构，6000名全职员工。未来，高顿将连接与服务超百万家的中国企业，培养千万级高层次的国际化财经人才，从而推动中国新商业文明的建设与发展。大成方略纳税人俱乐部拥有专业的财税研究机构——北京财税研究院，专门从事财税政策与财税实务研究，拥有70多位专兼职研究员，是我国三大财税研究机构之一。2020年大成方略纳税人俱乐部提供了包括企业诊断服务、解决企业纳税专项疑难问题的服务，为企业兴办税收教育树立了好榜样。铂略咨询是一家中国领先的系统财税培训提供商，公司打造了一站式财税培训解决方案，帮助企业纳税人获取实战财务及税务解决方案，为纳税人提供财务顾问。企业兴办税收教育为纳税人提供了更广阔的获取税务知识的平台。

第三，高校普及是基础。高校能够发挥教育部门优势，开展更多的税法普及教育实践活动。把税收法治教育纳入国民教育体系，制定青少年税收法治教育大纲，充分利用第二课堂和社会实践等，增强青少年税收法治观念。目前国家税务总局和司法部决定在全国税务系统联合开展全国税收普法教育示范基地建设活动。税收普法教育基地设立在学校，通过图片展示、影视展播、多媒体教学、税史实物展览等多种形式开展税收普法教育。

一、我国纳税人社会教育现状

我国税务部门日益重视对纳税人社会教育活动的研究,"寓纳税人教育于纳税服务",与纳税人相关的社会税务教育是纳税服务的重要组成部分,为纳税人提供良好的纳税服务已经成为共识,对于提高全社会税法遵从度、构建和谐的税收征纳关系具有重要意义。税收遵从理论确立了纳税服务的重要目标是提高纳税人税法遵从度,通过对纳税人的教育,可以强化税收与纳税人经济、社会、生活联系的认识,增强纳税人对税收法律观念以及税务机关实施管理的工作流程和要求的认识,增强纳税人的自觉遵从意识,促进现代税收征纳关系的和谐发展。此外,当纳税人的合法权益受到侵犯时,纳税人可以知道如何用法律知识来维护自己的合法权益,因此,纳税人教育是纳税服务的重要环节。按照纳税人社会教育提供者和举办者的身份不同,可以把纳税人社会教育分为政府部门举办型(主要是承担国家税收收入职能的税务部门协同各地宣传、文化、法制部门等举办,因此本报告以税务部门为重点进行介绍)、企业举办型和学校举办型等。纳税人社会教育的对象是我国纳税人和潜在纳税人等;纳税人社会教育的内容和方式因提供者不同而在提供税务知识的角度与内容方面有所差异。本报告将主要从纳税人社会教育提供主体的角度分别进行介绍。

(一)税务部门对纳税人社会教育现状

我国税务机关与纳税人的关系曾经一直处于"管理者"与"被管理者"的状态:一方面,财税部门比较强调纳税人义务,而忽视对于纳税人权利的宣传和介绍,导致了纳税人不明确权利和义务的平等关系,只知道纳税义务而不知纳税权利;另一方面,由于我国在税法、税种、税收征管等方面存在着内容复杂、自由裁量空间大、政策理解有差异等问题,纳税人对税制的认知与税务部门实际执行之间存在差异,纳税人所接受的税务教育程度不够,税务知识了解少。

税收现代化是国家治理体系和国家治理能力"大棋局"的关键所在。以公共财政理论和公共管理理论为基础的纳税服务是:税务机关应当让纳税人知晓税收法律法规，为纳税人提供方便快捷的服务，同时注重尽量减少纳税人为履行纳税义务所负担的成本（包括时间和金钱）。国家、市场和社会组织"三部门"合作的纳税人教育活动，要求树立适应国家治理现代化的纳税人宣传教育理念，贯穿服务型税务机关思想。

1. 加强税收宣传，加深纳税人对税法知识的认识

税收宣传是指为进一步方便纳税人办税、提高纳税人对税收法律法规的知晓度和遵从度，对税务机关的外在形象、业务流程、办税措施、税收政策等内容开展的宣传告知活动。从1992年开始，国家税务总局确立每年的4月为全国税收宣传月，税务系统每年4月集中开展税收宣传，由国家税务总局制定指导思想、宣传主题，各地税务局结合实际开展丰富多彩的税收宣传活动。迄今已经举办近30个税收宣传月，成为纳税人了解税收的重要窗口。一年一度的税收宣传月，帮助人们正确认识税收，对增强税收意识、提高税收遵从度、优化税收工作环境、促进税收工作的开展和完成起到了重要的作用。税收宣传月活动已经成为全国税务系统认真开展税收宣传、做好纳税服务的一项重要工作；已经成为全国纳税人自觉接受纳税教育、做依法纳税公民的重要课堂；已经成为社会各界人士主动了解税收、努力增强纳税意识的重要途径。税收宣传应纳入纳税人社会教育的纳税服务范畴，主要是因为通过广泛、全面、针对性、持久性的税收宣传，纳税人熟悉、了解税法所赋予的权利和义务，自觉提高税法遵从意识，从而使税收工作得到顺利开展。我国税收宣传月最初的主要教育形式包括：发行纳税指南和税务公报，为纳税人提供基本的纳税信息；对初入商界者进行纳税培训；通过广播电视、报纸、新闻发布会和普通教育进行税法宣传；通过电话咨询、个人接触、上门服务、手机App提供专项咨询服务等。

2019年的第28个税收宣传月以"落实减税降费，促进经济高质量发展"为主题，按照国家税务总局统一部署，各地税务机关紧扣宣传主题，紧跟时间节点，推出了一系列接地气、有新意的宣传活动。与此同时，社会各界广泛参与税收宣传，协同共治，为全面落实减税降费政策营造了良好的舆论氛围。在第28个全国税收宣传月主题座谈会上，国家税务总局党委书记、局长王军向与会企业代表表示，2019年税收宣传月主题聚焦减税降费，并打造持续50天的"加长版"，体现了税务部门把党中央、国务院更大规模减税降费决策部署落到实处的决心与恒心。

各地税务机关参照税务总局的启动仪式，结合实际集中开展多种形式的宣传活动，上下联动、同频共振：北京市税务局联合北京交通广播，制作播出特别节目，为纳税人现场解答最新政策；江苏省税务局在南京举办税收宣传月启动仪式，邀请纳税人代表参观减税降费主题展；在拉萨市柳梧高新区国家"双创"示范基地，西藏自治区税务局干部为创客介绍减税降费政策；在广东省首个税收宣传主题公园——汕头市中山公园，汕头市税务局举办"减税降费惠万家"政策宣传咨询服务主题活动……

2019年的税收宣传月，呈现出了不同主体共同参与、协同合作的宣传模式。4月4日，国家税务总局联合人社部、财政部在国新办政策吹风会上解读增值税降率方案。4月9日，人社部、财政部、国家税务总局、国家医保局又联合发布有关负责人答记者问新闻稿，进一步解读社保费降率政策。

减税降费多元应，击鼓催征稳驭舟。各级税务部门及时响应，纷纷采取措施推进税收共宣共治。在税收宣传月期间，江西省第二期"县长税课"如期举行。本期"县长税课"由江西省税务局与江西省委组织部联合举办，通过"县长税课"这一媒介，税务部门传递政策、听取意见，取得了地方党政部门对减税降费工作的理解和支持。在山西，省委、省政府组织开展"万名干部入企进村服务"活动，将省、市、县三级党委、政府及财政、税务等部门派出的干部混合编为2421个入企进村服务小组，开展减税降费宣传辅导；在吉林，省税务局联合工商联、软环境办公室和小微企业商会三部门，在全省范围内开展减税降费惠民生活动，既分兵把口，又通力协作；在大连瓦房店市，由市人大代表、政协委员以及企业代表和行业协会代表共计30人组成的减税降费监督组，定期到税务部门了解减税降费工作推进情况，并广泛搜集社会各界对减税降费落实情况的意见建议；在山东省泗水县，由县委、县政府牵头，成立县减税降费工作领导小组，举全县之力抓减税降费落实。

在以人民为中心的思想引导下，第28个全国税收宣传月减税降费政策宣传解读更加接地气。如，重庆市税务局以税收宣传月为契机，举办创业主题沙龙，与大学生共话创业扶持和减税降费政策，助推初创企业发展；福建省泉州南安市税务局从生活细节入手，注意到在车辆加油过程中，司机都自觉少用手机，往往会阅读加油机上张贴的广告，税务部门就在加油机上张贴减税降费政策宣传海报，吸引了很多车主观看；辽宁省桓仁县税务局与邮政快递公司开展合作,在邮政快递包裹上粘贴减税降费宣传帖,收件人扫描宣传贴上的二维码即可了解相关政策①。

2020年4月1日起国家税务总局开展第29个全国税收宣传月,聚焦"减税费优服务,助复产促发展"主题,巩固拓展"四力"成效,从落实税费优惠政策、优化办税缴费服务、助力企业复工复产、促进经济社会发展等方面来再加劲、再发力,为服务"六稳"大局进一步营造良好的环境。与往年相比,第29个税收宣传月将着力于在三个"更进一步"上下功夫:

一是更进一步落实税费优惠政策。2020年4月是疫情发生以来的第一个季度集中申报期,国家出台了支持疫情防控和企业复工复产的系列税费优惠政策,大量纳税人将在4月纳税申报期集中享受。为此,国家税务总局把4月的征期从原来的4月20日延长到4月24日,并且以税收宣传月为契机,进一步加大精准辅导力度、精准落实力度和精准服务力度,确保政策红利充分释放,切实增强纳税人、缴费人的获得感。

二是更进一步助力企业复工复产。税收宣传月本身也是办税缴费服务质量提升月。疫情发生以来,税务部门已分3批推出54项办税缴费服务举措,在巩固以往成效的基础上,有针对性地推出一批服务措施,把30天期限延长到50天,从4月1日到5月20日持续开展宣传活动,以促进政策的落实、服务的优化。针对疫情期间企业面临的供应链、资金链问题,应用税收大数据来帮助企业寻找答案,助力复工复产。针对中小微企业融资难的问题,国家税务总局会同中国银保监会用"银税互动"来助力解决融资难问题。

三是更进一步优化税收营商环境。国家税务总局进一步落实好前期推出的"便民办税春风行动"各项措施,加快建立税务系统政务服务"好差评"制度体系,切实推动各地税务机关履职担职,对企业的各种合理诉求要依法依规、积极主动处理好,避免层层请示影响服务管理效率等②。

2. 各地税务机关积极开展形式多样的税务教育与宣传活动

(1)北京市。2019年3月29日,国家税务总局北京市税务局发布了

---

① 资料来源:国务院新闻办公室网站:http://www.chinatax.gov.cn/chinatax/n810219/n810744/c101291/n4196395/c4368116/content.html,最后访问时间:2020年11月10日。
② 资料来源:国务院新闻办公室网站:http://www.scio.gov.cn/xwfbh/xwbfbh/wqfbh/42311/42808/zy42812/Document/1676439/1676439.htm,最后访问时间:2020年11月10日。

《关于开展第 28 个全国税收宣传月活动的通知》，国家税务总局北京市税务局要求全市税务系统要深刻认识减税降费工作的重要意义，切实把思想和行动统一到党中央、国务院的部署上来，落实好减税降费"四实四硬"的要求。在税收宣传月期间，牢牢把握"落实减税降费，促进经济高质量发展"主题，紧跟新时代步伐，提高政治站位，坚持正面宣传引导，立足首都城市战略定位，凸显税收改革成效。结合落实减税降费政策措施重点内容，注重把控节点节奏，顺应信息传播移动化、社交化、视频化、互动化趋势，宣传税务部门的担当、宣传全社会的努力、宣传纳税人和缴费人的获得感，为积极推进各项税收改革、促进经济高质量发展营造良好的社会氛围。

在税收宣传月期间，重点开展以下活动：

①承办国家税务总局宣传月启动仪式。4 月 1 日，国家税务总局在北京市举办"共话减税降费"宣传月启动仪式，到企业实地调研增值税降率后开具增值税发票情况，到办税服务厅调研小微企业首季纳税申报情况，了解企业减税降费直接感受，并邀请企业代表、行业协会代表、财税专家、主流媒体记者等方面人员参加专题座谈会。当日，国家税务总局北京市各区（地区）税务局（以下简称"区局"）结合自身实际，积极录制广播电视节目，充分发挥广告牌、户外屏的宣传作用；同时，采取"请进来"与"走出去"相结合的方式，走进飞机场、火车站、地铁站、公交站和居民社区等场所，广泛与纳税人开展交流互动，形成上下联动、同频共振的宣传氛围。

②召开媒体记者集中采访活动。抓住 4 月首季申报大征期、5 月征期等重要时点，围绕减税降费措施、成效和纳税人获得感，邀请《税收天地》记者和部分市属媒体记者，分期分批深入区局办税大厅和 12366 北京纳税服务中心。采访国家税务总局北京市税务局部分有关处室负责人，走访普惠政策和增值税改革受益企业，挖掘一线税务部门和纳税人关于减税降费的故事，全景展现北京市税务部门落实减税降费工作成果，突出纳税人和缴费人实实在在的获得感。

③召开新闻发布活动。按照税务总局工作部署，以召开新闻发布会、媒体通气会、在线访谈等形式，介绍小微企业减税、增值税降率等减税降费政策措施落地情况，以及北京市优化税收营商环境、"便民办税春风行动"等工作开展情况。与北京市投资促进局合作，宣传税收政策。各单位、各部门根据工作实际，多种形式开展好新闻发布活动，共同扩大税收宣传月声势。

④开展全国"两会"代表委员回访活动。在国家税务总局指导下,继续开展走访全国人大代表、政协委员活动,听取代表委员对税收工作的意见建议,畅谈减税降费成效。各单位、各部门聚焦主题、聚合资源、聚集力量,共同开展好走访活动,持续增强全社会支持税收工作的合力。

⑤开展"'减税降费'我知晓,助力改革做先锋"税收知识竞赛活动。组建部分区局税企联合代表队,围绕减税降费政策、税收基础知识、税收历史故事等内容,在密云区少年税校开展税收知识竞赛活动。竞赛内容包括减税降费计算、解答税收古诗词、看图猜税事等。手机映客 App 直播比赛现场情况,扩大"减税降费"政策的宣传面和影响力。

⑥京津冀协同发展五周年主题活动。围绕京津冀协同发展五周年、雄安新区建设、大兴新机场投入使用、北京冬奥会,邀请三地税务干部和企业代表、京津冀发展纲要制定参与者做客演播室,举办联合活动,充分展示五年来税务部门积极支持国家战略,推动京津冀税收征管合作、优化区域纳税服务、区域经济转型所取得的成果。

⑦助力"一带一路"税收征管合作宣传活动。配合国家税务总局举办的第一届"一带一路"税收征管合作论坛,邀请专家学者、"走出去"企业代表和税务干部,录制《税收天地》访谈节目,展示共建"一带一路"的工作成效,营造良好舆论氛围。各单位、各部门积极配合国家税务总局开展税收助力"一带一路"建设宣传活动。

⑧开展税收普法"六进"专题活动。扎实开展普法"六进"等活动,开展税法进机关、进乡村、进社区、进学校、进企业、进单位。丰富"青少年税法学堂"网站内容,开展青少年税收普法主题教育活动。制发贴近百姓、易于传播的宣传品,帮助社会各界和百姓深入了解新个税法、专项附加扣除政策和个税申报系统,宣传个人所得税改革成效,确保北京市民尽享个人所得税改革红利。

⑨开展"便民办税春风行动"系列宣传。组织专题宣传活动,介绍 2019 年北京市税务局"便民办税春风行动"重点工作举措,回顾"春风行动"的工作成效,以及对优化首都税收营商环境的推动作用和纳税人、缴费人的获得感。

⑩开展"新税务 新形象 新作为"宣传。开展"践行中国税务精神、唱响中国税务之歌"系列活动,摄制先进典型人物视频短片,采取多种形式展

现身边优秀人物事迹，营造干事创业工作氛围，促进新税务"力合""心合"。

⑪开展税收宣传月史料征集活动。积极配合国家税务总局开展第 28 个税收宣传月活动回顾展，面向全市税务系统和社会各界，以税务人和纳税人的故事、宣传月活动纪实和趣事等为主题，征集北京市开展税收宣传月活动的文稿、照片、书画、影音作品等，展示税收宣传月品牌带动作用，凝聚社会各界支持税收工作的共识。

2020 年 4 月 1 日，北京市税务局、北京市朝阳区税务局联合北京交通广播 103.9 "一路畅通"栏目制作播出"税收伴您同行"直播特别节目，节目紧紧围绕 2020 年"减税费优服务 助复产促发展"的税收宣传月主题进行。北京市税务局党委书记、局长李亚民向广大纳税人、缴费人致辞，拉开了第 29 个税收宣传月的序幕。和 2019 年全国税收宣传月相比，2020 年税收宣传月继续打造加长版，从 4 月 1 日持续至 5 月 20 日。在此期间，北京市税务局聚焦"非接触式"办税宣传，深入推进"便民办税春风行动"，确保各项税费优惠政策、办税缴费服务举措落到实处，为打赢疫情防控阻击战和助力企业复工复产贡献税务力量。

2020 年由于疫情的特殊性，北京市各级税务部门在税收宣传月期间为减少聚集和密切接触，开展线上税收宣传活动 60 多项，推出贴近百姓、易于传播的新媒体税收宣传产品，帮助社会各界深入了解税收优惠政策、办理流程以及电子税务局等办税系统，形成税务部门、纳税人、缴费人和全社会的良好互动效应①。

（2）黑龙江省。2019 年 4 月 1 日，国家税务总局黑龙江省税务局举办"税务开放日"活动，启动以"落实减税降费 促进经济高质量发展"为主题的第 28 个税收宣传月。税务部门向企业界人大代表、政协委员以及不同类型的纳税人公布并解读最新减税降费政策，并对办理流程进行了详细介绍，对企业关心的问题详细解答。

税务部门实行全程零门槛、申报即享受的绿色通道，实现了享受政策无需任何审批流程、无需任何核查手续、无需任何证明资料"三个无需"，申报即可享受。通过优化电子税务局和网上办税服务厅，实现了识别、计算和生成申报信息"三个自动"，增加提示提醒和拦截功能，防止纳税人误填误报；

---

① 资料来源：国家税务总局北京市税务局网站：http://www.bjsat.gov.cn。

同时建立起投诉快速响应机制，及时受理反馈各类问题，保护纳税人、缴费人的权益。

2020年4月，黑龙江省各基层税务局纷纷开展税收宣传月活动。因为受到疫情的影响，国家税务总局佳木斯市税务局主要采取的是非接触、非聚集的宣传方式，先后举办了"城市流动宣传""人人都是宣传员""千人进万企"等宣传活动。疫情期间，七台河市税务部门持续聚焦"优惠政策落实要给力，'非接触式'办税要添力，数据服务大局要尽力，疫情防控工作要加力"的"四力"要求。持续深化税务系统"放管服"改革，优化税收营商环境，扎实开展"便民办税春风行动"，推出4类24项80条便民服务举措；积极推广"非接触式"办税服务，紧盯复工复产企业需求，对重点企业推行"一企一策""一对一""点对点"的"网络化+专业化"税收服务管理模式；以电子税务局、媒体报刊、"两微一端"等载体为依托，对纳税人、缴费人开展"全景式"政策解读，将"一揽子"税收优惠政策大礼包实打实地送到千家万户①。

（3）浙江省。2020年4月1日，第29个税收宣传月在浙江省正式启动，从2020年4月1日至5月20日在全省开展。自2月以来，浙江省根据实际情况，先后制定了关于支持小微企业渡过难关的17条意见、"关于坚决打赢新冠病毒肺炎疫情防控阻击战全力稳企业稳经济稳发展的30条意见"以及《大力实施减税减费减租减息减支共克时艰行动方案》等，一系列税费优惠政策范围涵盖"八税六费"。为保障税费优惠政策"该减的减到位、该免的免到位、该降的降到位、该延的延到位、该退的退到位、该缓的缓到位"，浙江省税务部门全面开展政策宣传辅导，及时发布并更新政策指引。积极深化"三服务"，开展"万名党员进万企、领导干部下基层"活动。

在疫情防控期间，浙江税务部门坚持倡导"非接触式"办税，引导纳税人、缴费人通过电子税务局、税务App、征纳沟通平台等线上渠道进行办税缴费和征纳互动。受疫情影响，不少企业复工复产面临着上下游产销对接不畅的堵点，浙江税务部门运用"浙江税务大数据平台"，通过增值税发票开具情况对全省企业复工复产复销进行监测和分析，为党委政府决策提供参谋。同时，成立"助力企业复工复产工作专班"，省、市、县联动，构建"征纳沟

---

① 资料来源：国家税务总局黑龙江省税务局网站：http://old.hl-n-tax.gov.cn。

通平台问需求,大数据平台作分析,基层税务干部做对接"的工作机制①。

（4）西藏自治区。西藏自治区人民政府新闻办公室于2020年4月1日举行"减税费优服务　助复产促发展"新闻发布会,拉开第29个全国税收宣传月序幕。全区各级税务机关紧扣第29个全国税收宣传月主题,深入解读党中央、国务院决策部署,积极宣传支持疫情防控和经济社会发展的各项税费优惠政策及落实成效；深入报道税务部门优化服务方式、助力企业复工复产的好经验好做法；大力宣传税务部门发挥税收大数据优势帮助企业纾困解难、服务各级党委政府科学决策的措施成效；广泛宣传税务干部坚守抗疫一线、投身联防联控等先进工作事迹；广泛展示税务部门优化税收营商环境、助力经济高质量发展的成效,为统筹推进疫情防控和服务经济社会发展营造良好的税收舆论氛围。

西藏自治区税务局将上级部门先后出台的4批支持疫情防控税费优惠政策,编译成藏汉双语版税费优惠政策和办税操作指引。在面上求覆盖,充分利用自媒体、中央媒体、本地媒体、12366纳税服务热线等宣传解读疫情防控税费优惠政策。持续更新完善西藏税务门户网站的"战疫情、促发展""为小微企业和个体工商户服务"以及"阶段性减免社保费"工作专栏。举办在线访谈,解决小微企业和个体工商户在税费政策落实上的难点热点问题。在点上求精准,分类分需"一对一"线上精准宣传辅导优惠政策和操作指引②。

（5）湖北省。2020年4月1日,第29个全国税收宣传月的第一天,在抗击新冠肺炎疫情的决胜地,湖北省各级税务部门针对特殊情况,积极响应"减税费优服务　助复产促发展"的号召,因时因势,推陈出新,将各类税收宣传活动迅速铺展开来,唱响"减税费　优服务"好声音,让企业感知国家政策温度,提振复工复产促发展的信心和底气。

宜昌税务：宣传月期间,宜昌市税务系统围绕"减税费优服务　助复产促发展"的主题,开展"支持企业复工复产"暖心行动、"税收战疫促发展"春风行动、"个税汇算清缴进万家"惠民行动、"税收大数据分析与资政"服务行动、"减税费优服务助复产促发展"体验行动等活动,大力宣传落实减税降费政策,开展"便民办税春风行动",支持企业复工复产、优化营商环境,服务经济社会发展。

---

① 资料来源：国家税务总局浙江省税务局网站：http：//zhejiang.chinatax.gov.cn/。
② 资料来源：西藏税务微信公众号：https：//mp.weixin.qq.com/s/V3-DfAvBc2HIOQsy4Jrpgg。

黄石税务：黄石市税务局举办全市税务系统"减税费优服务 助复产促发展"税收业务培训，借助"云力量"推动系统上下全员学，优惠政策全精通，精准服务全覆盖，助力企业全身心。4月1日至5月20日期间，黄石税务部门巩固拓展"四力"成效，从落实税费优惠政策、优化办税缴费服务、助力企业复工复产、促进经济社会发展等方面再加劲、再发力。

荆州税务：2020年4月1日，荆州市税务局开展"复工复产税收行"活动。税收宣传月期间针对不同行业企业进行走访，实地了解企业员工返岗、防疫物资和原材料储备、回款融资情况，为企业精准推送、解读、落实各项税费优惠政策，协调解决生产经营困难。

天门税务：2020年4月1日至5月20日期间，天门税务系统陆续组织一批"税务云课堂"线上政策辅导培训，开展"两会"代表委员走访、"春风化疫看税收"主题征文及其他各项宣传活动，加大宣传辅导力度，营造税收舆论氛围，确保各项税费优惠政策落到实处、各项办税缴费服务举措落到实处，助力更多企业复工复产①。

（6）四川省。2020年4月1日上午，国家税务总局成都市税务局携手新华网开展"通往春天的路上"税收宣传月启动仪式直播活动，为纳税人、缴费人讲政策、送服务、解难题，宣传抗疫正能量，正式拉开第29个税收宣传月活动序幕。

2018年4月，成都税务推出"票e达"发票寄递品牌，让纳税人足不出户就能收到发票。疫情防控期间，"票e达"为成都市纳税人提供了"网上申领、全程自动、免费寄送、送票到家"的发票寄递服务。截至2020年2月底，"票e达"共为纳税人寄递发票23958.9万份，共寄送包裹115.13万个，为成都市29.42万户纳税人"送票到家"，占全市发票申领企业总数的73.55%。

为了最大程度减少纳税人和缴费人感染新冠肺炎病毒风险，成都税务推出了拓展"非接触式"办税服务、优化现场办税服务、调整税收管理措施三个方面10多项办税缴费服务措施，在持续做好办税服务场所安全服务保障的同时，推出网上办、自助办、预约办、错峰办、容缺办等多项创新措施，多管齐下确保税费业务办理便捷有序②。

---

① 资料来源：国家税务总局湖北省税务局网站：http://hubei.chinatax.gov.cn/hbsw/xwdt/jcdt/178153.html。
② 资料来源：国家税务总局四川省税务局网站：https://sichuan.chinatax.gov.cn/art/2020/4/1/art_286_309420.html。

3. 税务总局部署开展营改增政策大辅导

自 2016 年 5 月 1 日起全面推行营业税改征增值税以来，国家税务总局部署开展新一轮营改增政策大辅导，进一步帮助纳税人了解政策、用好政策，让纳税人掌握政策规定更精准、享受税收优惠更彻底、抵扣进项税额更充分、办理涉税事项更清楚，引导纳税人更好地适应新税制，充分享受改革带来的减税红利。从 2017 年 3 月起，税务部门对所有增值税纳税人，特别是建筑、房地产、金融和生活服务业中的一般纳税人，营改增后出现税负上升的试点一般纳税人以及原增值税行业中的制造业一般纳税人开展有针对性的政策辅导。

在营改增一般性政策方面，注重帮助纳税人熟练掌握增值税应税行为界定、计税方法适用、销售额确认等各方面政策规定，帮助纳税人不断提升适用政策的准确性，主动避免因不熟悉政策产生的涉税风险，主动防范增值税专用发票虚开虚抵风险。

在营改增优惠政策方面，重点辅导纳税人按规定正确使用和充分享受营改增减免税优惠、超税负即征即退、差额计税、简易方法计税、出口服务零税率（免税）等优惠政策和过渡安排，确保应知尽知、应享尽享。

在增值税进项抵扣政策方面，帮助纳税人梳理可抵扣进项税额的成本费用项目，对纳税人改善内部管理流程、提高增值税管理水平提出有针对性的意见和建议，引导纳税人加强进项税额管理，不断提高抵扣比例，力争实现应抵尽抵。

在办税流程方面，重点辅导发票领用、发票代开、纳税申报、税款缴纳、减免税备案、退税申请等各项增值税涉税业务的办理流程，让纳税人会办税、办好税，有效降低办税时间、节约办税成本。

此次大辅导广泛听取各方意见建议，充分开展调查研究，分类实施纳税人宣传培训。对一般纳税人，帮助其深入理解增值税原理和运行机制，熟悉掌握政策规定和管理要求。对小规模纳税人，采取发放宣传材料等灵活方式开展辅导。对营改增后税负上升的企业，重点从优惠政策适用和进项税额抵扣两个方面开展辅导。对原增值税行业中的一般纳税人，特别是制造业一般纳税人，开展专题培训，帮助纳税人充分享受营改增后进项税额抵扣范围扩大带来的减税红利。

4. "青少年税法学堂"税法宣传教育成绩卓著

自"青少年税法学堂"(以下简称"税法学堂")成立以来,集成各方智慧,凝聚工作合力,不断完善宣传平台建设,优化联动办网长效机制。各地税务机关积极输送优质教育资源,全国的青少年税法宣传活动资讯和各类税法宣传教育优秀作品百花齐放。青少年的参与热情空前高涨。

加强青少年学生税法宣传教育,是青少年法治教育的重要内容,对于促进青少年学生从小树立税收法治观念,增强全社会的税法意识具有重要意义。按照《国家税务总局、教育部关于加强青少年学生税法宣传教育的通知》精神,国家税务总局与教育部全国青少年普法网联合开发设立了"税法学堂"宣传平台,旨在进一步丰富青少年税法宣传教育的内容和形式,利用网络普及推广优质税法教育资源,并通过"教育一个孩子、带动一个家庭、影响整个社会"的辐射效应,推动社会税收法治意识提升和税收法治文化发展。

"税法学堂"统筹整合各地青少年税法宣传教育资源,面向中小学生开展税法普及教育,共设有五个栏目:一是首页,主要为各栏目导航和重要信息栏;二是税收资讯,发布全国各地开展青少年税法宣传教育活动情况报道;三是税法在课堂,提供适合青少年观看的税收动漫、公益广告、微电影和税收课件等税法宣传教育视频;四是税法趣味角,分为税收故事、税收漫画、税收常识和税收历史四个分栏目,以故事、漫画等形式趣味表现税法知识点,讲解税收基本常识;五是税法大课堂,专门用于展示"全国青少年税收法治教育大课堂"视频课程。

为加强"税法学堂"日常维护和管理,国家税务总局下发了《关于利用"青少年税法学堂"开展税法宣传教育的通知》,系统上下形成以省级税务机关组织报送、税务总局审核发布的联动办网长效机制,通过搭建"税法学堂"工作平台、设立"普法宣传"微信群、建立普法宣传联络员制度等,健全"税法学堂"资料报送渠道。省级税务机关由专人担任普法宣传联络员,认真审核、严格把关、好中选优,确保报送的资料质量上乘、创意独特、通俗易懂。

此外,在全国税收宣传月、"12·4"国家宪法日、全国税收普法教育示范基地创建和日常税法进校园活动中,各地税务机关针对青少年特点和需求,不断推陈出新,丰富宣传教育内容。发布的图文资讯都是可复制、可借鉴、可推广的先进经验和典型做法,"税收资讯"栏目已成为各地开展青少年税法宣传教育活动的案例库,"税法学堂"和"税收资讯"的访问量逐步攀升。

各地税务机关创作的内容丰富、形式多样的漫画、微电影、公益广告等作品在"税法趣味角""税法在课堂"栏目集中展示,琳琅满目的资源"超市"可以满足各个年龄段青少年的学习需求,为各地开展青少年税法宣传活动提供了资源库。

"税法学堂"的设立也激励了大朋友、小朋友们进行创作。从史料中找故事、用彩笔画税收,这些本来只是与同事、同学小范围内分享的兴趣爱好,搭乘"税法学堂"这趟宣传快车就能进入全国青少年的视线,进一步激发了税务干部和小朋友们的创作热情。黑龙江省税务部门一位税务干部自己整理创作出40集税收故事;福建省税务部门上传的小朋友们创作的优秀漫画《税收在我心中》《小税收 大作用》《润泽》被频频浏览;山东省税务部门围绕一枚粘贴在老收音机后挡板上的货物税税票,讲述了新中国成立初期运用照证制度管理税收的故事,点击量破千;陕西省税务部门根据白居易的诗词《征秋税毕题郡南亭》,图文并茂地分析讲解,引来近千名小朋友们的关注和其他平台转载。

与此同时,展示让税法教育资源透明、信息对称,优质资源可以为我所用,不必重复创作;集中精力填补资源空白,精品创作事半功倍,投入青少年税法宣传教育中的人力、物力、财力得到更加合理有效的配置。

"既让大手牵小手,也让小手牵大手",国家税务总局王军局长在给孩子们的回信中亲切地这样说。激发动力、引发关注,税法宣传教育取得实效、入脑入心,正是创建"税法学堂"的出发点和落脚点。

"税法学堂"覆盖面广,全国各地青少年可以随时随地学习税法知识。"税法学堂"汇集了全国最优质的税法教育资源,内容通俗易懂。国家税务总局办公厅和河南省税务部门联合制作的《税事春秋》系列动漫点击量累计达到13831人次;广东省税务部门制作的动漫《税事知多少》,一个月内点击量近3000人次;吉林省税务部门的沙画视频《税收情、少年梦》,一周内被点击超过1500次。教育部和国家税务总局联合组织制作的"税法大课堂"视频节目,在上线当天播放数量就超过了10万人次[①]。

---

① 资料来源:国家税务总局网站:http://www.chinatax.gov.cn。

除此之外，依托"税法学堂"开展的首届"我身边的税收故事"征文比赛活动更是激发了孩子们主动学习税法的热情，观察身边的税收故事、思考税收内涵、表达税收感想。全国各地超过15000名中小学生参与到征文比赛中来，投稿19000余篇。其中3000余篇通过审核，进入评分评优阶段。所有审核通过的作品都在首页展示，高达90000人次的点击量证明，"税法学堂"已经成为小朋友们交流感想、交换体验的"税收故事网上沙龙"。

各地还围绕首届"我身边的税收故事"征文比赛开展了一系列活动。四川、甘肃、湖北、福建、厦门等地税务部门在税法进校园活动中，围绕征文比赛主题，引发学生思考，鼓励积极投稿。北京市通州区税务部门充分发挥税务干部子女"离税近"的优势，父母讲解税收知识、分享工作故事，孩子将所闻所感写成一篇篇稿件。江西省税务部门在省局层面预先审核、设置奖项，有效提升了稿件质量，进一步激发了参与热情。安徽省安庆市税务部门开展了"一堂特别的作文点评课"，用小朋友们的作文描摹出"税收的样子"，从"反面举例子""纠正几个小错误"，摘取精彩的句子"画画波浪线"；优秀作文还被汇编成书，记录下孩子们讲述的一个个税收故事，成为青少年税法教育的珍贵资料。

（二）企业举办的纳税人社会教育发展现状

我国广大纳税人除了主动和被动参与税务部门公共服务类型的税收教育活动之外，还会结合自身涉税业务需求主动参加由企业举办的税务教育活动，主要目的是满足涉税知识与业务处理方法，规避纳税风险和其他个性化财务管理等需求。由于缺乏全国范围内全面的相关资料，本部分选取几个提供税务教育与咨询服务的企业主要涉税教育活动加以介绍。

1. 高顿财税学院

高顿教育集团成立于2006年，致力于打造完整的"终身财经教育"生态体系，为企业及个人提供专业、系统、便捷的财经知识产品与服务，帮助万千企业系统提升财务运作水平，更为百万学员提供学习深造、求职、创业、职业晋升、人脉拓展的机会和舞台。

高顿财税学院是一家孕育于高等财经学府的专业财税学习平台。高顿财税学院隶属于上海高顿教育科技有限公司，总部位于上海，目前下设分支机构 50 余个，业务覆盖 100 多座城市。13 年来，高顿累计服务企业客户超过 60000 家，培训学员逾 800000 人。作为企业财税培训领域的标杆，高顿财税学院在与数万家企业深度合作的基础上，建立起了全面、系统的财税培训体系。凭借系统的课程体系、先进的培训理念和培训模式，以及优质的培训师资，赋能企业，成为企业财税培训的优选品牌。2010 年，高顿财税学院获得国家教育部 SIC 上海考试管理中心颁发的"2010 年度十佳教育培训机构"称号；2013 年获得"全球 500 强企业商学院最认可的 TOP 培训机构"称号；2018 年战略收购秀财网，荣获世界会计论坛"2017 最佳财经教育品牌"大奖，成立高顿中国税务研究院以及高顿中国管理会计案例研究中心。

2. 大成方略纳税人俱乐部

大成方略纳税人俱乐部股份有限公司在"全心全意为客户服务、帮助企业走向成功"的服务宗旨下，积极为企业解决财税问题，深得企业的信赖并且获得了良好的口碑。先后在北京、上海、广东、广西、四川、浙江、江苏、重庆、天津、安徽、河北、河南、山西、湖北、内蒙古等全国各省份成立了 47 个纳税人俱乐部，已逐步发展成为在全国最具实力的财税教育培训机构。

大成方略纳税人俱乐部拥有专业的财税研究机构——北京财税研究院，专门从事财税政策与财税实务研究，拥有 70 多位专兼职研究员，是我国三大财税研究机构之一，也是中国最大的应用型财务管理研究院。师资力量雄厚，不仅有国家税务总局原副局长程法光、国家税务总局原总经济师李永贵和中国注册税务师协会会长许善达担任顾问，还有全国知名财务管理领域的专家、学者、老师组成强大的科研团队，每年根据国家经济、财务、税收政策组织课题研讨会，研究开发最新最热的财务管理培训专题。

大成方略纳税人俱乐部采取会员制，每年都会围绕一个主题进行培训，每年的培训课程都会成为当年的培训热点。大成方略纳税人俱乐部每年要举办 10 个专（行）业大会，旨在通过分行业、专题的交流和研讨，解析行业政策、分享管理新思路与方法，促进会员交流、提升财务管理水平，受到培训人员的一致好评。

3. 铂略咨询

铂略咨询是一家中国领先的系统财税培训提供商，专注于财税专业资讯及财务管理实战经验的研究与传播。铂略财务实务培训平台利用语义分析系统、智能需求匹配系统、大数据分析推送系统、培训评估分析系统、集团培训管理系统等，努力为企业及个人打造一站式财税培训解决方案，帮助企业纳税人获取实战财务及税务解决方案。专业财务顾问团队聚集了信用管理、资金、内审内控等方面的实战精英，为纳税人提供财务顾问、税务咨询，帮助纳税人在纷繁复杂的财税问题中理清思路寻找到最佳解决方案，为企业创造更多价值，切实解决企业财税工作难题。

铂略咨询长期关注财税资讯、财税政策走向，在每一个政策变革之时，根据纳税人客户的行业特性和公司发展需要为纳税人客户提供最及时的财税信息。其提供的财税公开课包括：企业内训，即从企业财税团队面临的实际问题出发结合企业发展战略，邀请业内资深实战家为纳税人客户量身打造培训内容；提供研究报告对财税专业知识进行系统管理。

4. 德勤税务研究学会

德勤中国税务于2006年成立德勤税务研究学会，旨在促进中国内地、中国香港特别行政区及中国澳门特别行政区税务教育、研究及创新活动。德勤税务研究学会针对高校学生、学术机构以及商业领域的需要，推出了一系列全国性以及地区性的项目，主要包括每年举办德勤中国税务精英挑战赛、就最新课题出版研究论文以及举办各种会议为税务专业人员、商界人士、学者及政府官员提供切磋交流的平台[①]。

5. 厦门红大

厦门红大是中国注册税务师协会在全国首家挂牌的"中国税务师专项业务培训基地"，专注于涉税审核、涉税风险点排查及税务风险管控、高新技术税收政策、海关税收业务、海关稽查/核查业务、政府绩效评价等财税政策、海关业务培训的全国性涉税专业服务机构，是国家税务总局税务干部学院（大连校区）和中国注册税务师协会的"合作教学基地"。

立足于厦门的地域优势、经济基础和人文环境以及雄厚的教育资源、得天独厚的党建资源，厦门红大于2019—2020年策划了税务公务员培训系列、

---

① 资料来源：德勤网站：http://www.deloitte.com/cn/zh/pages/tax/solutions/deloitte-tax-research-foundation.html。

税务师培训系列、纳税人培训系列、党建党史教育系列等多套系列课程，年培训规模 3000 多人次；疫情期间，推出了"红大听税"线上培训品牌，邀请税务系统业务骨干开设公益微课，活跃粉丝 5000 多人。2020 年主推的"师资人才培养千人计划"，近 80 名优秀的税务师蜕变为注册税务师行业兼职教师，为提升行业整体培训质量打下坚实的基础。

（三）学校举办的纳税人社会教育发展现状

1. 致力于推进构建税收共治格局，税法教育纳入国民教育体系

国家税务总局根据《中共中央　国务院转发〈中央宣传部、司法部关于在公民中开展法治宣传教育的第七个五年规划（2016—2020 年）〉的通知》，以及《全国人大常委会关于开展第七个五年法治宣传教育的决议》精神，结合税务部门实际制定了《税收法治宣传教育第七个五年规划（2016—2020 年）》，文件中提出：推进构建税收共治格局。健全完善党政领导、税务主责、部门合作、社会协同、公众参与的税收法治宣传教育工作机制。各级税务机关要主动争取地方党委政府的支持，把税收法治宣传教育纳入当地普法工作体系。要加强与当地宣传、文化、法制等部门协调配合，加快税收普法教育基地创建活动，落实《国家税务总局　司法部关于开展全国税收普法教育示范基地建设活动的通知》，组织税法普及教育实践活动。要积极协同教育部门，把税收法治教育纳入国民教育体系，制定青少年税收法治教育大纲，充分利用第二课堂和社会实践，增强青少年税收法治观念。要注重发挥各社会团体和行业协会的作用，鼓励和引导高校、会计师事务所、税务师事务所和志愿者广泛参与，调动各方面积极因素推进法制宣传。

首先，我国义务教育阶段的潜在纳税人税收教育。2000 年全国高考数学（文史类）就出现过一道个人所得税推算的选择题，这是我国恢复高考制度以后，高考试卷中首次出现涉及个人所得税的试题。后续若干年的各地高考试题中，也陆续出现了与税法、税收知识相关的考题：2010 年全国高考江苏卷将"依法纳税是公民的基本义务"作为政治试题，考查即将步入高等学府的莘莘学子对税法基本知识的理解，英语试题中更是出现两条以上涉税题目；2014 年全国高考文科综合的 15 套试卷中，有 5 套试卷包含了税收元素，涉及 11 个省（直辖市）。人教版普通高中政治课程标准实验教科书（2013 年修订）目录中"第三单元　收入与分配"中的第八课就是"财政与税收"，为义务教育阶段的同学们介绍国家财政、征税与纳税；此外，我国每年度高考命题会涉及税收知识命题，高考政治考点包括非常详尽的税收知识，比如，"税收的含义、税收的基本特征、个人所得税、税收的作用、纳税人和负税人的含义、违反税法的行为"等。

其次，与"税"相关的常识内容已成为公务员考试中不可忽略的一个重要知识点。近十年来公务员"国考""京考"的试卷中，与"税"相关的常识题目大部分年份都是考一道题，个别年份考两道题或者不考。10年"国考"共计考查6道题目，9年"京考"共计考查8道题目①。把税法教育纳入国民教育体系，加强对青少年的税法宣传教育。开展经常性的税收宣传工作，增强全社会的税法意识。国家的经济发展和社会进步离不开税收；税收又与民生息息相关，与每一个人的生活紧密相连。税收知识进考场就在一定程度上体现了这种宣传的意义。公务员考试、高考等考试都是体现我国教育培养、人才选拔导向的测试。此类考试中频繁出现涉税考题，是税收在国家治理与经济生活中地位不断凸显的结果，是整个社会对税收关注的不断升级，有利于税收深植于纳税人心中，提升全社会的税收遵从度。

2. 联合开展全国税收普法教育示范基地建设

2016年，国家税务总局和司法部决定在全国税务系统联合开展全国税收普法教育示范基地（以下简称"全国示范基地"）建设活动②。推动各地税收普法教育基地建设成为党员干部开展"两学一做"学习教育、领导干部带头学法模范守法、国家工作人员学法用法的重要平台，成为开展税收法治教育、普及税法知识的重要阵地，成为提高纳税人税法遵从度、构建和谐征纳关系的重要窗口。税收普法教育基地可设在学校、税务培训机构和税务展馆等场所，具有一定规模的展厅和固定活动场所，具备开展经常性税收普法教育活动的条件。软硬件设施齐备，场所内配备较为完善的税收普法教育设施，能够运用现代化信息技术和传播手段，通过图片展示、影视展播、多媒体教学、税史实物展览等多种形式开展税收普法教育。法治教育形式包括通过制作动

---

① 资料来源：《税务知识再进考场！2017国考个税试题正确率90.1%》，http://mt.sohu.com/business/d20170118/124632405_479413.shtml。

② 《国家税务总局 司法部关于开展全国税收普法教育示范基地建设活动的通知》，税总发〔2016〕117号。

漫、微电影、专题片、公益广告等宣传片以及宣传折页、宣传手册等宣传品，利用"12·4"国家宪法日、全国税收宣传月及重大节庆日深入开展税收普法教育活动。面向广大党员干部、青少年学生和纳税人定期组织开展税史教育、税法知识教育、体验教育等活动。税收普法教育基地突出公益性定位，免费向社会公众开放。各地税务机关充分利用现有资源平台，强化已有税收普法教育基地功能的开发和应用。税收普法教育基地所在单位成立普法工作领导机构，明确人员组成、工作职责；制定全国示范基地建设工作总体规划、年度重点工作和管理制度；配备一定数量的专（兼）职管理员和讲解员，具有针对不同群体进行税收普法教育的讲解能力，积极组织知名专家学者及社会各界就深化税收普法宣传教育、加强全国示范基地建设开展研讨。国家税务总局和司法部在"七五"普法期间，每年从各地选择5—10个税收普法教育基地作为全国示范基地，到2020年建设25—50个全国示范基地。

（四）其他社会力量积极推动税务教育与宣传

1. 机器人"小艾"助力税法宣传

曾在平昌冬奥会闭幕式"北京八分钟"环节惊艳亮相的机器人"小艾"，在浙江省诸暨市当起了税收宣传员。在税收宣传月期间，这款由浙江诸暨电子科技企业制造的机器人担任青少年税法宣讲员，走进10所小学，向1.5万名小学生宣传税收知识[①]。

2. 《青少年税法知识读本系列丛书》及《社区税法知识读本》出版

2018年4月8日，为迎接第27个全国"税收宣传月"，《青少年税法知识读本系列丛书》新闻发布会暨新时代税法宣传教育研讨会在京举办，本次活动由中国法学会财税法学研究会、中国税收教育研究会主办，中央财经大学财税学院、国家税收法律研究基地承办，江苏省宿迁市地方税务局、安徽省天长市地方税务局、北京市密云区国家税务局协办，高顿教育集团特别支持。

该丛书由国家税收法律研究基地与中央财经大学税收教育研究所共同组织编写，共计5本，分别为《幼儿税法知识读本》《小学税法知识读本》《初

---

① 机器人"小艾"担任青少年税法宣传员[N]. 中国税务报，2018 – 04 – 25"税收要闻".

中税法知识读本》《高中税法知识读本》《大学税法知识读本》，把税收教育和学校的实践教育紧密结合，并根据新时代的传播特点及青少年的阅读需求配套制作了动漫视频。研讨会现场播放了《小小税法宣传员》《税的前世今生》两部动漫片。2019年，又编写了《社区税法知识读本》。

中央财经大学税收教育研究所始建于2011年3月，隶属中央财经大学财税学院。作为第一家在高校设立的税收教育研究所，其以中国税收教育改革与发展的实践为基础，把握"独立的评价标准、雄厚的运行资源、可信的产出成果、持久的影响力"四个关键，凝智聚力、协同创新，旨在提供国民税法宣传教育、税收政策理论研究、税务教学体系研究、涉税事务咨询服务，是税收专业智库。

国家税收法律研究基地是依托首都经济贸易大学建立的北京市哲学社会科学研究基地，是我国税收法律研究领域第一个获批省部级研究基地的研究机构。研究基地的设立，实现了税收立法、执法和司法的统一，将经济学、法学、管理学有机融合在一起。基地研究内容涉及税收立法、税收执法、税收司法三个紧密相连的领域。

2020年1月召开的全国税务工作会议指出，全国税务系统应以习近平新时代中国特色社会主义思想为指导，全面贯彻落实党的十九大精神，持续推进依法治国，做好税收普法工作，加强税收政策解读，开展好全国税收宣传月活动。在此背景下，《青少年税法知识读本系列丛书》及《社区税法知识读本》的出版适逢其时。

《青少年税法知识读本系列丛书》及《社区税法知识读本》图文并茂、形式创新、内容全面，充分考虑学生及社区居民认知能力，帮助平衡学生及社区居民税法水平，注重培养学生及社区居民法治观念，符合新时代税收现代化"六个更加注重"内涵在税收领域的延伸要求，有利于在青少年及社区居民意识中埋下"依法纳税""依法治税"的观念种子，为未来税收改革发展创造良好的舆论环境和群众基础；有利于更好地组织税收收入，发挥税收积极作用，更好地服务于国家重大发展战略。丛书的出版是创新税法宣传形式、延伸税法宣传教育的积极尝试，也是建设法治中国在税收宣传教育领域的实践探索。

《青少年税法知识读本系列丛书》及《社区税法知识读本》编撰的过程，涉及30余家企事业单位、科研机构、国内高校、中小学校和幼儿园，80余名高校教师、专家学者和8个省、直辖市、自治区的20多个区县，在大量调研、组织和协调的基础上最终形成了现有的研究成果。该丛书拓宽了以往税法宣传教育对象的覆盖范围，宣传教育方式具有创新性，同时也标志着税法宣传教育理念的重要转变①。

2020年，《青少年税法知识读本系列丛书》及《社区税法知识读本》编者与澳门特别行政区有关部门合作，已经推出《青少年税法知识读本系列丛书（澳门篇）》。

二、纳税人社会宣传教育存在的主要问题

（一）纳税人社会教育的完整机制尚未形成

随着经济的发展和政府观念的转变，我国日益重视对纳税人社会教育，现代信息手段为纳税人社会教育发展提供了良好技术基础，但我国的纳税人社会教育处于初步阶段，提供主体单一，纳税人社会教育组织机制仅限于全国税务系统内部的上下级部门和税务系统之间，尚未形成贯穿纳税人成长全程和经济活动所有范围、涵盖各政府部门、企业和学校在内的社会组织等"三方"合作的纳税人社会宣传教育协同机制，相关纳税人社会教育的政策设计仍需进一步落实。主要体现在：税务机关提供的纳税人社会教育究竟定位于公共服务、公共产品还是私人产品与服务？税务部门、企业和学校在纳税人社会教育中的角色、定位应是怎样？纳税人社会教育在国民教育阶段如何具体落实？综上，我国应首先需要明确细分纳税人的社会教育需求，明确定位、明晰各方角色，然后提供让纳税人满意的社会教育。因此，建立有税务部门、企业和学校共同参与的纳税人教育协同机制是未来发展的方向。

（二）纳税人社会教育透明度理念有待进一步提高

随着社会法治进程的加快，我国纳税人对身边的涉税问题越来越关注，不管是国家的税收收入，还是最新的税收政策，如"营改增"、消费税、资源

---

① 资料来源：中国网："'青少年税法知识读本系列丛书'新闻发布会在京举行"，http://science.china.com.cn/2018-04/10/content_40285229.html。

税、个税和关税等改革举措都会引起社会的广泛关注。但是纳税人对于自己交多少税和交的税的去处并不了解,我国的货物与劳务税在最终消费环节都是价税合一,消费者并不知道价税各是多少,长久以来的税收知识缺乏和税法意识淡漠与此有极大关系。此外,以往广大纳税人在学校教育中得到税收知识的教育机会不多,加上我国纳税人社会教育起步晚、涉税教育水平低,虽然纳税人主动或被动关注国家的税收政策和税收动态,但是由于知识水平的差异及限制,不一定能很好地理解和运用国家的最新税收政策。过去的税收宣传中侧重强调"依法纳税是每个公民的义务",缺乏向纳税人传递税收收入为全体公民带来的公共服务和公共设施等信息,税收"取之于民,用之于民"的特点被淡化,纳税人不能切身体会自己纳税的公共服务获得感、满足感和自豪感,必然会产生对税收的抵触,这些在纳税人社会教育中透明度教育理念仍然需要加强。

(三) 征纳双方在纳税人社会教育中均面临具体困难

随着我国市场经济的发展,纳税人权利开始受到社会的重视,纳税人自身权利意识也在觉醒。在纳税人社会教育中还面临着以下困难:一方面,虽然宪法和税收基本法对纳税人的权利都有规定,但是这些规定简单、散乱,大多散落在《税收征管法》《行政复议法》《国家赔偿法》等法律中,纳税人难以全面领会,加上税务教育知识水平所限,纳税人自身没有形成清晰的权利意识、维权技能缺乏和社会维权意识不浓厚;另一方面,税务部门开始意识到纳税人权利,也开始注重纳税服务意识,但是由于历史遗留的法制体制机制等问题,税收征管、纳税服务与纳税人社会教育的很好融合尚需时日;三是税收政策变动频繁,增加了纳税人遵从的难度。

(四) 纳税人社会教育成果评价体系与机制尚待建立

目前,税务部门对于纳税人社会教育工作取得了不少成果,但尚未形成一个可以完整衡量教育成果的评价体系和标准。对于纳税人税收的关注点是什么,纳税人教育的针对性和实用性怎么样,纳税人满意度是否有所提高等都无法知晓。虽然有一些省份,如北京开展内外结合的考评机制、厦门建立和规范纳税质量考核评价体系和其他多省市开展纳税人满意度问卷调查,但都是针对纳税服务,没有对纳税人社会教育专门展开调查。由于没有一个完整的评价体系，无法明确纳税人社会教育是否可以持续及发展和改进的方向。

三、完善我国纳税人社会宣传教育对策

（一）树立纳税人社会教育先进理念

在传统税法理论中，税收征纳双方的权利与义务是不对等的，比较强调纳税人义务和征税人权利，这在一定意义上导致征税权利过度膨胀，而纳税人权利相对萎缩。不少税务机关在税收管理过程中要求纳税人履行义务多，而保护纳税人权利少；行使权利多，承担责任少；硬性管理多，主动服务少，一定程度上还存在"权利部门化、部门利益化、利益法制化"的现象，不少人甚至将纳税服务等同于行风评议和服务态度，认为纳税服务是办税大厅的事，而"纳税服务、人人有责"的思想没有深入人心。认识上的片面性或盲目性，导致纳税服务在实际税收工作中得不到具体落实，不可避免地出现主动性不足、自觉性不够和时紧时松现象，更谈不上实现"管理者"向"服务者"的角色转变。

税务部门要转变纳税服务观点，确立"以纳税人为中心"的基本理念。以服务意识的增强克服官僚主义，梳理征纳双方法律地位平等、"纳税人至上"和公正执法是最佳服务的理念。加深纳税人需求理论研究和税法遵从理论研究，创新服务内容，从一般性的工作服务向权益性服务、个性化拓展，提高服务品位。进一步减少和下放税务行政审批项目，强化对税务行政审批权的事前监督、事中监控和事后检查，建立标准明确、程序严密、运作规范、制约有效、权责分明的审批管理制度。致力于减轻纳税人的负担，进一步优化办税流程，精简办税环节，为激发市场主体活力创造良好的税收环境。

（二）完善我国纳税服务业务体系

纳税人正当需求作为一个总体性的概念，可能有时是"需要"，而有时是"偏好"，有时则又是"期望"。"需要"是纳税人对服务的总体要求，主要表明"纳税人想要什么"；"偏好"则主要是带有明显取向的纳税人个体选择，

表明"纳税人更想要什么";而"期望"则是指"纳税人想要的服务应该是什么样的",主要是纳税人心中关于纳税服务的评价标准。

我国税务部门需进一步立足科学发展,创新纳税服务思路,建立纳税服务需求分析机制,准确把握纳税人社会教育工作的发展规律,合理借鉴国际纳税人教育工作的有益经验,实现全面优化纳税人教育。尊重纳税人平等和权利意识,注重优化服务和征纳沟通,健全以纳税人需求为导向的纳税服务机制,提升纳税人的满意度和税法遵从度,构建和谐税收征纳关系。具体措施应包括:强化公开透明的政策服务,以普及税收知识为重点强化税收宣传,以纳税人更好地获取信息为切入点展开税收宣传,更加注重宣传的有效性,充分利用网站、微信等新兴载体开展税收宣传;应完善纳税服务需求分析制度规范和分析技术方法,逐步建立纳税服务需求分析机制,通过各种手段收集纳税人对纳税服务的各种需要、偏好或期望,在调查研究的基础上研究确定优质服务的标准和要素,切实推进标准化模式下纳税服务细分策略;准确及时开展咨询、持续优化办税服务、切实保护合法权益、分类实施信用管理、全面开展社会协作,强化组织保障、优化经费管理、健全应急机制、细化绩效考评等。

(三)进一步完善我国纳税人社会教育完整体系

纳税人教育可以提高纳税人税收遵从度,促进税收征纳双方的和谐。但是我国目前的纳税人教育还没有关注未来纳税人,缺乏这一方面的投入教育。应建立纳税人教育计划,涵盖现在和未来的纳税人,不仅对现在的纳税人加强税收教育,还要关注未来纳税人。青少年是未来的纳税人,他们的税收知识水平代表着未来社会的税收知识水平,未来纳税人的教育对社会纳税意识的培养具有重要意义。纳税教育体系应涵盖三个方面的建设:一是针对从事生产经营的各类纳税人;二是税收从业人员的教育;三是未来纳税人的教育。

(四)构建我国纳税人社会教育成果评估机制

税务部门作为提供纳税教育的部门,要通过内在思想观念、工作作风和管理职能的转变,提供纳税人满意的社会教育。纳税人社会教育是纳税服务的重要组成部分,应通过构建一个科学、合理、系统和可行的纳税人社会教育成果评估机制，对纳税人社会教育成果进行评估。在遵循纳税人满意和客观公正的原则上，探索建立一套从纳税人教育可行性分析、策划、实施到效果评估、信息反馈、服务监督、业绩考评和责任追究的管理模式。通过问卷调查、网上调查和电话采访的方式进行测评，不断提高纳税人社会教育的质量和纳税人教育满意度。

2021年是中国共产党成立一百周年。正如国家税务总局局长王军在《致全国税务系统广大青年干部的一封信》中所指出的："在党的百年风雨征程中，在党的税收事业孕育诞生、改革发展进程中，一代又一代税务青年主动把个人理想追求融入工作中，攻坚克难、锐意进取，奋力推动税收工作始终与党的各项事业同行、与时代共进，在税收事业发展壮大的瑰丽画卷中绘就出浓墨重彩的青春篇章。他们有的创建青年理论学习小组，坚定信仰、学思践悟；有的携手'雷锋班''雷锋旅'，联学联建、互促共进；有的坚守减税降费一线，勇担重任、精益求精；有的投身税收稽查事业，无私无畏、敢于亮剑；有的奉献办税服务厅，任劳任怨、为民便民；有的扎根脱贫攻坚前沿，脚踩泥泞、心蕴真情。他们身上折射出广大税务人对党和人民的无限忠诚、对税收事业的尽责担当、对青春梦想的奋勇追逐。

当前，我们比任何时期都更接近实现中华民族伟大复兴的目标，税收在国家治理中的基础性、支柱性、保障性作用也愈加凸显，广大税务青年大有可为，也必将大有作为。身处这个伟大的时代，每个人都恰逢其时、重任在肩；每一名税务人都可以'税月不老'、青春永驻。让我们坚持以习近平新时代中国特色社会主义思想为指导，切实肩负起时代赋予的使命和责任，在高质量推进新发展阶段税收现代化的征程中坚毅前行，为实现中华民族伟大复兴的中国梦接续奋斗，以优异成绩庆祝建党100周年！"①

---

① 资料来源："传承百年薪火　奋斗筑梦青春——王军局长致全国税务系统广大青年干部的一封信"，国家税务总局网站：http://www.chinatax.gov.cn/chinatax/n810219/n810724/c5164044/content.html，最后访问时间：2021年5月3日。

专题研究报告
SPECIAL REPORT

专题研究报告一：

中国税务教育的数字化转型：趋向及思考[*]

一、税务教育数字化转型中人才培养目标的转换

中国的税务教育经过70年的发展，取得了巨大的成就，为我国培养了大批的税务专业技能型人才，但在综合性人才的培养上略显不足。随着大数据、云计算等数字技术的应用，方方面面正逐渐在改变。当前我国正处于产业升级的关键时期，数字化转型在产业升级中发挥着不可替代的作用，传统的税务教育也正经历数字化转型。为适应新时代经济社会的发展，继续发挥税务教育的传统优势并在数字化转型中实时变革和调整，实现技能型人才向综合性人才的转换成为当前税务教育亟待解决的问题。

（一）培养思维习惯和基础知识

利用互联网技术，依托数字化转型，税务教育模式正逐渐由传统课堂向"互联网＋"课堂转变。数字化转型中的税务教育课堂是丰富、多元的，传统课堂单一的教学模式被改变。传统课堂上，被教育者更多的是记忆和记录，而数字化转型中的税务教育模式不仅注重教育者的教学，传授基础理论知识，而且注重被教育者的理解和接受知识的能力，充分考量了被教育者的个性化需求，被教育者有更多的时间独立思考，主动搜集知识，在一定程度上不仅有利于被教育者掌握基础知识，而且还能培养思维习惯。

---

[*] 主笔：杨杨，贵州财经大学大数据应用与经济学院院长、教授。

（二）培养四类核心能力

随着数字化转型，我国教育信息化建设步伐也在加快，互联网突破时空的限制，为教育受体提供了更多的教育资源，给予被教育者更多的选择，为培养教育受体的四项核心能力（批判性思维、创造性思维、有效交流、有效互动）提供了新的途径。

我国传统的税务教育课堂主要是由讲授教学、复习旧课、布置作业三部分组成，由于课程方案、培养体系等环节的限制，大多数被教育者不具备批判性、创造性思维以及有效交流和有效互动的能力。教育者在传统课堂上拥有绝对的权威，受教育者只能盲目服从，没有怀疑，从而导致缺乏批判性、创造性思维，加之课程模式的单一，教育者和被教育者之间，被教育者和被教育者之间无法展开有效的互动，缺乏交流，无法及时有效提升受教育者的有效交流、有效互动的能力。而以"自适应学习""网络学习空间""慕课+翻转课堂""精准教学与精准学习"等为代表的数字化转型中的税务教育课堂，以"开放、包容、共享"的精神，吸收了现代教育的新理念、新方法，教育者引导被教育者自主学习，主动参与，勇于探索，勇于创造，受教育者可以利用互联网平台，依托数字化转型，从多角度辩证地分析问题，提升自身批判性思维、创造性思维，同时敢于向教育者提出疑问，形成良好的互动交流[①]。

（三）培养成为综合性人才

随着"数字化转型"的不断深入，传统的税务教育培养出来的专业技能型人才越来越无法适应经济社会发展的需要，因为大多数此类受教育者只能解决目前职责范围内的基础工作，而在当今突飞猛进的发展进程中，所遇到的问题可能是仅拥有专业技能的人才无法在短时间内解决的，要求工作者能够以更加科学、更加高效的方法解决问题，以便适应社会经济发展的需要。因此改变现有的税务教育模式，逐步实现由税务专业技能型人才向综合性人才的转换已是迫在眉睫。但培养受教育者的基础知识和思维习惯，提升他们的四类核心能力，使之成为综合性人才并不是一蹴而就的，需依托数字化转

---

① 罗元云，杨杏芳.论信息化时代高等教育的数字化转型——兼论从传统大学到"数字化大学"的颠覆性创新何以可能[J].北京教育（高教），2020（8）：8—14.

型，从教育组织形式、教育者和受教育者角色转换等方面进行①。

二、税务教育数字化转型中教育组织形式的创新

（一）数字化学习创新主要趋势

伴随着网络的升级，为了保证税务教育能更好地适应新时代的发展，税务教育的形式也在与时俱进。数字化教育形式的兴起，逐步缩小了区域、校际的差距，提升了教学质量。学习税法不再是一个遥不可及的事情，它已经彻底走进我们的生活，与我们息息相关。税务教育由传统方式向数字化转型中，主要趋势有以下方面：

1. 自适应学习

传统税务教育教学方法单一，不能满足每个学习者的个人实际需求，针对性较弱。每个学习者的理解能力和现有水平不同，不能实现差别性教学，不利于提高学习者的专业能力。自适应学习是利用人工智能技术检测学生现有的学习状态和知识水平，从而智能地推荐最佳的学习内容和学习路径，促进学生的个性化学习。

以税台网为例，税台网是中国首家税务智能平台，分主题、分板块地介绍了各种税法知识，学习、答疑、了解税收法规一应俱全，不仅检索方便，而且内容丰富。可以根据个性化需求，选择适合自己的课程，使学习更有专业性、针对性。随着各种税收网站、税收 App 以及微信小程序的普遍化，自适应学习的方式也变得更加多元。后台可以根据搜索记录检测到每个使用者的喜好或弱项，通过把握学生的共性和个性化需求，给出最佳学习策略，智能地推送相关内容，使学习者能够加强对税法知识点的学习，更有针对性地进行教学和学习管理，促进学生更加主动学习，学有所成，为税务人才的培养打好理论基础。

---

① 薛新龙. 数字经济时代我国职业教育的发展与转型［J］. 信息通信技术与政策，2019（9）：42—44.

2. 开放教育资源

税收政策每年都在变化,教材内容却无法同步更新,这势必会成为了解税收时事、学习最新政策理论的阻碍。教学内容的落后不能与当前的税务实际紧密结合,严重影响了税务工作的展开。开放教育资源,是借助互联网技术向大众提供可被自由查阅、参考或应用的各种教育资源,不仅可以保证教学内容的丰富性、多样性,还可以保证信息的时效性,使每一个学习者都能及时更新税收知识,适应社会的发展。

为了促进资源的公开,国家税务总局税务视频开通了新闻、普法、影视、动漫四个板块进行在线视频教学。分专题教学主题明确,便于靶向学习;同时视频内容精简、通俗易懂,将税法变成了一个个情节有趣的小知识、小故事,便于学习者掌握核心内容。现今各种税收网站、微信公众号、网课铺天盖地而来,税收资源做到了极大程度的开放。教学形式丰富多样,教学视频生动有趣,深入浅出地讲解各种税法知识,帮助民众更好地理解税法,而且打破了时间、空间上的限制,一定程度地解决了学法、普法的困难。

3. 游戏化和基于游戏的学习

传统的税务教育采取的是灌输式教学模式,老师一味地讲解,学生被动地接受。这种教学方式忽视了学生之间的差异性,不能充分展现学生的特长,学生缺少自由发挥的机会,从而影响了学习的积极性。如果可以将学习和游戏结合起来,那么枯燥的学习就会变成一个趣味十足的探究。在学习活动中可以运用游戏辅助学生学习,或者利用游戏化元素将传统的学习活动转化成一个游戏[1],实现在快乐中学习。

早在2007年,深圳市地税局即推出了全国首款税收知识网络游戏——"纳税富翁"。玩家在游戏中扮演一个固定职业,每做出一个决策,系统会自动弹出与之相关的税收知识。根据玩家的经营情况,系统会提示玩家申报纳税。在游戏中可查询与纳税相关的税收政策、纳税程序以及计算方式等。这款游戏切实将寓教于乐的思想贯彻在税务教育中,是一次大胆而成功的尝试。目前的多款税收游戏(如税收知识大富翁、税务富翁等),不仅使学习环境更

---

[1] 李玉斌,宋金玉,姚巧红. 游戏化学习方式对学生学习效果的影响研究——基于35项实验和准实验研究的元分析[J]. 电化教育研究,2019,40(11):56.

加真实、愉快,给学习者带来丰富的情感体验,同时可以增强学习效果,对任何阶段的学习者都有促进的作用。

4. 慕课

慕课(MOOC)平台作为一种基于网络技术的教学载体,其开放性、共享性、前沿性有助于打破地域壁垒、名校壁垒、学习壁垒,让更多优质教学资源和学生共享,为税务教育提供了新的教学体验。在这里,最新税务教育课程陆续开课,中国税收、国际税收、税务筹划、税法、纳税申报等不断上线,契合中国实际,紧跟国际标准,既拓宽了学生与税收相关的知识面,也对于宏观国际税制比较有一定的思考,每一个学习者都可以在慕课中找到适合自己的课程;同时,慕课学习形式多样化,课程视频之余穿插税法案例讨论和习题巩固,有房产税开征的讨论,有个税扣除额上调的讨论等与每一位学习者息息相关的税收知识,寓税法于生活之中[①]。随着各大高校与税收相关的线上精品课程越来越多,每一位学习者能够倾听名校名师课程,感受最新税法改革,训练优质税法题库,获取最新税法教育。

5. 学习管理系统与互通性

税务教育不是一个短期的培训过程,而是一个需要长期不断学习精进的过程。随着每年税收政策的变化,税收理论知识和实践操作都需要不断地跟进。学习管理系统就是一种基于互联网技术的电子化学习与教学平台,给学习者提供一个在线学习的平台。

为了更好地帮助青少年普及税法知识,国家税务总局与教育部全国青少年普法网联合开设了"青少年税法学堂"宣传平台,利用网络普及推广优质税法教育资源,通过加强对青少年的税法教育,来推动社会税法意识的提升。该平台设有五个栏目,每个栏目采取的形式均不相同,尽可能地满足每个青少年的学习兴趣,丰富青少年税法宣传教育的内容。近年来,随着税务相关网站(如税屋、国税网等)的不断完善和微信公众号的开通(如每日税讯、电子税务报等),了解税收政策的渠道变得越来越丰富多样。学习税法已经不再局限于课堂,税法的普及已经走进生活。我们不仅可以在各个平台上学习

---

① 郭高甜. 试述网络时代的慕课教育[J]. 现代交际, 2020 (16): 200—201.

和提升，并且可以交流分享自己的学习心得，实现知识的共享和思想的碰撞。

6. 移动性和移动设备

税务教育活动的开展有利于税务人员职业素养的提高，但是开展活动在时间和地点的协调上存在一定的困难。每个参加活动的学习者都是一个独立的工作者，日常大部分时间需要处理相关的工作，很少有完整充足的时间来参加一次税务教育活动；并且每个学习者能参加活动的时间也不一致，这对开展大规模的教育活动造成了困难。移动性打破了传统教育对时间、地点要求高的瓶颈，学习者可以利用碎片时间进行学习，提高了时间的利用率。

目前，税务总局利用移动网络的便携性，精心打造"指尖上的税务局"App，突破了时间和地点上的限制。不仅实现了纳税人的移动办税，并且在页面进行全方位的税法宣传，帮助纳税人更好地普及税法知识，了解税收的最新政策。现在与税务相关的 App 逐渐增多，按税种分类（如个人所得税版、企业所得税版），按地区分类（如广东税务、河北税务等），各种形式应接不暇。只需一部小小的手机，便可在任意环境下进行学习，同时也可以摆脱固定电子设备对学习者的束缚。移动设备为税务教育的开展带来了便捷，也使纳税人的掌上纳税成为可能。

（二）数字化学习创新次要趋势

新冠肺炎疫情的突发，使 2020 年的税务教育业面临着重大的变革，加速了向数字化教育组织形式转变的进程。其中有一些教育形式的创新步伐较大，在当下的教育形式下进行转变存在一定的困难，因此成为次要趋势。数字化学习创新的次要趋势有以下方面：

1. 混合学习

税务学习大多采用的是课上讲解的方式，学习课时的限制使理论知识的讲解和实务案例的分享不能并重。过多的侧重于理论的阐述使得学习过于死板，不能紧密联系实际，无法起到学以致用的效果，因此混合学习的方式应势而来。混合学习就是将过去传统的教学方法与信息技术进行系统化、科学化的有机结合，线下传统教学与线上网络学习两者优势互补，形成一种新的学习形式。

早在 2018 年广东省韶关市田家炳中学就以直播的方式开设了"家长课堂",在线为家长们讲解税收优惠政策和养老、医疗保险政策。同时税务人员在现场设置了咨询点,解答家长们的涉税疑难问题。这种混合学习的活动方式,吸引了越来越多的人参与,掀起了韶关市民众学法、普法的热潮。随着混合学习方式的优势越来越凸显,越来越多的税收宣传也走进校园。线上"云课堂"的方式普及税法知识,有助于学生培养税收理念。线下教学人员通过一个个生动有趣的故事帮助同学更好地理解税法,学习与生活息息相关的税收政策。混合学习的方式不仅提升了学习的积极性,同时可以满足税收政策的时效性。

2. 数据管理界面

数据分析是税收分析的基础,要想了解税收的实时动态和预测税收的变化趋势,必须加强对税源、税政数据的加工整合和分析研究。1994 年,我国已开启了"金税工程",覆盖了全国的税务系统。但随着经济的高速发展,纳税人数量的陡增,税收条例和征税范围的不断变化,各地税务机关的数据处理面临更多的挑战。税收的电子数据在获取、加工、整合、应用方面还不够完善。基础数据质量不高,准确性欠缺,对已采集的数据整合利用率低,并且缺乏相应的数据分析规范,无法起到支持税收管理与决策的作用。这就需要进一步加强基于计算机技术对数据进行有效的采集、存储、处理和应用的数据管理过程。

目前,国家税务总局积极打造大数据云平台建设,主要从管理和应用两个方面对数据进行处理。对数据进行有条理的筛选、整合,实时推送,实现不同机关、不同级别之间的涉税数据共享,使大数据成为税收分析的依据,切实提高税收征管效率和治理水平,完成税收征管凭借个人经验向依靠大数据分析的转变。

3. 虚拟现实与人工智能

税务发展的不成熟使税务教学没有独立的课程体系,现实案例来源难,税务专业的学生普遍缺乏实操能力。没有实践指导对于税务这个应用型专业教学意义不大。虚拟现实教学将会结合网络技术解决学生的教学体验问题,从而创造良好的教学互动环境。与人工智能的结合,完成虚拟现实场景,用户可借助必要的设备以自然的方式与虚拟环境中的对象产生交互作用，相互影响，从而产生身临其境的感受和体验，这将为税务信息化提供全新的理念。

三、税务教育数字化转型中教育工作者的角色转换

随着数字经济不断普及和深入发展，高校及中税协、各级税务局中的教育工作者必须顺应当前时代发展的需求进行转型，精准助力多元化税务人才，为其应对数字经济全球化浪潮做好充分准备。

（一）数字化转型中高校教育工作者转换

1. 数字经济促进税收理论创新，税收教材也应与时俱进

目前许多税收专业的教师都在采用本校教师编著的书籍作为课程教材，借以提高教师积极性、专业影响力以及学校品牌，但基本上各自为战，缺乏合作研究，并且大多以西方理论为基础。要结束中国税收学理论基础薄弱困境，教材体系建设绝不能脱离中国特色，应当具有丰富性和前瞻性，教材内容应与现行税收理论紧密相连。在数字经济大环境下，我们不必拘泥于实体课本，应当充分运用电子书的优势，要求教师紧跟政策的脚步，及时掌握最新的相关信息，将热点新闻、税收新动态引入教材，使教材内容更加丰富。

2. "对症下药"按需定制，促进学生个性化发展

教师尤其应明确教育要素的关键点及关联关系，运用针对性测试充分知悉不同学习者的思维架构和学习水平，从而准确掌握其对于税务知识学习的总体需求，规划与之相契合的教育计划和个性化实施方案。针对应用型人才的培养，应当加大实践教学的比重，把实践部门具有丰富工作经验和一定教学经验的工作人员请进课堂。如西北大学经常性开展税务律师招聘活动，能够培养学生的社会性和责任意识。

3. 强化税务教育工作者与多方领域的交流合作

（1）加强与国外学者交流协作。不同国家的科研人员利用各自优势，协同发表高质量的税收论文的情形比比皆是，与发达国家合作开展税收研究，

是提升国内税收科学研究水平的重要途径。随着中国财税领域引入海外学者力度的加大,很多教研人员有留学经验和国外工作背景,教师应该借助信息化平台,充分获取海外资源,加强与世界一流科研组织的深度合作,主动参与国际科研项目。

(2)加大税收学科内部和其他学科的合作力。近来数字技术与传统职业的融合程度日益加深,税务职业对税务人才技能的新式需求也应运而生。同时,数字化技术的研究领域也逐渐渗透到税收领域的研究中,这在无形中会对税收学科论文造成一定的冲击,因此税收学科在加强内部合作的同时,更要注重与数字技术等其他学科合作,打破学科界限。

4. 坚持注重实战,深入开展实践锻炼

教育工作者要改变自身陈旧、单向的教学思想,引导学生以自学为主、助学为辅,立足岗位,在实践中不断提升行政管理、纳税服务、征管评估、税务稽查、信息技术五个方面的业务能力①。同时,应当全面了解当前数字经济时代所需具备的各种适应性技能:沟通协作技能、团队小组作业能力、自我学习能力,并自觉地将这些技能落实到全阶段的税务人才培养中,创造性地开展学生数字素养教育②。教学过程中通过综合运用视频、图片、案例、模拟账册等手段,真实模拟工作场景,精心设计业务模拟环境、虚拟企业财务资料现场查账、模拟"金税三期"平台进行风险分析、模拟纳税人办理业务,实现理论和实务操作的无缝衔接。

(二)数字化转型中税务师协会教育工作者转换

1. 通过信息化手段,提高中税协控制能力

按税种或业务类别建立知识模块,满足不同层次学员的需求,合理分配各协会的培训资源。学员按要求完成某课程学习后,表示具备了某些知识或某项能力,系统将记录学员的学习数据,让学员体验知识或技能学习的进度,这种体验能激发学员的进取兴趣,引导学员跟进式学习。通过与平台开发商

---

① 郭府宁,宛平,王佑镁. 培养数字化教师:欧盟教育工作者数字素养框架解读与启示 [J]. 世界教育信息,2020,33(08):18—24.

② 罗元云,杨杏芳. 论信息化时代高等教育的数字化转型——兼论从传统大学到"数字化大学"的颠覆性创新何以可能 [J]. 北京教育(高教),2020(08):8—14.

建立合作关系，打造网校服务平台朝多元化方向发展，搭建两个互为联系的学习平台，即移动学习平台和 PC 学习平台，以满足不同的需求。同时，网校平台将以财税服务为主业，连接多种需求，如连接出版社，向学员推荐优秀财税书籍；连接企业人事部门，向企业推荐优秀财税人才等，满足跨界融合的需求。

2. 拓展信息传播渠道

信息传播渠道的多样化，有效弥补了课堂教学的不足，使得培训的内容更加丰富。如组织发动学员举办各种形式的现场答疑会、专题讨论会、沙龙等课外活动，往往座无虚席，学习气氛热烈。学员间以及教师和学员间的多样化交流，不仅提供了相互学习的机会，而且增进了相互间的信任，为培训后开展跨地区业务合作创造了良好条件。

（三）数字化转型中税务系统教育工作者转换

1. 逐步完善网络平台功能，培养税务人才自主学习能力

初步构建起云平台技术支撑体系、网络学习课程资源体系、业务能力升级题库体系、分布式网络机测体系。依托网络平台开展培训：一是自主学习，给每位税务干部注册个人账号，根据个人学习计划自行安排课程和学习进度；二是日常练习，引导其将在线学习与线下测试同时进行，利用课后习题集巩固所学知识，强化对重难点的理解；三是随机考试，要求税务干部参加在线考试，通过周测、月考，以评估网络教学阶段性成效。通过学、练、考，税务干部逐步实现学习经常化、长期化，形成"预习—讲授—练习—复习—考核"的教学路径。平台通过 QQ 及微信在线客服等方式，安排专业人员随时解决税务相关问题，自 2016 年 10 月 1 日开通以来，学员提出的各类问题中，70% 的问题得到及时答复，未能马上答复的问题随后也予以解决。

2. 税务大练兵、大比武，进一步推进"人才强税"战略

全国税务系统不断夯实机制，创新形式，实现全员参与练兵比武活动，切实把练兵比武活动做实、做深，构建了以全员成才为目标的练兵体系。掀起"学比争"的氛围，构建"师带徒"机制，开展每日一题每周一练活动，组建税务学习小组等，利用大数据应用和"互联网+"平台，开发网络学习培训管理 App，利用微信公众号等平台发布热点知识、典型题库、案例分析等内容，将碎片化学习纳入学习环节。

国家税务总局利用中国税务网络大学机测系统组织税务系统业务大比武，顺应互联网时代的要求，比赛全程在线上完成，充分发挥了信息化在数据分析统计运用方面的优势。通过督导型的激励方式，及时了解全系统推进情况以及税务人才的练兵比武情况，及时发现学习工作中的薄弱环节，积极回应焦点问题并攻克难点问题，切实树立了岗位成才的导向。各级税务机关也对竞赛成绩优异者进行多平台、多维度、多形式的宣传，总结推广成功经验，激发广大税务人才主动争先的意识和动力，形成了百舸争流、见贤思齐的良好局面。

四、税务教育数字化转型中受教育者的角色转换

纵观中国税务教育 70 年来的发展，税务教育已经取得了许多成果。然而，面对互联网和数字经济的快速发展、信息时代的全面到来，培养传统的专业技能型人才已经无法适应新的社会发展。在税务教育数字化调整和变革的新形势下，受教育者应努力完成成为综合性税务人才的角色转换，不断追求自我发展，提升自身素养，适应时代的要求。

（一）数字化转型中受教育者要具备科学素养

根据欧盟议会于 2019 年 3 月发布的《作为教育挑战的科学和科学素养》报告，科学素养不仅包括学习科学知识内容，还应该包括运用科学知识和批判性思维来分析各种复杂信息，运用科学知识参与社会议题的讨论，解决社会当中遇到的问题[1]，即主要包括"学习"和"应用"两个方面。在税务教育中受教育者应努力做到以下几个方面。

1. 受教育者应当运用批判性思维来进行税务学习

对于网络上非官方渠道发布的税务信息，受教育者应当用专业的知识和

---

[1] 严晓梅，万青青，高博俊，郑永和. 数字化转型视域下欧盟科学素养培养新动向——《作为教育挑战的科学和科学素养》报告解读与启示[J]. 开放教育研究，2020，26（04）：37—44.

科学的态度进行查证、分析。尤其是"信息流行病"爆发的时代，多媒体平台为吸引社会大众关注，容易发布虚假不实信息，谣言的快速传播会使社会大众对税收政策的理解产生偏差甚至错误，影响税收改革的成效，给社会造成恶劣影响。而具有基本的科学素养，对国家提出的政策法规能很好地理解配合，有利于推动经济高质量和社会更长远发展。

2. 受教育者应当积极参与社会公共议题

受教育者应当善于运用自己所学到的税收相关知识，结合当前国家的税收政策，参与公共议题讨论，解决社会税收改革当中所面临的问题，为社会发展献计献策。在教育过程中，受教育者可以利用网络技术模拟社会中的真实情景，通过案例式、模拟式等教学方法，提高自身的税务知识实际运用能力，培养创造性思维，针对情势提出自己独到的见解，为解决社会改革中的真实问题积累经验。

3. 要不断加强税务教育的宣传力度

要使受教育者具备科学素养，就要不断加强税务教育的社会宣传力度，深度贯彻落实"互联网+税务"行动计划，通过电脑、手机、数字电视等多媒体和公众号、短视频软件、学习类软件、小程序等平台，建立起教育工作者和受教育者沟通交流的桥梁。国家税务总局建立的12366纳税服务平台可以很好地满足受教育者的教育需求，为税务教育提供一个开放交流的平台。受教育者可以通过网站的纳税人学堂板块观看视频课程和直播课程，学习税收知识和税收政策，还可以通过线上提问的方式加强对国家当前税收政策的理解。税务专家、管理者也可以利用互联网和大数据技术，及时从社会大众处了解当前税收政策的成效，得到税收改革的实时反馈，实现双方有效交流、有效互动，促进共同进步，提高全社会的科学素养。

4. 构建培养科学素养的终身学习体系

税务教育的受教育者不应只狭隘地定义为高等院校的学生和在职公务人员，还应包括中小学生，社会大众等。培养科学素养，进行税务教育要覆盖从学前教育到社会继续教育的各个阶段，包含各类人群、各个年龄阶段，倡导终身学习理念。特别是对于青少年，其价值取向关系着未来社会的价值取向,享受优质的税务教育,培养良好的科学素养,扣好人生的第一粒扣子至关重要。

(二) 数字化转型中受教育者应具备税收素养

回看税务教育的发展历程,可以发现我国的税务教育比较注重对在校学生和税务干部税收素养的培养,而忽视其他社会群体。对此,我们应从以下三个方面入手来提高受教育者的税收素养。

1. 受教育者应注重培养自身的税收意识及思维习惯

中小学生及社会大众要培养依法纳税意识,学习基础税收知识,了解税收政策。在税务教育数字化转型过程中,对于没有税收知识基础的受教育人群,可以采取游戏化和基于游戏的学习的教育组织形式,通过网络线上程序设置积分机制和奖励机制,激发受教育群体的学习兴趣和热情。例如青少年税法学堂网站就是采用税收漫画、税收电影、税收故事等方式,使青少年学习基础税收知识,了解税收历史,提升税收法律意识。

此外,中央财经大学税收教育研究所与国家税收法律研究基地共同组织编写了一套适合儿童、青少年学生及社区居民学习税收基础知识的读本,包括《学龄前儿童税法知识读本》《小学税法知识读本》《初中税法知识读本》《高中税法知识读本》《大学税法知识读本》《社区税法知识读本》,这套读本运用多种趣味形式,配合人们喜闻乐见的方式,使税法学习更具乐趣,是税务教育数字化转型过程中的一次有益探索①。受教育者应当充分利用好这套教材,培养税收意识,实现从"要我学"到"我要学"的转变。

受教育者一方面通过学习税收基础知识及国家最新政策,享受国家减税降费改革红利;另一方面通过加强税收和爱国主义关系的宣传,传播依法纳税、纳税是每个人应尽的义务、税收与民生等思想,培养社会责任感。

2. 受教育者必须加强学习税务专业知识

首先,不管是税务干部和高校学生的工作学习中,还是其他社会成员的日常生活中,都会经常运用到相关税收专业知识。在大数据应用快速发展的

---

① 贾绍华,鄢志超. 关于加强我国青少年税法教育的思考 [J]. 税收经济研究,2018,23 (04):87—90.

时代背景下，教育管理系统应当能够及时捕捉受教育者的教育需求，提供更加智能化的税务教育知识，建立每个人的专属知识库。受教育者也应不断加强自身学习，紧跟时代发展的脚步。

其次，对于税务学历教育和税务干部培训，仅仅依靠传统的"老师讲，学生听"的授课模式已经无法满足当前社会对创造性综合人才的要求，因此除了通过传统的线下课堂和培训，受教育者也应当通过手机、电脑等电子设备进行线上学习。在税务教育数字化转型的新形势下，受教育者可以自主选择课程内容、授课老师、安排学习日程，根据自身和社会发展的需要学习。在"互联网+税务"背景下，税务代理业务不断调整，"信息管税"模式的应用也不断要求受教育者学习"互联网+纳税申报""互联网+在线退税""互联网+电子发票"等与互联网相关课程，能熟练运用大数据、云计算甚至是智能技术[1]。对于税务中介服务人员，除了行业协会的日常监督，其更多是靠自主学习，采取例如网络直播课、慕课、开放的教育资源等方式学习将是未来税务教育发展的主要趋势。

3. 受教育者应注重提高自身税收专业素养

税务机关工作人员由于工作性质的特殊性，会经常与钱财打交道，因此必须提升专业素养，具备职业道德。税务人员应做到爱岗敬业、恪尽职守、廉洁奉公，实现由"他律"走向"自律"，由"他治"转为"自治"[2]，使税收"取之于民，用之于民"。

---

[1] 吴菊，武丽．"互联网+"视域下税收学专业人才创新能力培养的教学模式研究［J］．黑龙江工业学院学报（综合版），2019，19（01）：15—21．

[2] 佴爱彬．浅谈税务文化建设与税务人员形象塑造［J］．淮海工学院学报：社会科学版，2011，09（20）：81—83．

专题研究报告二：

中国税务教育70年：历程、成就与展望[*]

2019年是中华人民共和国成立70周年，也是我国税务教育事业砥砺前行的70年。70年来，广大税务教育工作者在党的教育方针指引下，坚持发展，勇于探索，不仅使我国的税务教育事业经历了初创、停滞、恢复、调整、完善等几个不同的发展阶段，走出了一条从无到有、从有到优的发展之路，而且逐步形成了具有中国特色的税务教育模式和教育体系，为我们国家的社会主义建设事业做出了重要的贡献。

一、中国税务教育的发展历程

与西方国家的税务教育体系不同，中国的税务教育是在新中国成立之后，根据我国在不同历史发展阶段的实际需要，按照专业化人才培养的目标与要求建立和发展起来的。

（一）税务教育的初创期（1949—1977年）

一般认为，税收是随着国家的产生而产生，随着国家的发展而发展的。中国也概莫能外。1949年10月新中国成立之时，国家不仅需要建立与新的社会制度相适应的税收制度，而且更需要能够适应新的税收制度建设与实践的

---

[*] 国家税务总局原副局长、中国税务教育研究会顾问郝昭成先生对本文提出了许多修改建议与意见，在此表示衷心的感谢！

主笔：贾绍华，中国税收教育研究所原所长，国家税务总局税务干部学院原院长，研究员、教授；王鸿貌，西北大学法学院教授。

专业人才。于是，新中国刚一成立，培养税务专业人才的工作就提到了国家的议事日程上来。当年 11 月 6 日，中央人民政府财政部正式批复华北税务总局，同意成立华北税务学校，这标志着中国税务教育的正式开始。

1950 年 2 月，经财政部批准，华北税务学校正式更名为中央税务学校，并在更名前后分别在湖北、重庆、西安、上海等地成立了分校。1951 年 9 月财政部决定成立中央财政学院。1952 年夏天，中央税务学校被正式并入中央财政学院后，政务院决定将中央财政学院更名为中央财经学院。同年 10 月，北京大学、清华大学、辅仁大学、燕京大学四所大学的经济系被合并到中央财经学院后，在财政系设立了税务专业，招收全日制本科学生。此外，同一时期，东北财政专科学校（东北财经大学前身）、武汉大学法学院经济系等院校也相继开设了税政专业或税务专业。另外，1953 年 4 月，国家成立了中央财政干部学校，设有税务训练班，专门培养在职税务干部。1956 年 12 月，中央财政干部学校和中国人民银行总行干部学校合并成立中央财政金融干部学校，设有税务班，对在职税务干部进行培训。这样，经过上述一系列的发展与调整，初步形成了税务学历教育与职业教育并举的税务教育体系。此后，虽然 1960 年 1 月在中央财政金融干部学校的基础上成立了中央财政金融学院，并于 1962 年 9 月正式招生，但总体而言，从 1956 年之后，我国税务教育的格局变化不大。1966 年"文化大革命"开始之后，中国的税务教育陷入了停滞。包括中央财政金融学院在内的许多税务专业都处于停办阶段，税务干部的培训工作也处于停歇状态。尽管如此，这一时期的中国税务教育不仅为国家培养了大批的税务专业人才，而且也为以后 40 多年我国税务教育事业的发展奠定了基础。

（二）税务教育的恢复发展期（1978—1999 年）

1978 年随着中央财政金融学院恢复招生、中国人民大学复校和黑龙江商学院开始招收税务专业学生等，中国的税务教育在经过短暂的恢复期之后，就很快进入了发展期。在这 20 多年间，中国的税务教育发展迅速，成果显著。

第一，在税务高等教育方面，先后形成了税收专科、本科、硕士和博士等完整健全的学历教育体系，从而为中国的税收事业培育了大批的高级专业人才。我国税务系统大专以上的人员由 1985 年的 2.1% 上升到了 1999 年的 43%。

第二，在中等教育方面，仅国家税务总局系统就在全国先后成立了税务中等专科学校 24 所，另有一些地方政府也先后成立了财政、经济类的专科学校，从事税务中等专业教育，从而使我国的税收中等专业教育事业达到了高峰，为税收工作提供了大量的实用型人才。据统计，1985 年我国税务系统中专科学历者只占 9.1%，到 1999 年时已达到了 42%。

第三，在税务干部在职教育培训方面，除由国家税务总局成立教育中心、负责组织和协调全国税务干部的教育培育工作，各地方的税务机构（包括分税制后各地方的国家税务局和地方税务局）都成立了相应的教育处、教育科等机构，负责本单位的税务干部教育培训工作外，各地税务机构还将大量的税务在职干部送到税务中等学校和高等学校进修培训，从而极大地提高了在职税务干部的业务素质和政治素质。

第四，在税务社会教育方面，1989 年起国家税务总局先后与团中央、全国总工会、全国妇联联合开展税收宣传教育，并从 1992 年开始将每年的 4 月确定为全国税收宣传月，在全国范围内进行声势浩大的税收集中宣传教育活动，从而为普及税收知识起到了重要的作用。

（三）税务教育的转型期（2000—2009 年）

随着 21 世纪的到来，中国市场经济发生了深刻的变化。相应的，中国的税务教育也随着市场经济的发展而发生了转型。

第一，税务高等教育实现转型。随着 2000 年扬州大学税务学院更名为国家税务总局干部进修学院和长春税务学院划转地方管理，同时国家税务总局将其他两所税务高等专科院校都转为税务干部培训基地，国家税务总局不再举办高等学历教育之后，税务高等教育主要由普通高等学校的财政、税务院系承担。

第二，税务中等教育逐步萎缩。随着国家税务总局将所属的中等税务学校转为税务干部培训基地、不再举办税务中等学历教育之后，只有一些不属于税务系统的财政、经济类中等专业学校还举办税务中等专业教育，从而使税务中等专业教育逐步萎缩。

第三，税务干部在职教育培训不仅得到了强化，而且在培训内容、培训层次、培训方式等方面都得到了加强。国家税务总局也开始与国内外高校合作,委托培养税收高级专业人才。其中,2001年3月,国家税务总局教育中心与湖南大学签订《关于合作开展税务系统远程学历教育协议书》,在税务系统内举办远程税收专业学历教育。

第四,税务中介服务人员的教育培训得到了空前的重视。中国注册税务师协会、中国国际税收咨询公司、中国税收咨询协会等机构,为了提高脱钩改制后税务代理机构的业务水平,加大了对税务中介服务人员的教育培训工作,使更多的税务中介服务人员得到了学习和提高。

第五,税收社会教育的主题由依法纳税转向了税收与民生,税收社会教育的对象也由普通纳税人转向了中小学学生等。

(四)税务教育的完善期(2010年以来)

2010年以来,随着中国社会主义市场经济体制的发展完善和中国法治国家建设的进一步发展,我国的税务教育事业也进入了完善期。

第一,在税务学历教育方面,2010年国务院学位委员会审议决定设立税务硕士专业学位,北京大学、中央财经大学、西安交通大学等单位成为首批获得税务专业硕士授权点的单位。教育部成立了税务专业硕士研究生教学教导委员会。全国第四次本科专业目录调整时第一次设立了税收学本科专业。另外,在河南财经学院和河南政法管理干部学院合并组建了河南财经政法大学、长春税务学院更名为吉林财经大学、广东商学院更名为广东财经大学、兰州商学院更名为兰州财经大学、中央财经大学成立税收教育研究所等之后,税收专业学历教育得到了进一步加强。许多学校的税务专业成为所在国家或省级重点专业,一些税务方面的专业课程成为国家级、省级重点(或特色)课程。

第二,税务干部职业教育体系更加合理,教育内容更加科学。为了深化税务干部教育,从2010年起,国家税务总局教育中心创办了《税务干部教育月刊》,国家税务总局设立了干部教育培训工作联席会议。国家税务总局根据《中共中央关于印发〈干部教育培训工作条例(试行)的通知〉》《中共中央组织部和人力资源和社会保障部关于印发〈公务员培训规定(试行)〉的通知》制定了《税务系统贯彻干部教育培训工作条例(试行)实行办法》等文件,进一步规范了税务干部的教育培训工作。国家税务总局还启动了税务领军人才培养计划。另外,经过多年的发展,税务干部的教育培训工作更加科学和合理，形成了组织严密、层次分明、结构合理、计划科学、内容完整、管理规范、经费充足的税务干部教育培训体系。

第三，税务中介服务教育发展迅速。这一时期，中国注册税务师协会为了加强对注册税务师的培育培训，经教育部批准开设了中国注册税务师网校；成立了《中国注册税务师》杂志社；举办注册税务师知识竞赛；在多地设立注册税务师培训基地等。汉唐教育集团在全国设立38个培育培训机构，专门对税务中介服务人员进行培训。中华全国律师协会财税法专业委员会也与一些院校和机构合作，开展对律师税法知识的培训等工作。

第四，税务社会教育升级换代。在继续加大税收宣传教育活动的同时，近年来，我国的税收宣传教育开始深入到了大中小学课堂。2017年国家税务总局与教育部联合下发了《关于加强青少年学生税法宣传教育的通知》，2018年教育部全国教育普法领导小组办公室又专门下发了《关于开展全国青少年税法学习宣传活动的通知》，教育部还专门召开了青少年税法宣传教育座谈会等，这一系列的文件与活动将推动青少年税收普法教育迈上新的台阶。中国税务出版社成立了税收知识宣传基础数据库，并组织出版了许多税收知识宣传读物。全国各级各类税务机构、税收中介机构与当地的教育部门、司法行政管理部门等合作，开展了"税收进课堂""税收进社区"等活动。一些税务机构还建立了税收博物馆等，免费向社会开放。中央财经大学税收教育研究所还编辑出版了"青少年税法知识读本"丛书，除公开发行外，还向许多中小学校免费赠送，产生了很大的影响，从而使得税法知识得到了很大的普及。

二、中国税务教育的成就与经验

中国70年税务教育的发展与探索，不仅为我国培养了大批的税务专业人才，而且也促进了税收知识的普及和全社会依法纳税意识的提高，同时也积累了税务教育的中国经验，从而走出了一条具有中国特色的税务教育之路。

（一）始终坚持党对税务教育工作的领导

中国共产党作为执政党，其政治地位决定了中国的税务教育必须坚持党的领导。《宪法》第十九条明确规定"国家发展社会主义教育事业"。早在20世纪50年代，我国在高等教育领域中就确立了"教育必须由党的领导"的基本方针。1958年9月19日中共中央、国务院颁布的《关于教育工作的指示》中明确指出，一切教育行政机关和一切学校，都应该受党的领导。没有党的领导，就不能保证教育的社会主义方向，教育工作也就不能更好地为社会主义革命和建设服务。1996年颁布的《高等教育法》第三十九条第一款明确规定："国家举办的高等学校实行中国共产党高等学校基层委员会领导下的校长负责制。中国共产党高等学校基层委员会按照中国共产党章程和有关规定，统一领导学校工作，支持校长独立负责地行使职权，其领导职责主要是：执行中国共产党的路线、方针、政策，坚持社会主义办学方向，领导学校的思想政治工作和德育工作，讨论决定学校内部组织机构的设置和内部组织机构负责人的人选，讨论决定学校的改革、发展和基本管理制度等重大事项，保证以培养人才为中心的各项任务的完成。"2017年党的十九大确立了"党是领导一切"的原则。2018年《宪法修正案》中增加了"中国共产党领导是中国特色社会主义最本质的特征"的表述，从而确立了党对教育工作的领导地位。税务教育自然也是在党的领导下进行的。事实上，中国的税务教育之所以能够取得这样的成就，无一不是在党的领导下获得的。不仅税务学历教育、税务人员的职业教育都是在党领导的教育机构和税务机关统一安排下进行的，而且税务中介机构的教育和税务社会教育，也都是在党的领导下，由不同的税务机构和各种社会组织来进行的。因此，党的领导是我国税务教育得以顺利进行的根本保证。

（二）形成了完整的税务教育体系

鉴于税务教育受众的广泛性和多样性，因此，统筹安排、合理分工是实现税务教育目的、提高税务教育质量和效益的重要方式。事实上，我国的税务教育之所以能够在这70年的时间内取得巨大的成就，就是得益于我们经过长期的实践探索形成了完整的教育体系。首先，税务学历教育是由各个高等院校来进行的。与西方国家的税务学历教育体制不同，我国税收学历教育，主要是由各个高等学校（也包括之前的中等专业学校）的税务、财政或经济院系或专业完成的；并且，由于我国的税务学历教育已经形成了从学士到硕士（也包括税务专业学位）、博士的完整的培养体系，因此，各税务、财政和经济院系承担了我国税务学历教育的主要任务。其次,税务干部的在职继续教育主要是在国家税务总局的统一安排下由各级各类的税务机构和专业培训机构来完成的。特别是自 2000 年以来,税务系统所属的教育机构主要承担了税务干部的培训工作。再次,税务中介服务人员的教育主要是由各行业协会、学会和一些社会教育培训机构来组织完成的。例如,中国注册税务师协会主要承担了注册税务师的教育培训工作;中国税务学会、中国国际税收咨询协会等也承担了对税务中介人员的教育培训等工作。最后,税收社会教育主要是由教育机构、税务机构、新闻传播和宣传机构以及一些社会公益组织来完成的。例如,教育部在中小学税收知识宣传中起到了积极的推动作用,全国总工会、全国妇联、团中央等也积极地参与到税收宣传教育之中,各种新闻出版单位也在报纸、杂志上开辟专栏,广泛进行税收知识的宣传教育,一些社会团体和组织也自愿参与到税收宣传教育之中,从而形成了分工明确、覆盖全面的税务教育体系。

(三) 建立了科学合理的税务教育制度

制度建设是实现我国税务教育规范化的重要支柱。经过 70 年坚持不懈的努力,我国已经形成了比较完备的税务教育休制。《教育法》《高等教育法》《职业教育法》《教师法》等法律法规为我国的税务教育提供了基本的法律保障。在学历教育方面,《学位条例》对学士学位、硕士学位和博士学位的课程要求和学术水平作了明确的规定。此外,国务院学位委员会、教育部、教育部财政学类教学指导委员会等机构都对税务高等教育作了许多具体的规定。例如,教育部在 2018 年 1 月发布的《普通高等学校本科专业类教学质量国家标准》中,从 10 个方面对财政学类本科教育质量国家标准进行了明确的规定;再如,全国税务专业学位研究生教育指导委员会对税务专业硕士的教育培养制定了一些具体的管理制度和办法,等等。在税务干部教育方面,国家税务总局先后制定了《全国税务系统岗位培训管理试行办法》(1992 年)、《国家税务总局关于贯彻〈中国教育改革和发展纲要〉的决定》(1993 年)、《国家税务总局系统公务员任职培训实施办法》(1997 年)、《税务系统国家公务员培训考评工作暂行办法》(1999 年)、《税务系统国家公务员专门业务培训实施办法》(2002 年)、《全国税务系统公务员培训工作指导规范(试行)》(2003 年)、《全国税务系统特色培训项目建设暂行办法》(2004 年)、《全国税务系统《干部教育培训工作条例（试行）实施办法》》（2008年）、《全国税务系统司局级和处级领导干部培训暂行办法》（2009年）、《全国税务系统培训费管理办法》（2014年）等等，从而形成了比较完善的税务干部教育培训的制度。在税务中介服务人员的教育方面，人事部、国家税务总局、中国注册税务师协会等单位先后发布了《实施注册税务师资格认定考试工作的通知》（1998年）、《注册税务师执业资格制度暂行办法》（1999年）、《注册税务师管理暂行办法》（2006年）、《注册税务师行业远程后续教育培训管理暂行办法》（2007年）、《中国注册税务师继续教育管理办法》（2008年）等等。在税收社会教育方面，除了自1992年把每年4月制度化为"税收宣传月"之外，每年国家税务总局都会对当年税收宣传月活动的主题、内容和形式等进行制度化的安排，从而使得我国的税收社会教育有章可循。

（四）实现了对教育对象和教育内容的全覆盖

教育对象和教育内容是中国税务教育需要重点解决的问题。经过70年的不断努力，我国已经建立起了全覆盖的税收教育。这包括两个方面：第一个方面是教育对象的全覆盖。如果说，新中国成立之初我国税务教育的重点对象是税务干部的话，那么，经过多年的发展之后，我国已经建立起了面向全体社会成员的税务教育体系和活动。其中，在学校教育方面，不仅建立起了高等税务教育，而且通过税收进课堂活动，使所有的在校学生都受到了税收知识的教育。在税务干部教育方面，已经形成了从初任培训、基层税务干部培训到处级干部、司局级干部等不同层级的培训课程，从而使所有的税务干部都能够受到教育与培训。在税务中介人员的教育培训方面，经过上述制度的实施，所有的从业者不仅在入职之前就受到了专业的教育培训，而且在其从业过程中不断受到新知识和新技能等的教育和培训。在社会教育培训方面，通过电视、广播、报纸、网络以及多种多样的方式，广大纳税人都受到了税收知识的教育。第二个方面是教育培训内容的全覆盖。无论是对于税务干部、税务中介机构的从业者，还是对于在校学生和社会大众，税收教育培训的内容不再局限于税收专业知识和专业技能等方面，所有的教育培训对象不仅受到了税收专业知识和专业技能的教育，而且也扩展到了税收对国家的政治、经济、社会、民生的作用与影响等方面，以及对于税务干部及税务中介组织的从业者所必须掌握的政治理论、文化基础等方面，从而使受教育者也受到了思想政治教育、爱国主义教育、文化知识教育等多方面的教育。

(五) 采用了灵活多样的教育手段和教学方式

教育手段和教育方式是提高教育质量的重要保障。经过70年的探索，我国在税务教育领域中已经形成了多种有效的教育方式和教育手段。在教育手段上，除了继续探索和发掘传统的课堂教学和利用电视、报纸、杂志等进行税收宣传教育等，还充分利用现代数字技术、网络技术、移动技术，通过互联网、无线通信网等渠道以及电脑、手机、数字电视机等终端，通过开发远程网络教育、多媒体教育、税收宣传教育公众号、短视频、App 等，向特定的培训对象提供税务教育内容。在教育方式上，除了采用传统的面对面授课外，对标教育培训目标，分别采取翻转课堂、讨论法、示范法、实验法、参观法、案例分析法、参与体验法等不同的方法开展教学工作，使广大教育对象积极主动参与到学习中来，从而提高了教育的质量和水平。

三、中国税务教育的反思与展望

尽管经过70年的发展，中国的税务教育取得了令人瞩目的成就，但是，由于受到多种因素的制约，我国的税务教育也还存在许多不尽如人意的地方。理性地分析和研究存在的问题与不足，不仅有助于我们对我国70年来的税收教育事业作出客观准确的分析与评价，而且也为未来我国税务教育事业的发展指明了前进的方向。

(一) 根据新时代党对教育工作的新要求，完善税务教育的目标，转变税务教育的理念

党的十九大标志着中国特色社会主义已经进入了一个新时代。习近平新时代中国特色社会主义思想不仅是指导我国新时代社会发展的根本指南，而且也为我国新时代税务教育的发展指明了方向。按照习近平新时代中国特色社会主义思想"八个明确、十四个坚持"的要求，我国现行的税务教育无论是在总体目标上还是在教育理念上，都还存在一定的差距。例如，我国的税务教育比较注重对税务具体知识的教育与传播，而对于税收与国家、税收与

社会、税收与爱国主义等内容的教育与传播稍嫌不足；我国的税务教育比较注重对税务干部的教育，而对于社会大众的税务教育力度不够；我国的税务教育普遍比较重视利用传统的教育方式和教育手段，而对于新时代"互联网+"的教育方式和教育手段的运用不够广泛。这些不足或问题，表明我们急需按照新时代党对教育工作的新要求来完善税务教育的总体目标、更新税务教育的基本理念。在总体目标上，我们不仅需要税务教育为我国的税收管理工作提供各种精通专业知识和技能的人才，而且必须使我们所培养的专业人才首先是能够满足我国新时代"四个全面"要求，政治过硬、思想先进、爱党爱国、立场坚定的社会主义事业的建设者。我们的税务社会教育不仅要普及税法知识，提高全社会依法纳税的意识，而且还必须把税务教育与爱国主义教育等结合起来，要通过税务教育来培养和提高社会大众积极参与国家建设的信念，以促进我国社会主义建设事业的发展。在税务教育的理念上，我们需要牢固树立并切实贯彻创新、协调、绿色、开放、共享的"五大发展理念"，在"互联网+"的背景下，按照现代教育目标与教育方法、教育技术的要求，以开放、包容、共享的精神，积极吸收与引入现代教育的各种新理念、新方法与新手段，从而丰富税务教育的内容与形式，提高税收教育的效果。

（二）进一步强化税务教育的统筹安排，提高税务教育的科学性、系统性和规范性

"十年树木，百年树人"。教育作为人才培养的重要途径，其科学性、系统性和规范性是保证教育质量、提升教育水平的根本保证。反观我国税务教育的发展可以看到，我国的税务教育在统筹安排方面还存在许多缺陷与不足，从而影响了税务教育的科学性、系统性和规范性。例如，在税务学历教育方面，税收学本科专业几经变迁，税收学博士的培养单位目前只有中央财经大学、上海财经大学和西南财经大学三所学校，其他大学都是在财政学专业下招收税收学方向的博士。在税务干部教育方面，虽然教育课程、教育方法等有了非常大的发展，但也存在教育内容零散、教育对象分布不均、教育方法不够科学等缺陷。在税务中介人员教育方面，注重对应用性知识的培训而缺少对理论知识的培养等。在税务社会教育方面，虽然从1986年以来国家税务总局就制定了7个税收法制宣传教育的"五年规划"，且从1992年开始设立了"税收宣传月"，但是，由于税收法制宣传"五年规划"在执行过程中缺

少监督与制约，每个税收宣传月的主题也都是当年3月才确定下来，缺乏系统的安排和长期的计划，从而影响了教育的效果。职是之故，未来的税务教育应该按照新时代税务教育工作的总体目标，在全面统筹、合理规划的前提下，围绕提高教育质量这个根本目标，针对不同的教育对象和教育内容，根据科学性、系统性、规范性的要求来确定教育培训的计划和方案，使我国的税务教育工作能够更加规范、科学和系统。

（三）及时更新税务教育的内容，增强税务教育的时代性

新时代的税务教育必须能够满足新时代的社会需要。然而，我国目前税务教育的内容与新时代的社会需要之间仍然存在较大的差距。例如，由于税收实行法定原则，故税收活动在本质上是一种法律活动，但在我国，税收学仍然被划到了经济学门类，是应用经济学的一个分支。高校税务专业的课程设置也比较侧重于从经济学或管理学的角度去传授相关的知识，而不太重视对税收的法律性质或内在要求的研究与讲述。再如，由于许多从事税务教育培训的教师长于理论知识的掌握与传授，而对于税收实务了解不多，再加上教育培训教材在编写、出版等方面的原因，使我国的税收教育比较注重对基本原理的讲解，而对于税收政策及税收实务的发展变化则介绍不多，从而造成了教学内容与税收实践的脱节，难以满足对人才培养的需求。又如，现行的税务干部教育大多强调对具体的税务知识和政策内容的介绍，而不太重视对知识的应用与政策形成背景的探讨，使得教育对象只知其然而不知其所以然，从而在适用过程中难以根据实情进行把握与操作。有鉴于此，新时代的税务教育必须根据我国当前社会主义法治国家建设和税收活动的法律本质，来重新梳理和安排税务教育的内容，更新税务教育的知识，强化税务教育的针对性和实践性，使税务教育能够紧跟社会发展的现实，满足教育培训的现实需要。

（四）以"互联网+"为基础拓宽教育渠道，更新教育方式，丰富教育手段

在当前经济全球化和数字化的背景下，"互联网+"作为是一种新的经济形态，不仅带来了经济的升级换代，而且也带来了社会各方面的深度变革。正如国家税务总局王军局长所言："不热情拥抱、主动融入'互联网+'，税

收工作就没有希望，也没有未来，税收现代化更是无从谈起。"国家税务总局于 2015 年制定了《"互联网＋税务"行动计划》，计划到 2020 年形成智慧税务系统。在这样的大背景下，税务教育也就面临着教育渠道、教育方式、教育手段等发展与更新的问题。因此，在继续提高传统教育渠道利用效率的基础上，要积极探索"互联网＋教育"新渠道。在利用互联网进行大数据调研的基础上，搭建和完善"电脑＋手机＋平板"的多终端全媒体学习、"实体＋虚拟"的立体化课堂等网络学习平台，建立开放的税务教育大数据共享中心，开发形式多样、内容丰富的教育课程。同时，要改革教育方式，变被动学习为主动学习。要运用大数据、"互联网＋"等技术手段，开发、设计和实施教育项目，建立管理、学习、评价的网络化系统，引入研讨式、互动式、案例式、体验式、模拟式等教学方法，以提高税务教育的主动性、灵活性和实效性。

专题研究报告三：

企业税务会计人员职业发展分析[*]

一、企业税务会计人员职业发展概况

(一) 企业税务会计人员职业发展现状

1. 税务会计基本特点及职责

税务会计是在财务会计的基础上，以税务相关活动的计划、组织、管理为主的会计从业人员。主要工作内容有税费计算、纳税申报与缴纳、发票开具与认证、税务检查、税收筹划、税收检查、税企关系维护等。

税务会计有其自身的特点，比如税法导向性，以国家现行税收法规为准绳；税收可筹划性，企业可以在规则范围内合理节税避税；协调性，财务会计处理只要与税法不相悖，税务会计可直接适用，否则就要调整；广泛性，依法纳税是每个企业和个人的义务，也决定了任何企业都需要税务会计的存在。

调研数据显示（见图1），企业税务会计基础工作还是报税开票，占比76.81%；税收筹划、税务关系维护及争议解决、税收风险管理三方面占比分别为52.00%、51.25%、50.50%，税务会计人员在完成基础工作的同时还发挥着更大价值。

---

[*] 此专题研究报告受上海东方数字财税技术发展研究院委托完成。主要执笔人：樊勇，中央财经大学企业税务研究中心主任，教授；王有松，京能集团财务部。

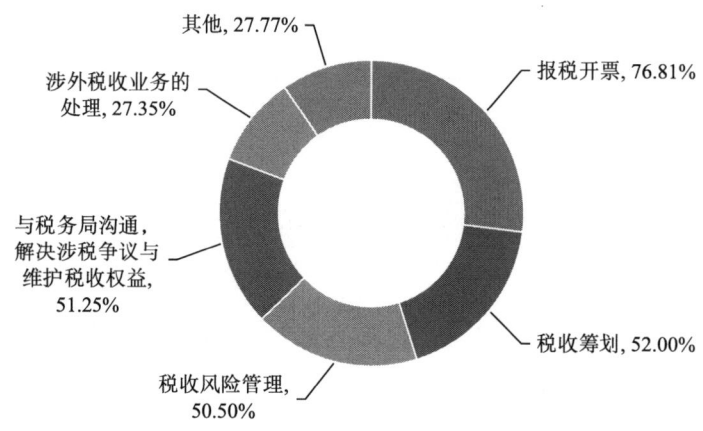

图 1 企业税务会计工作职责情况

2. 企业税务管理趋向专业化

我国税收制度改革的方向是建立现代税收制度,全面"营改增"以来,现代税收制度的税制结构相对均衡,基本形成了以增值税和所得税为主的双主体税制、直接税和间接税各得其所的税收体系格局。近年来,又出台了很多减税降费的政策,比如降低增值税税率、增值税留抵退税、个人所得税专项附加扣除等,政策叠加持续释放减税红利的同时,各企业税务从业人员的素质要求也逐步加强。另外,针对现行税制结构的突出矛盾和问题,"十四五"规划纲要作出了部署:优化税制结构,健全直接税体系,适当提高直接税比重;深化税收征管制度改革,建设智慧税务,推动税收征管现代化等。一直以来,我国企业的税务会计工作总体上是遵从税法和纳税管理的,每次税收体制的变革、税收法规的颁布,对税务会计从业人员而言,都是一次更大的挑战。

经公开消息统计,截至 2021 年 3 月底,2021 年主动撤回在科创板 IPO(首次公开募股)的公司有 30 家,主动撤回在创业板 IPO 的公司有 45 家,其中相当多的企业是因为税务处罚、税收优惠等事项而折戟 IPO。这些企业出现诸如贸易出口退税、研发扣税、补贴、虚开发票、税务罚款、环保税、税负率偏低等潜在风险因素的,金额无论大小,都可能成为上市的拦路虎。因此,上市监管机构对上市公司涉税事项关注度越来越高,企业税务管理专业化非常必要且迫切。

实务中,中小型企业财务管理部门税务管理工作一般由专人负责,有的设置专门的税务岗,有的是兼任其他业务的综合岗。然而,大多数集团化企业设置"税务管理部"已经屡见不鲜,设置"税务总监"或"税务高级经理"岗位的企业数不胜数,主要集中在大型央企、跨国公司、房地产企业、金融投资企业等。岗位级别上,"税务管理部"有的直属于企业"财务管理部",有的则和"财务管理部"并驾齐驱,比如京东集团、华润集团、华为、西门子(中国)有限公司、万科地产、中石化等大型企业集团。税务管理活动同企业的各项经济活动密不可分,但又独具特色,精准高效的税务会计已经成为企业财务管理团队的"独立团"和"正规军"。

3. 税务师资格发展带动税务会计人员从业

税务师职业资格属国家专业技术人员水平评价类职业资格,其前身是注册税务师职业资格,列入了 2015 年版《中华人民共和国职业分类大典》。中国注册税务师协会公布数据显示,1998 年原人事部、国家税务总局组织实施第一次注册税务师考试,有 52635 人报名,其中 26559 人取得我国第一代注册税务师资格证书;2020 年税务师考试报名人数达到 640475 人,比上年增长 15.36%;报考科次达 1740707 科,比上年增长 14.55%。报考人数增长趋势明显,说明考试的认可度在增加,税务从业人员也在逐步得到认可。中国注册税务师协会制定了税务师行业发展"十四五"规划,围绕"六化"高质量建设推出一批务实举措,吹响了新时代税务师行业高质量发展的集结号。全国政协委员、中税协副会长蓝逢辉评价税务师证书认为:在税务机关,它是推荐优秀税务干部包括晋升的一个优先条件;在事务所,它是晋升和从业的一个必需资格;在企业里,它是"老板"高度重视的"管钱理财"部门;甚至在城市落户等方面,它都是一个优选条件。

综上所述,从国家税制改革、企业现实需要以及职业发展通道看,企业税务会计职业前景光明,工作事业大有可为。税务会计是区别于财务会计的"新新人类",是新的职业发展细分赛道。

(二)企业税务会计职业发展痛点

1. 税收政策复杂性较大,持续学习能力要求高

我国税收法定除了将一些新的改革措施通过法律形式固定下来外,还从整体上提升了税收的稳定性和权威性。截至 2020 年 5 月底,我国 18 个税种中已有11个立法。主要是契税法、城市建设及维护税法、车辆购置税法、车船税法、船舶吨税法、个人所得税法、耕地占用税法、环境保护税法、企业所得税法、烟叶税法、资源税法。因此，我国多税种、多政策的复杂性可见一斑。

多年来，我国税收工作不断在实践中进行探索和尝试，积累了很多宝贵的经验，也为税法的调整及完善提供了条件。新的法律法规颁布后，随之而来的是更多的解释、公告、细则、便函甚至其他补丁文件的发布。除各地方性税收政策外，仅就国家税务总局层面，每年发布的税收政策数量就很多（见表1），2016年全面"营改增"以来，每年均有150项左右的新政策发布。

表1　　　　　国家税务总局网站税收政策发布数量统计

年份	2020	2019	2018	2017	2016
数量（项）	142	188	191	159	256

国内税务体系的不断完善和健全无疑给税务会计人员带来了更大的工作压力，加之税收政策更新频率较快，持续学习、培训对税务会计从业人员来讲，既是工作需要，更是能力的体现。从调研数据看（见图2），一年内线上学习财税知识花费时间最多的有5—20个（不含）小时，占比约38.3%；花费20个小时以上的占比为35.14%；同时，一年内参加线下培训至少1次的占比61.65%（见图3）。

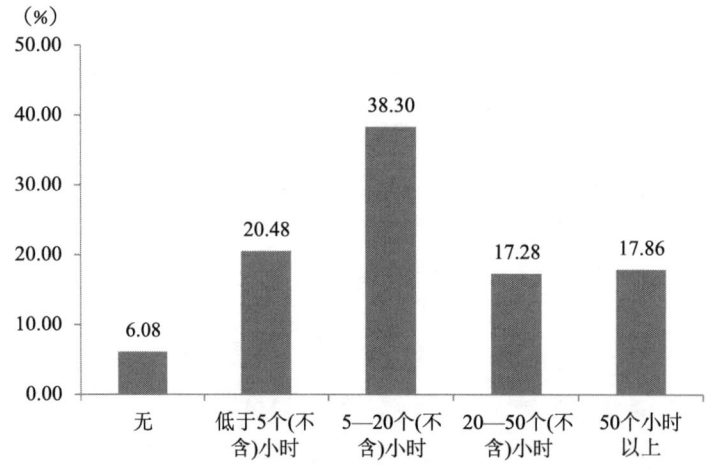

图2　一年内线上学习财税知识花费时间

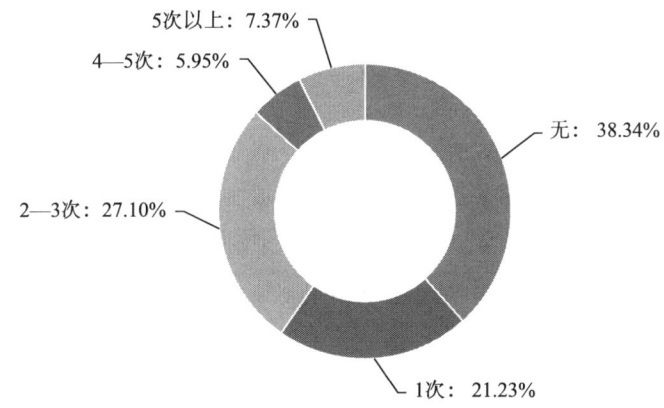

图 3　一年内参加线下财税业务培训次数

随着改革开放的不断深化、国际贸易大发展，国际税收也成了涉外投资或贸易型企业必须面临的一大问题。然而，企业参与国际税务会计工作实践的工作人员，存在专业性不强、对国际税法与会计准则不够熟悉的问题，导致工作的效果不够理想。

税务会计人员需时刻关注国家政策走向，理解税收政策变化，保持高度的警觉性，以及时适应企业业务发展的需要。

2. 税会学科差异，对专业能力提出更高要求

会计准则的改革和发展为弥补税收存在的疏漏、提升税收效率效果做出了突出贡献。税法与会计制度作为两个不同的领域，虽然存在密切联系，但由于各自目标不同，服务对象、主体不同，二者之间必然存在一定的差异。随着我国企业会计政策改革和会计国际化，会计政策与税收法规之间差异也不断扩大，致使税务会计工作的复杂性进一步提升。比如，永久性差异、暂时性差异、税收减免、期间所得税分配、亏损抵回和抵后差异等都客观存在。企业所得税纳税申报表更是直接列明收入类差异调整、扣除类差异调整、资产类差异调整、特殊事项差异调整等。税务会计人员不仅需要熟悉税务计算与申报的相关步骤和流程，还要熟练掌握财务会计业务处理的相关知识，否则在面对较为复杂的企业业务时就很难及时采取正确的处理方法进行应对。

税务会计更体现出是税务与会计的兼备，密不可分，各有偏重。税务实务问题相对会计事项有更多的变数，单纯的会计专业知识无法解决税务问题，单纯的税务学习和实践也不能完全解决税务问题。会计为税务提供了基础，税务也对会计有调节作用。

税务会计工作规范化、科学化发展还有很大空间，企业税务会计必须具备复合型知识。税务会计工作除了兼顾税收政策之外，还要满足会计制度与会计法则的规定、与税务局进行沟通协调等，难度系数因此攀升。

另外，在大中型企业，财税部门的工作范围和职能在不断扩展，从会计管理到投融资决策，从预算编制到绩效考核，也无形中增加了涉税工作人员的难度和强度。税务整个工作流程本身相对较为烦琐，税务会计人员需根据不同的业务类型对涉及的税种进行归类，判断相应的计税依据，然后核算税费并计入相应的会计科目，再经过纳税申报环节，最后通过银行缴纳，完成整个纳税流程。在实际工作过程中，基本税务工作需要具有一定的专业能力，且随着业务的增多，比如税收筹划、税务关系维护等，工作难度也在增加。

3. 税务会计人员综合管理能力偏弱

新形势下，现代化的管理体系和会计活动相互融合，新型管理会计人才也成为财务管理者转型发展的趋势和方向。传统的会计人员是对企业经济活动的确认、记录、计量和反馈，管理会计是对经济事项的预测、决策、规划、控制和考核等工作。企业对财务人员综合管理能力的需求也上升到了一个重要的高度，企业会计从传统的"账房先生"向"战略财务管理者"的方向延伸。税务会计人员比较突出和集中的痛点或堵点，经过数据调查发现主要是税收筹划能力低、税务风险管理能力低、数据分析工具使用能力缺乏、财税全面核算能力欠缺四个方面，抽样调查中存在上述情况的分别占比63.41%、60.78%、46.04%、44.55%，这些痛点的业务显然都是税务会计综合素质和能力的体现（见图4）。而财税基础知识、财税软件使用水平等问题已经不再是突出问题。

CMA是美国管理会计师协会旗下的注册管理会计师认证（CMA认证），是从业人员在管理会计及财务管理方面的相关工作经验、教育背景、专业知识、实践技能、职业道德规范及持续学习发展能力的综合评价。它被誉为美国财会领域的三大黄金认证之一，是国际通行的财务管理者专业资格认证，是管理会计领域全球最高的、顶级权威资格认证。我国国家财政部2014年10

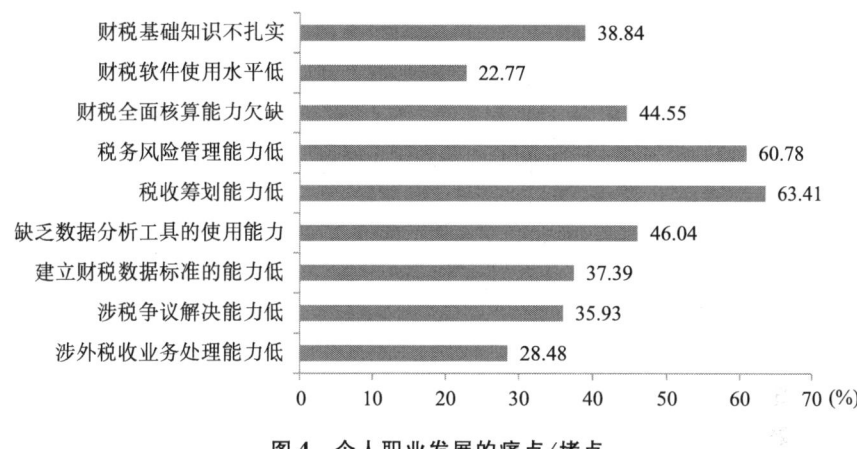

图 4 个人职业发展的痛点/堵点

月 27 日,以财会〔2014〕27 号印发《关于全面推进管理会计体系建设的指导意见》,从管理层面开始重视管理会计体系的建设和人才的培养。之后,中国总会计师协会开始陆续承办中国管理会计师各级别的考试和认证,我国管理会计师的推广和应用已经是正在进行时。

财务管理体系中的税务从业人员是企业税务工作的主体,从 1998 年注册税务师开考起算,税务会计职业经历了 23 年的发展,企业、会计师事务所、税务事务所、律所、各级税务机关等机构中从业人员数量不断增加。税务从业人员的业务能力、职业素养、道德水平等的高低都会直接影响到企业税务活动开展的质量和效率,税务会计也面临着向管理型税务会计的转型。但是在企业当中,很多税务工作人员都呈现出税务知识和会计知识的缺陷问题,知识储备更新赶不上政策发布的速度,对于现代化、信息化、智能化的手段掌握不够,使得企业整体的税务工作水平无法获得有效的提升。多数企业缺少科班出身的税务管理人员,税务会计人员多是财务人员转任或兼任,再加上税务人员自身的成长积极性、主观能动性、职业敏感性等方面的不足甚至缺失,更加严重制约企业税务工作的提升。

管理型税务会计主要是从企业管理的高度,对企业的会计、税务资料进行大量的数据分析,对企业的成本管理、财务管理、业务评价、风险控制等事项进行综合研判,为企业经营者提供战略经营决策支持和绩效管理,有效帮助企业高层管理者作出更好的决策和规划。

实务中,凡是企业涉税事项都是税务会计的活动对象,企业因纳税引起的税款核算、缴纳、罚款、补退税等经济活动都是税务会计的活动对象。这样的管理型税务人才凤毛麟角，其面对的是企业管理者、业务部门、财务会计其他同事、税务主管所所长及专管员、税务稽查人员等，需要更高的情商和智商、更高的综合管理能力和素质，这也是更多基层税务会计人员普遍面临的一大痛点。

（三）企业税务会计职业发展趋势

1. 财务会计与税务会计将适度分离

财税本是一家，密不可分。有关税务会计和财务会计关系模式（见表2），天津财经大学盖地教授认为，目前我国税务会计和财务会计属于混合模式。然而企业税务管理专业化的需求决定了财务会计与税务会计将逐渐分离。

表 2 税务会计和财务会计关系模式表

项目	财税分离	财税统一	财税混合
目标	体现真实公允	国家宏观需要	满足多方需要
账簿	两套账	一套账	合为一套账
程序	按照会计准则、税法要求各自处理	税会差异按税法处理，期末无须调整	会计记录环节混合，其他各自处理
优点	会计信息质量高	无须纳税调整	趋于折中
缺陷	比较复杂	影响会计信息质量	趋于折中

税务会计是指在财务会计的形成发展过程中逐步产生和发展起来的会计分支，它是以国家现行税收法律法规为依据，以货币计量为基本形式，运用会计学的基本理论和核算方法，连续、系统、全面地对纳税人应纳税款的形成，即税务活动所引起的资金运动进行核算和监督，以保障国家利益和纳税人合法权益的一种专业会计。

鉴于我国税法越来越健全，税收征管越来越严格，税收风险管理的需求越来越突出，因此，为了更大化发挥税务会计价值，未来企业将会更加明确税务会计的职能，逐渐剥离税务业务，成立专门的税务管理部门，且独立于财务管理部。企业也将根据自身发展的需要，制定健全的税务会计体系，保证税务会计工作高效率开展，使税务会计能独立完成工作，有更多的权、财、物等方面的保障，进一步减少企业面临的税务风险。

近年来，我国税务会计在企业中的应用也在逐渐普及，在逐步分离过程中，需要把握好分离的进度，将财税分离控制在企业适宜的区间内，避免因过快分离，增加协调、运营成本，为企业的财务管理工作带来更大的压力。

2. 税务会计人员综合素质将不断提高

首先，随着企业的发展，越来越多的企业逐渐重视税务规划，很多企业根据自身的发展情况，合理增加了财务部门税务会计人员数量，发挥税务会计的职能。

其次，在企业招聘过程中，企业更加偏向于选择具备专业税务会计和管理会计知识的人员，在此基础上，选择计算机技术较高的复合型人才，不断提高税务会计工作队伍的人才素养，促进税务会计工作质量和效率的有效提升。

再次，企业对于人才培养方向更加明确。部分企业定期组织税务会计人员学习并研究国家最新的税务政策，不断提升税务会计人员的专业能力，这些都使得国内税务会计人员的水平有了较大的提高。国内所有的财经类高校都专门设置了税务相关的课程。比如，中央财经大学税务人才培养最早起源于1950年中央税务学校的税政专业，现拥有税收学学士、硕士、博士学位授予点，是新中国成立以来为国家培养税务人才的摇篮，也是全国第一批税务专业硕士研究生试点单位，多年来中央财经大学为社会培养、培训了大批税务专业人才。

最后，税务会计人员综合素质的提升也是个人职业发展的需要。传统会计向管理会计转型，传统的税务会计人员也需要增加自身的核心竞争力和综合素质，不断获取职称资格，进一步提升学历教育，向管理型税务管理人员转型，以谋求更大的职位和发展。

3. 税务会计人员职业发展通道更加广阔

（1）企业招聘需求旺盛。企业对税务会计人才的需求越来越大，岗位设置也越来越多，工资级距也越来越宽。以猎聘网为例，统计1日内发布的企业招聘信息（见表3），可以看出税务会计和税务经理招聘人数占比较大，税务会计职业发展通道也很宽；顶级税务专家和税务总监待遇高，资历要求也高。

表 3　　　　　　　　猎聘网税务各岗位招聘情况表

岗位名称	招聘数量	薪资待遇	学历及工作年限要求
税务会计（助理、专员）	149	7k—12k	大专及以上，2—5 年
税务经理（主管）	303	20k—45k	本科及以上，3—5 年
税务顾问（专家、部长）	43	25k—55k	本科及以上，5—10 年
税务总监	81	40k—65k	本科及以上，10 年以上

（2）企业税务会计岗位设置更加明确。根据数据调查显示（见图 5），企业涉税工作分工明确，岗位设置多样，基础税务从业人员的晋升渠道也是有方向的。

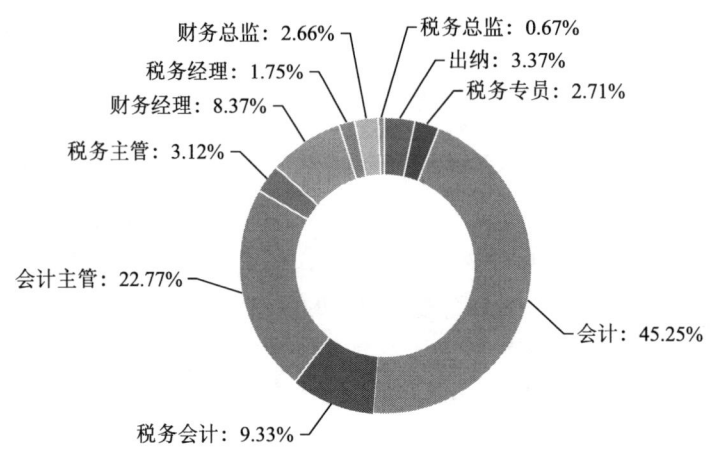

图 5　企业税务从业人员岗位设置情况

目前单独或兼任从事税务相关工作的岗位涉及 10 个左右，其中较多的是企业会计岗，占比 45.25%；会计主管及以下人员岗位是从事税务相关工作的主力，有出纳、税务专员、税务会计、会计、会计主管等。另外，从调查结果看，财务总监、税务总监这样的高端岗位企业也有设置，占比相对较少。

（3）税务师职业发展为企业提供了智力支持和人员储备。税务师执业资格的发展可以说引领了专业税务会计人才的职业发展，税务师人才去企业从事涉税工作的数量在明显增加。

2014 年 7 月，国务院取消了注册税务师执业资格许可，注册税务师更名为税务师，更名后税务师仍属于国家职业资格，且税务师职业资格的考试和发展如火如荼。目前，我国税务师行业已发展成为拥有 6800 多家税务师事务所、20多万名税务师（含注册税务师）、10多万名从业者和年产值超过240亿元的新兴产业，当前税务师行业的发展形势进入了一个更快更好的时期。

税务师行业整体呈现出良好的态势，能够与时代共发展，深化跨境涉税合作，深耕细作，又致力于财、税、法三方领域的融会贯通，为税务机关和企业提供智慧服务和多元化复合服务。

二、企业税务会计人员供应变化分析

（一）企业税务会计人员供应特征

1. 税务会计人员中女性数量群体较多

在税务会计从业者中，女性人才储备充足，从业者较多。据调研，在税务会计人员中女性约占79%（见图6），国内税务会计人员队伍具有鲜明的女性化特征。

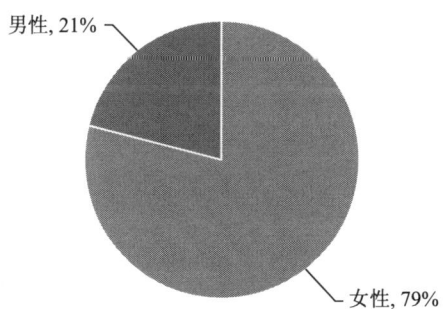

图6 税务会计人员调研样本中性别结构

2. 税务会计人员年轻化趋势明显

目前，国内税务会计行业中，年轻群体占比较高。税务会计对从业人员的知识储备要求越来越高，整个行业的知识结构、体系也在逐渐完善，税务会计从业者需时刻保持学习的态势，更加深入了解税务会计对企业发展的影响。在税务会计人员中，年轻一代具有较强的学习能力和充沛的、精力，思维更加开放，可塑性强，在行业中数量较多。据调研，行业中50岁（含）以下是税务从业人员的主力军（见图7），占比83.44%；25—40岁的从业者占比约为 47.59%，举足轻重。

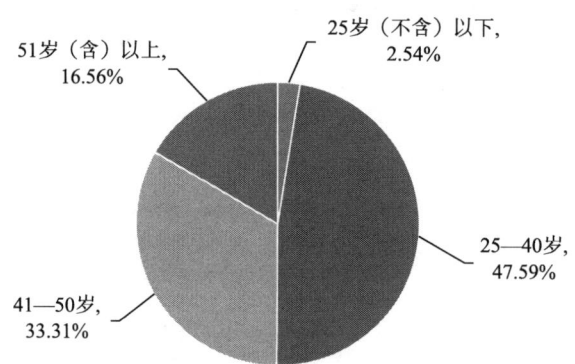

图 7　税务会计人员调研样本中年龄结构

3. 发达地区的税务会计供给能力较强

从各地区税务会计人员的供给来看，京津冀、长三角、珠三角地区的供给能力较强，总人数合计占比 77.97%，年薪 50 万元以上的突出集中在长三角地区（见图 8）。这些地区税务人才储备充足，企业总部、协会组织等较多，扶持力度较大，对人才的吸引力较大；同时这些地区经济发达，岗位多、收入高，对税务会计人员需求较大。

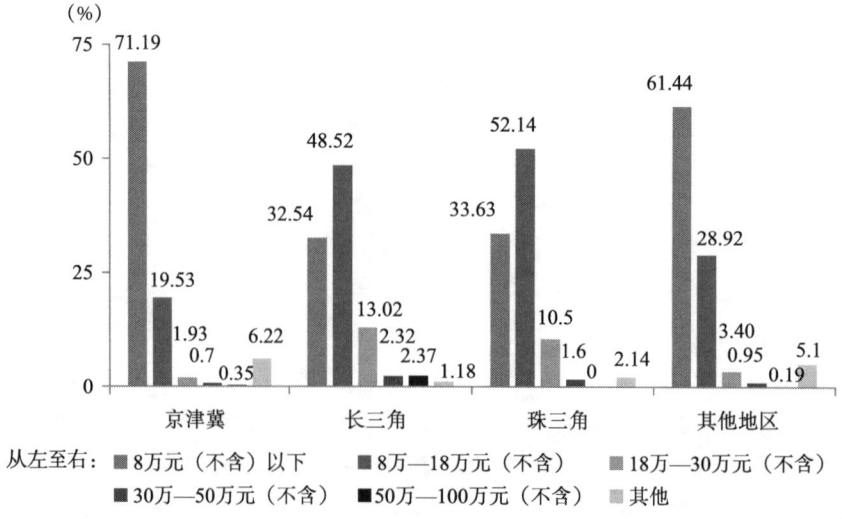

图 8　各地区从业人员及薪酬待遇情况

(二) 企业税务会计人员供应变化

1. 税务会计从业者中男性占比有提高趋势

从近几年税务会计人员的性别变化来看，男性占比逐渐提高。主要是由于税务会计经常需要和企业业务部、税务机关等沟通，且职位越高，工作强度越大，男性在税务会计职场中具有一定的优势。

2. 税务会计从业者学历逐渐提高

随着国内教育水平的提升，各财经类高等院校对税务、会计类人才的培养加大，普遍扩大招生规模、开具特色课程，源头供给能力和数量增加。

在国内市场经济环境下，各企业从以业务为导向向以财务为导向开始发展，对会计从业者提出了更高的要求，更加愿意招聘专业化的会计人才，完善的财税专业知识储备和良好的教育背景成了人才的必备条件，税务会计从业者的学历也逐渐提高。从调研数据看，大专学历从业人员为53.08%，占比较高；但本科以上学历也占到了37.64%，比例举足轻重；其他类学历则是考虑到实务中有部分从业人员是通过后续非全日制学习获取相应学历（见图9）。

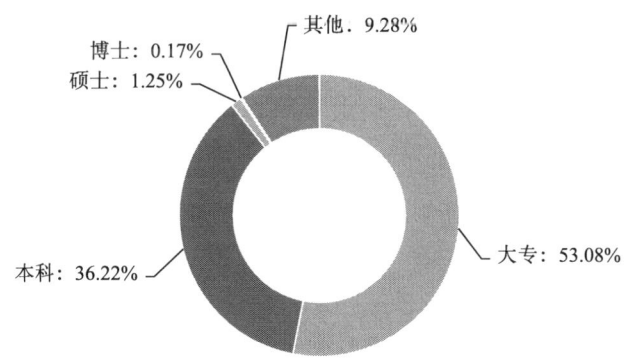

图9 企业税务从业人员学历情况

3. 税务会计集中于北京、上海等发达地区

目前，税务会计集中于北京、上海等发达地区，其依托于大企业集团的存在。主要是由于这些地区企业数量多、管理规范化程度较高，更希望通过明确的职能划分来提高企业的运营效率、经营效益。而在一些中等发达地区，对会计人员的职能划分较模糊，很多会计人员都从事较繁杂的工作，财务和税务工作没有明显的区分。

（三）企业税务会计人员供应规模

（注册）税务师人才的培养是为没有获得职业资格或专业能力评价的从业人员提升专业服务能力，为税务会计从业人员获得社会认可开辟一个有效途径。（注册）税务师可以作为税务会计从业人员发展的风向标。

近年来，税务师是国家专业技术人员水平评价类职业资格，列入国家职业资格目录清单管理。中国注册税务师协会于 2016 年 2 月开始组织实施考试，截止到 2020 年已成功组织实施了 5 次考试，共 1463781 人参加考试，72674 人取得税务师职业资格。税务师就业环境良好，税务师资格考试报名人数有了较大幅度的增长。可见，税务师职业资格考试的影响在逐年扩大，职业资格作为税务从业人员供应平台的作用正在显现（见图 10、图 11）。

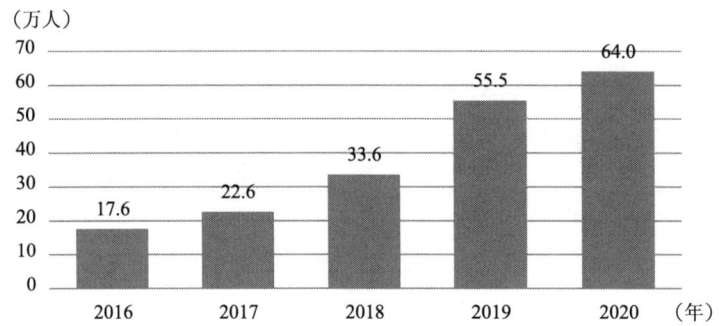

图 10　2016—2020 年税务师报考人数

资料来源：中国注册税务师协会。

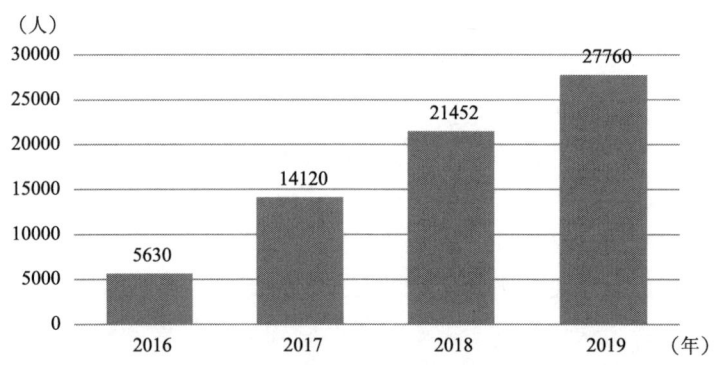

图 11　2016—2019 年税务师考试合格人数

资料来源：中国注册税务师协会。

（四）企业税务会计人员类型供应

税务会计人员的学历多样化，可以大致分为专科、本科、硕士等学历。而在税务会计行业中，绝大多数都是来自会计专业的毕业生。税务会计行业的专业性较强，对专业背景的需求比较明显。据统计，2020年会计专业毕业生中，主要以专科学历为主，约占49.1%（见图12）。

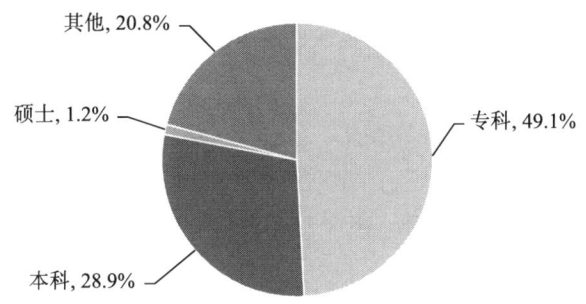

图12　2020年中国会计专业毕业生学历分布

另外，高端人才、领军人才成为新的供应类型。近年来，财政部、国家税务总局、中注协、中税协等机构组织都在分层培养各类人才，开启高端人才、领军人才培养项目，引进国外行业组织、国内外著名高校资源，培养国际税务人才、行业战略型领军人才；依托扬州税务学院等专业院校强化高端人才培养，提升人才培养质量和学员管理水平；拓展面授基地和网校培训功能，扩大业务骨干培训数量，提高培训质量。据统计，中国注册税务师协会自2014年以来，已选拔培养了7批行业内高端人才，高端人才库规模已达千名。

三、企业税务会计人员需求变化分析

（一）企业税务会计人员需求分析

1. 企业税务会计人员需求现状

营业税改征增值税是中国税制改革及增值税制度改革中关键的一步，其对中国经济发展方式转变、产业结构优化、税制体制完善产生深远的影响。

近年来，我国税法和相关法规不断改革完善，面对愈来愈复杂的现代税收法规和企业管理愈来愈高的要求，税务会计在企业发展中的作用越来越重要，需求也越来越迫切。

时代需要涉税服务。中国已经进入新时代，新技术的创新、税制改革的不断深入、现代服务业的大发展都为涉税服务的发展提供了巨大的发展空间。据不完全统计，现在提供涉税服务的人员约为260万名，但是具有职业资格和职称的专业人员约为12万人，占比不到5%。尤其是互联网等新技术的发展，压缩了代理记账、申报等税务会计基础业务的需求空间，咨询、顾问、策划、国际税收等高端业务需求大增。因此，涉税服务的专业人才需求量很大。据不完全统计，截至2020年末，在提供涉税服务的人员群体中，税务会计岗位人员约有71.1万人，较2019年增加了12.5%。从业人员的增加表明整个行业的需求量较大，同时也说明行业的竞争压力在逐渐增大（见图13）。

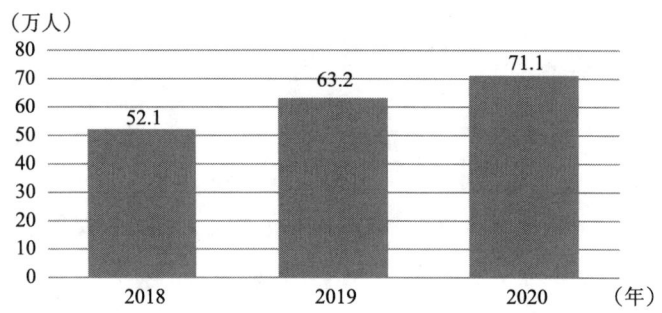

图13　2018—2020年中国税务会计从业人员数量

税务会计人才在各行各业都有需求，主要集中在制造业、零售业和服务业，因此可以分析出近几年我国税收政策不断完善和发展，各行各业面对越来越复杂多变的税收环境和越来越高的企业管理要求，既懂税务和会计同时又懂得管理的人才将在各行各业发展中扮演不可或缺的角色，税务会计在我国庞大的财务人员队伍中属于稀缺人才。中国税收网调研资料显示，税收贡献率前十名的行业依次为：卷烟制造、烟草制品零售、饮料及茶叶批发、原油加工及石油制品制造、天然原油和天然气开采、啤酒制造、烟草制品批发、其他煤炭采选、炼焦和白酒制造。

目前，税务会计人员的工作越来越复杂，税务管理越来越多样化，企业需要各类税务工作者来满足日常经营的需要，大型企业税务会计岗位职能设置较明确,职业定位清晰,相关就业岗位较多,人才需求较多。而中小企业规模小,为了降低用人成本,更青睐"一专多能"的人才,培养税务会计复合型人才可以免去企业对一般会计人员的培训成本,就业市场更广阔。

2. 企业税务会计人员需求规模

我国中小企业的发展不仅是推动国民经济持续快速健康发展的重要力量,而且在增加社会就业、加快社会化大生产进程、带动中小城镇及农村经济建设等方面也发挥着特有的作用,中小企业对经济增长的贡献越来越大。同时,一系列税收优惠政策的出台,既有利于支持中小企业的发展,也刺激了中小企业税务会计人才需求。在此背景下,中小企业对税务人才的需求呈增长趋势。统计数据显示(见图14),样本数据的63.44%在年销售额2000万元以下的企业就业。

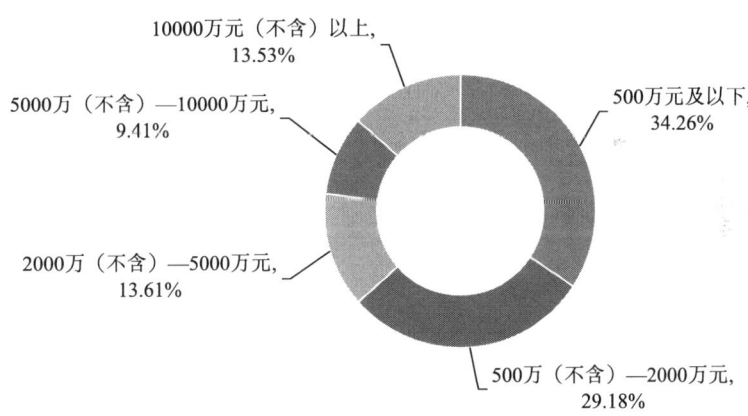

图14 各类型企业税务会计人员需求情况

据不完全统计,到2020年底,国内对税务会计人员的需求量约为83.2万人,各类型企业对税务会计人才的需求量将有较大幅度的上涨。近年来,税务机关转变作风,更加强调纳税服务的范围和力度;企业也着力改善企业的税务管理体系,引进优秀税务人才,最大化降低税收风险。

3. 企业税务会计人员需求结构

在对国内税务会计人员的需求结构分析中发现,税务专员/税务会计这类基层员工的需求较大,约占总需求的68.2%,税务总监这样的高端岗位占比仅为3.5%。不同税务会计岗位的工作强度不同，所需要的人力资源也不尽相同。一方面，税务专员/税务会计主要负责各类发票的开具、审核、登记、税费计算、申报缴纳等基础工作，其工作强度较大，烦琐程度较高，需要配置较多的人员；另一方面，企业税务管理水平有一个发展的过程，税务会计成了基础的必备选项，随着企业整体管理水平的提升，分工明细化、专业化以后，税务主管、税务经理、税务总监以上的岗位也会逐步完善（见图15）。

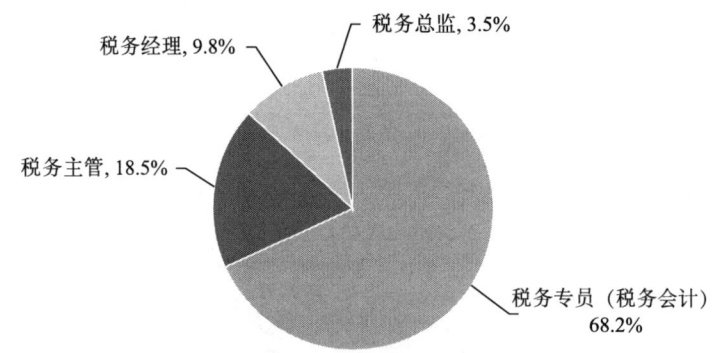

图15　2020年税务会计人员需求结构

4. 企业税务会计人员薪资结构

在整个税务会计行业中，相关从业人员的薪资和员工的岗位、职称、从业经验、专业能力等有较大的关系。在税务会计从业人员中，基层员工数量较多，占比较重，但其薪资相对较低。59.54%的从业人员年薪在8万元以下（见图16）。

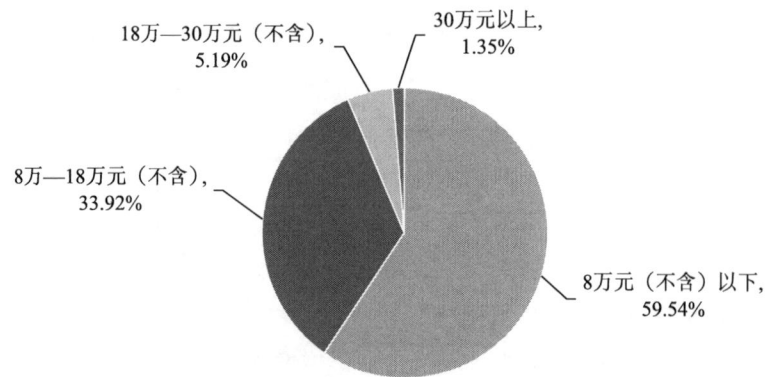

图16　税务会计人员年收入结构

一般而言，职位越高，实务工作年限越长，薪资越高。工作10年以上的税务从业人员，薪资待遇的优势比较明显（见图17）。

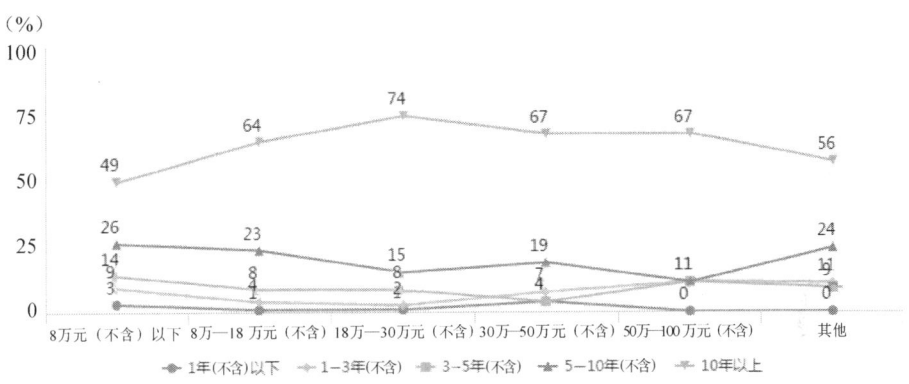

图17 税务从业人员工作年限与薪酬待遇关系

统计数据分析发现，学历与薪酬的关系不具有明显的规律，并不意味着学历越高，薪酬待遇越好。待遇跟税务从业人员的工作年限、经历经验反而关系密切。这也符合财务会计人员的一般规律，老会计更受欢迎。老会计拥有的经验比学历有优势。当然，高学历的税务人才，经过多年的努力，待遇会有明显改善。结合图18可看出，税务从业人员中的本科生工资宽带广，随着从业年限的增长，上升空间大。

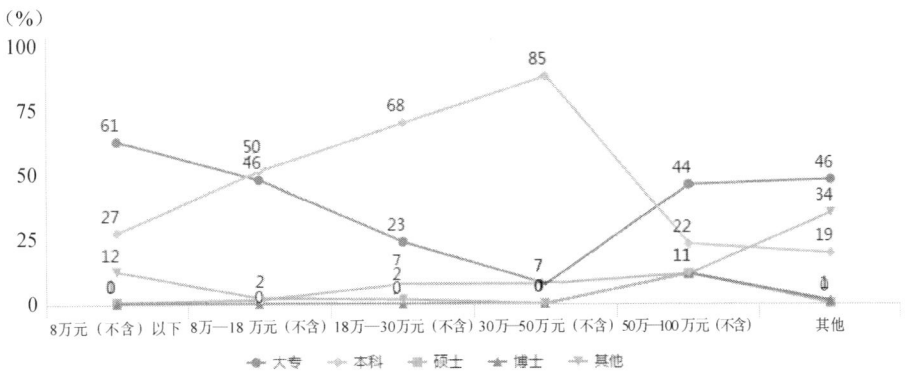

图18 税务从业人员学历与薪酬待遇关系

（二）各行业税务会计需求现状

1. 各行业税务会计人员需求规模

在国内产业结构中，制造业、批发零售业、建筑业等产业比重较大，企业数量较多，对人才的需求较大。随着我国财税改革进一步深化，专业税收文件接踵而至。企业办税工作越来越重要也越来越专业，对纳税人办税能力提出了新的要求和考验。在传统的制造业、批发零售业数字化发展背景下，搭建完善的管理体系，加强财务管理工作是各产业发展的重点，其对于专业化的税务人员需求较大。

在所有行业中，对税务会计的要求都呈现出逐渐提高的发展趋势，本科学历的会计学专业人员逐渐成了行业的需求重点，其招聘岗位多，就业机会较大（见图19）。

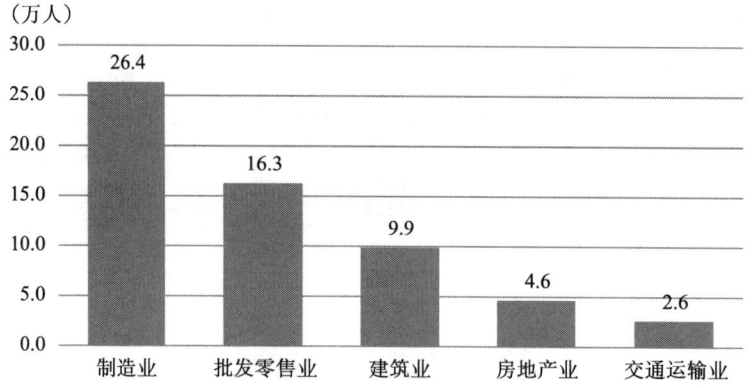

图19　2020年各行业税务会计人员需求量

2. 各行业税务会计人员需求结构

在各行业对税务会计人员的需求结构中，由于行业的特性不同，其需求结构也不尽相同，各有特点。

通过数据调查显示（见图20），批发零售业、交通运输业、餐饮住宿业对税务会计的需求较大，在各岗位的需求中占比均超过50%。其业务模式较频繁，客户群体较多，订单数量较大，工作强度较大，因此对基层人员的需求量较大。

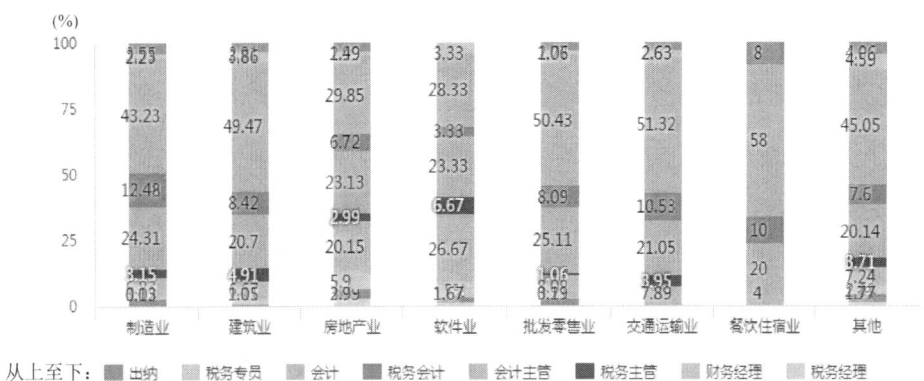

图20 各行业税务从业人员需求结构

房地产业和软件业税务各岗位特征明显。第一，各岗位需求趋于平衡；第二，行业涉及税收复杂，高端人才需求明显，税务总监需求比例为2.99%，独领风骚。

3. 各行业税务会计人员薪资结构

不同行业的税务从业人员薪资中，除房地产、软件业外，其他行业税务从业人员薪资结构中，大部分是年薪8万元以下。房地产及软件业各岗位工资待遇分化明显，高端岗位有需求且待遇偏高（见图21）。

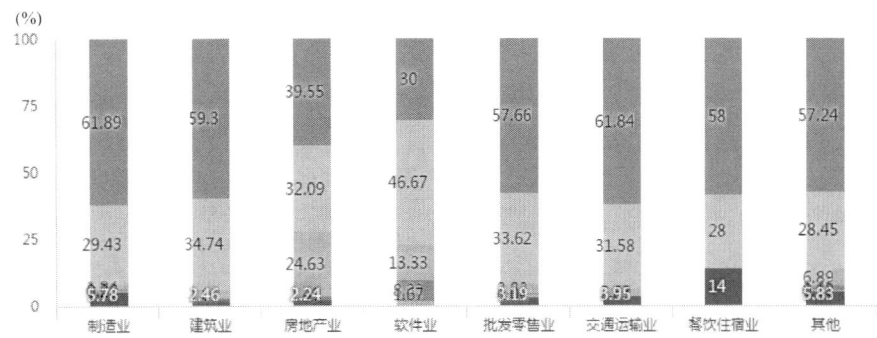

图21 各行业税务从业人员薪资结构

根据调研数据显示（见图22），不同岗位就业人员中，税务会计人员的薪资普遍不高，年薪8万元（不含）以下占比65.63%；年薪8万—18万元

（不含）占比25%。同时，税务会计人员岗位以下的人员薪资普遍相对不高（见图22）。

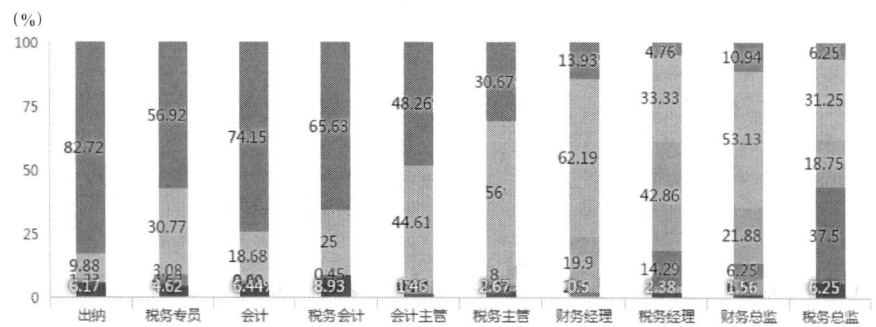

图22 各行业税务从业人员薪资结构

4. 各行业税务会计能力需求趋势

在税务会计人员的能力需求方面，企业都要求税务会计人员具备较丰富的税务管理工作经验。

以对职称要求为例，具备初级会计师职称在各行业能力要求中都占比最高，均超过40%。各行业要求具备初级会计师、中级会计师的占比均超过70%以上。

房地产业、软件业由于其行业属性，业务复杂且重要，对（注册）税务师的需求较其他行业偏高，均达到14%以上；这两个行业对注册会计师的需求合计为6.32%，占比也是各行业最高（见图23）。

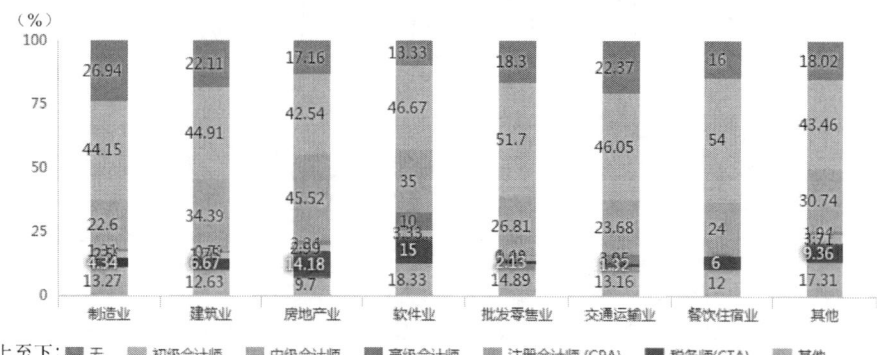

图23 各行业税务会计能力需求情况

（三）税务会计人员未来需求趋势

1. 税务会计人员的需求将普遍提高

全面实行"营改增"后，市场对税务会计人力资源的需求越来越大，在未来的几年内，涉税业务的操作人员需求将成倍增长，行业将迎来快速发展。税务会计作为企业财务管理工作的重要分支，加强成本会计在企业运营中的运用可以有效弥补企业财务管理工作重核算、轻税务筹划的弊端，可以有效地实现企业税务筹划，延伸企业传统财务管理工作的职能。

税务会计作为市场经济中的涉税专业服务人才和依法纳税服务的重要载体，有着至关重要的作用。企业税务会计税务处理能力必将越来越受到用人单位的重视。

另外，中小型企业是我国企业的主力军，在发展过程中，中小型企业决策者也逐步改变传统的发展理念，重视并加强对企业税务的管理，中小型企业对税务会计人员的需求量将明显增加，行业占比也将逐步扩大。

2. 复合型高端税务人才需求强劲

随着我国现代化税收体系的逐步建立和完善，税务管理体系重构也是企业面临的新课题、新挑战。在多种因素的影响下，企业的税务风险管控有现实的需求和必要性。因此，建立完善的企业税务会计筹划和风险管理制度就显得尤为迫切，财务和税务复合型的人才需求量必将急剧增长，具有丰富知识经验的高端税务人员成为众多企业争先抢夺的资源。

在人工智能领域，科学技术的发展日新月异，随着办税机器人、智慧税务、"税务互联网+"的发展，未来基层会计岗位必然引进人工智能，市场将极大减少对基层会计人员的需求，更多地转向对懂财务、精税务、善筹划、通管理的复合型财税精英人才的需求。会计行业的人才转型，则是未来的必然趋势。从长远发展的眼光来看，税务处理能力是会计人未来必不可少的基本实操能力之一，用人单位及社会更青睐与时俱进、经验丰富、能力过硬的精英人才。在未来，税务会计必将成为会计行业的"金领一族"。

四、典型企业税务会计需求调研分析

(一) 北京××集团有限责任公司（企业 A）

1. 企业基本介绍

北京××集团有限责任公司是由北京市人民政府于 2000 年批准组建的国有独资公司。对授权范围内的国有资产依法进行经营、管理和监督。

公司注册资金 60 亿元。目前经营范围包括：资产租赁与物业管理、宾馆住宿餐饮旅游服务、健康养老、医疗服务、机械制造、房地产开发、火工品生产与销售、批零贸易、建筑施工、地质勘探、高新技术开发、技术咨询、技术服务、技术转让等。2020 年末，公司资产总额 360 亿元，资产负债率 57.8%，营业总收入 90.2 亿元，实现利润总额 3.6 亿元。

2. 公司税务会计需求结构

（1）税务会计职能结构。该集团总公司设置税务主办、税务主管、主管税务工作的财务部副部长。各独立核算分子公司均设有独立办税人员，设税务管理人员 1 名，主管人员 1 名。目前，集团公司各分/子公司各设税务主办 1 名。

税务主办即为税务办税人员，同时兼任其他工作，如涉税业务的会计处理（比如，房产税、土地使用税、附加税的计提等，收入及成本费用类涉及增值税进项税和销项税的处理则由其他会计做账时直接计提），税额计算，纳税申报，报表编制，其他涉税事项的办理等。

税务主管主要协助税务主办和主管税务的副部长工作。主要复核税务主办的纳税报表准确性、报税的及时性；同时兼任其他工作，比如部门综合性事务、会计培训工作等。

主管税务的副部长向财务部部长汇报，财务部部长向公司财务总监汇报。主要负责税务关系维护、组织下属单位税务检查、对接税务机关税务稽查、税收筹划等工作；同时也分管其他业务，比如资金管理、内控稽核管理等业务。

（2）涉税人员工资职责。该集团税务从业人员岗位职责分工明确，体系建立基本完善。但有交叉兼职，税务主管也同时兼任财务管理部门的其他工作，具体见表4。

表4　　　　　　北京××集团有限责任公司各税务岗位职责

岗位	工作职责及内容
税务会计	（1）每月按照税法要求进行各类税种的纳税核算、申报、缴纳； （2）按照会计制度要求进行税务会计核算、报表编制； 　　按照税务机关要求按月上报各类税收调查表； （3）负责税务"一证通"密钥的保管和使用； （4）负责集团总部发票领购、开具、统计、申报； （5）负责向税控分机分配发票； （6）负责增值税专用发票的认证、抵扣
税务主管	（1）建立和完善总部或集团范围内税务管理制度、办法； （2）每月按照税法要求进行纳税核算、申报、缴纳内容的复核； （3）税务各类审计中介机构的对接、跟踪审计； （4）税收筹划项目方案的落地和实施； （5）负责每月按时办理公积金汇缴，增加、减少在册人员； （6）负责机关全体员工的公积金提取业务办理； （7）协助组织年度高级会计师、财务负责人、会计人员继续教育培训工作； （8）其他部门内综合性事务（考勤、工会、档案管理等）
主管税务的财务部副部长	（1）组织总部或集团范围内税务管理制度、办法的修订； （2）参与税务人员的选聘； （3）组织安排税务师事务所对集团母公司各单位税务审计； （4）按照领导安排进行税收专项审计和检查，如发票检查； （5）集团对权属单位年度财务检查中的税务检查； （6）针对母公司及权属单位税收事项的税收筹划方案的研究、拟订； （7）参与集团范围内重大资产运作，并给出税收意见和建议； （8）各级税务机关关系的协调和维护； （9）各类涉税中介机构的选聘和管理； （10）每年配合税务师事务所对集团母公司各单位进行税务审计； （11）针对母公司及权属单位税收事项税收筹划的拟订； （12）参与集团范围内重大资产运作，并给出税收意见和建议

3. 税务会计人员现状

该集团税务管理岗位分工明确，人选的选聘要求也各不相同。税务主办要求学历为本科、工作3年，年薪10万元左右；税务主管要求学历为本科、工作8年，年薪18万元左右；主管税务副部长要求学历为研究生、工作10年，年薪40万元左右。各岗位的其他任职资格对比如表5所示。

表5 税务会计职位能力要求对比

项目	税务主办	税务主管	税务副部长
学历	本科	本科	本科及以上
专业	财政学、会计学等	会计学、财政学等	会计学等
职称	初级会计师	中级会计师	高级会计师
资格证书	—	注册税务师	注册税务师或注册会计师
从业经验	1年以上	5年以上	10年以上

4. 税务会计人员存在的问题

（1）税务人员的水平差异较大。目前，该集团税务人员的水平差异较大，管理上有一定的难度，工作分配存在一定的偏差。分/子公司的税务会计人员由其自行招聘，总部对分/子公司税务人员的能力把控较差。

（2）税务人员实务风格不同，难以管理。税务管理人员理论知识较丰富，实际操作能力却较差，且不同税务人员对业务的处理方式不同，很难标准化。

（3）兼任现象普遍存在。仍然存在税务人员兼任其他财务工作的现象，税务会计岗位的琐碎工作导致税务人员的工作较烦琐、事务性工作较多。

（二）深圳××控股集团（企业B）

1. 企业基本介绍

深圳××控股集团为"以房地产经纪为龙头、金融和互联网为两翼"的大型企业集团，成立于2006年，总部位于深圳市。截至2020年底，业务范围已拓展至全国150多个城市，拥有6000多家连锁直营网点，有3万余名从业员工，2020年度交易额突破5000亿元，并在该地区市场占有率稳居行业前列。

集团旗下拥有多个优秀运营品牌,业务涵盖二手房买卖、房屋租赁、项目策划、新房代理、人工智能、资产管理、金融服务等领域,获得"中国十大品牌中介机构""全国优秀房地产经纪机构""年度最佳雇主""最值得信任的地产经纪品牌""广东省诚信企业""优秀企业大学"等殊荣。

2. 税务会计需求结构

该集团的税务会计归属于计划财务中心领导。由计划财务中心总经理全面履行财务总监职责,负责所辖各部门协调管理、资源调配、投融资管理、税收筹划等。设立会计部负责企业税务工作。

每名税务专员负责1个或多个子公司的税务工作,根据税务专员的工作年限和经验,给予不同的岗位级别和薪酬等级。税务专员主要负责税收业务的会计处理、税额计算、纳税申报等工作。各税务专员之间会交叉展开工作,互相审核与把关,建立了严格的监管和责任体系。

3. 税务会计人员现状

该集团对税务专员的招聘要求学历本科及以上,财务、会计、税务等相关专业。可以是应届生,1年税务从业经验优先。现有税务专员5人,每人负责1家或多家子公司的税务工作。税务专员学历多为本科,工作1年以上,年薪为8万—10万元。会计部负责人对税务专员进行协调和规范,要求学历为本科,工作8年以上,年薪35万元左右。其他信息见表6。

表6　　　　　　　　深圳××控股集团税务从业人员基本情况

项　目	税务专员	会计部负责人
学历	本科	本科及以上
专业	财政学、会计学等	会计学等
职称	—	高级会计师
资格证书	—	注册税务师或注册会计师
从业经验	1年以上	8年以上

4. 税务会计人员存在的问题

(1) 对税务人才能力要求不一致。各办税人员的从业资格没有硬性要求,比如部分员工有注册税务师、注册会计师或者会计师等资格或职称,一般员工只是鼓励考取证书,没有最低职称及资格要求。

(2) 税务人员沟通能力有待提高。税务人员要和各业务部门进行沟通,解决各类发票审核、报销等问题。但在实际工作过程中,税务人员表现出沟通表达能力较弱的问题,沟通效率较低,不如营销及其他部门员工善于交际。

公司税务管理重于对税法的遵从,轻于和当地税务机关的沟通和协调,当地税务关系维护工作做得较少。

(3) 税务人员税务筹划能力较弱。税务专员在税务筹划方面发挥作用不明显,而对业务涉及的每个税种、整体税负状况了解较多,应该加强和发挥其作用,提出初步税收筹划建议,以供进一步研讨。

(4) 知识更新不及时。财务培训及学习机制健全,有培训、有测试、有考核。税务法律更新较快,存在知识更新不及时的共性问题,尤其是全国各城市子公司当地的税收政策,应及时学习。

(三) 典型企业税务会计人员需求总结

通过对典型企业 A、B 的研究分析,针对企业税务会计人员需求方面可以得出以下结论:

1. 税务会计人员需求特点

企业为了更好地对接税务机关,强化企业的税务管理能力,通常会配备专业的税务专员。大型企业税务会计人员的学历要求一般在本科以上,会计学、财政学等专业最佳,同时对初级会计师、税务师等相关资质的认可程度较高。

2. 税务会计人员能力评价

企业对税务会计从业人员的评价维度也较为宽泛,各类职称、学历、工作年限、资格证书也都会有不同程度的要求。同时,各企业也多鼓励税务会计人员积极参加职业资格考试,完善自身的税务知识架构,拓展自身的综合能力。

3. 税务会计能力需求方向

税务会计人员的能力尚需提高,特别是在沟通能力上,和业务部门良好的沟通能较大幅度地提高企业的管理能力，提高企业的税务管理水平。越是高端税务管理岗位，其沟通管理能力要求越高。

在新时期、新形势下强化企业依法纳税，维护企业合法权益，规避企业税务风险，提高企业税务管理水平，增强企业涉税处理和应变能力，税务会计能起到重要作用。税收筹划、税收风险管理的能力需求旺盛，尤其是大型国有企业，合规性要求更加迫切。

复合型人才受欢迎。未来税务会计对从业人员的能力需求方向主要是专业能力强，能完成日常经营中的税务申报、划分等工作；沟通能力强，能和工商部门、税务部门等协调沟通；原则性强，具有良好的职业操守；数据分析能力强，能定期出具企业税务报告，供管理人员参考；学习能力强，具有较高的可塑性，能培养成复合型人才。

五、未来税务会计人员的机遇与挑战

（一）税务会计人才政策变化趋势

《中共中央关于制定国民经济和社会发展第十四个五年规划和二〇三五年远景目标的建议》（以下简称《建议》）对"十四五"时期中国的税收工作具有重要的指导意义。《建议》指出，将完善现代税收制度，健全地方税、直接税体系，优化税制结构，适当提高直接税比重，深化税收征管制度改革。"十四五"时期，现代税收制度建设的任务应集中在制度的完善上。

征管体制的改革和税务信息化带来新的人才需求。税务征管理念转变为"无事不打扰、违法必追究、全过程监控"，需要税务人员具备税务全局规划能力和主动独立解决问题的能力。结合当前信息化发展趋势，税务征管系统日新月异，无纸化、电子化全面推开，税务信息化、数字化、智能化也将会深入发展，并对税务领域产生深刻影响。

伴随着国家对会计制度和税收制度进行大范围改革，两者之间的差距越来越大，既"懂财"又"懂税"的复合型会计人正在成为稀缺人才，复合型、专业化成为人才发展趋势。

行业特征决定了税务人才需求的特殊性，税务细分领域专业人才需求旺盛。比如房地产业需要对企业所得税、土地增值税清算有专长和实践经验的人，外贸行业需要对消费税、出口退税等有特长的人，科技型公司需要对研发费用加计扣除有深入研究的人员。所以税务从业因各行业特征不同，也产生不同程度的分化。

（二）税务会计人员的未来机遇

"十四五"时期的税制改革将为税务会计行业带来更多的变化。首先，全国税务系统的深入推广将对整个行业的工作模式进行改革，税务会计将逐步实现线上管理，不再会面临管理混乱、效率不高等特点，有利于整个行业的发展。其次，税制结构的变化会带来新的业务变化，业务量将会有一定幅度的增长。政策的支持和业务量的爆发式增长，使税务岗位需求水涨船高。

各行业要求合规性管理的大环境也会给予企业更多的压力，精细化管理带动税务会计专业发展。多数企业因为潜在税务风险折戟IPO，企业更需要实时跟进税收政策，科学优化税务管理部门，培养想干事、能干事的专业人才。这对多数税务会计人员来讲，无论是提升待遇，还是提升职业发展，都是机遇。

网络、视频、新媒体的兴起，给税务会计人员的就业从业带来新的机遇。一方面可以通过新媒介学习更多实务案例、知识，丰富自己；另一方面可以通过抖音、微信等媒介输出自身所学，成为网络达人、业内翘楚。职业素养高、专业能力强的税务会计人员，应该把握市场机会、时代机遇。

（三）税务会计人员的未来挑战

1. 企业治理结构不完善对税务行为规范的挑战

目前，仍有较多的企业内部治理结构不完善，合规管理体系尚未完全建立，缺乏有效的内部制约机制，导致企业由"内部人"控制，"人治"色彩较重，部分人对企业的经营有较大的影响力，企业的税务相关工作很难有效规范化开展。

另外，偷漏税、少缴或不缴税的机会主义倾向依然存在，这是企业作为理性经济人的特性决定的，也是引致企业税务风险的理论原因之一。因此，在这种税收利益冲动下，企业税务会计人员工作、思维难免受到影响。

2. 从业人员爆发式增长也对税务人员管理水平提出新的挑战

当前市场环境下,企业面临更大的竞争压力,经营管理、财务效益、降本增效等挑战性工作持续开展,对企业税务人员的能力要求有较大的挑战,需要税务会计人员发挥更高的专业和管理水平。

近年来,税务从业人员集中爆发式增长,所谓"内卷化"的特征在各行各业都有表现,力争上游是追求美好生活的愿望和途径,必须努力奔跑,否则就可能被淘汰。

3. 税收征管与反避税措施力度的加大对税务从业人员的挑战

2021年3月,中共中央办公厅、国务院办公厅印发《关于进一步深化税收征管改革的意见》,将深入推进税务领域"放管服"改革,建立健全以"信用+风险"为基础的新型监管机制,推动从"以票管税"向"以数治税"分类精准监管转变,既以最严格的标准防范逃避税,又避免影响企业正常生产经营,实现对市场主体干扰最小化,监管效能最大化。因此,税务会计人员如何适应新的征管形势,税收筹划方案的有效性能否确定,税收粗放式管理能否适应税务稽查的要求等问题,对于税务从业人员是新的挑战。

六、未来税务会计人员的职业转型分析

(一)未来税务会计人员转型方向

1. 向内部成本控制人员转型

实务中,企业业务决定税务,财权服从事权;反过来,内部成本控制是税务会计人员的转型方向之一。一方面,税务会计人员通过内部成本控制对企业的各项生产经营业务进行管理,控制各流程的成本,节省各项非必要支出;另一方面,税务会计人员对企业各项成本数据进行挖掘和分析,之后做出合理的税务安排,可以作为企业税收筹划的前置工作。

2. 向风险管理型人才转型

风险是指决策面临的一种不确定性状态,即能够事先知道事件最终呈现的可能状态，其发生与否具有一定的概率分布。积极准确地预测风险的发生概率并及时防控，从某种意义上讲，也是一种辩证的预期收益。

早在2012年，国家税务总局就启动了全流程税收风险管理工作，探索完善风险管理工作流程，进一步创新了专业化的税收风险管理方式。目前大部分企业缺乏系统化和制度化的税务风险防控机制，基本上是被动的、应急的和临时的。许多企业基本上是以"亡羊补牢"的方式应对层出不穷的税务风险。即便是有税务风险防控意识的企业，也基本上处于"各自为政"的状态。近年来，反避税逐步加强，税收法定继续前行，业财融合创新发展，财税信息化日新月异，可以说企业税收风险管理也同样进入了新时代。

税务会计人员转型为企业的风险管理者，有良好的基础和优势。税务会计可以以建立税务风险防控体系为突破口，同时对企业自身在战略管理、财务制度、风险防控、信息处理等方面的风险管理要素进行优化升级，进一步促进企业的整体发展战略和经营利润提升，避免企业的信誉和形象受损，为企业全面风险管理做出典范。

3. 向高端财务复合型人才转型

财务和税务虽然呈现出分离的趋势，但由于两者之间具有一定的协同性，在日常工作中，沟通和协调较频繁，且两者是会计领域的分支，所运用的会计思维具有较大的相似性，因此，税务人员向高端财务复合型人才转型具备较大的优势。

在转型过程中，税务人员需提高专业分析能力，完善自身的财务知识体系，整体分析企业的财务状况、利润水平及发展能力，同时针对企业重大战略重组、资产划转、股权收购等重大问题，提供完善且可行的财务、税务解决方案。

4. 向其他涉税领域转型

企业税务会计人员的优势是对税收法律法规熟悉，对税收征纳实务工作熟悉，可以转型到其他涉税的行业或业务工作。

可以转型为大型数据供应商或涉税三方服务企业的产品经理。税收信息化、数字化、智能化的发展为第三方涉税机构带来了巨大的发展空间。税务会计可以结合自身实际，找准定位，在纳税大数据时代发挥作用。

可以转型做律师事务所的律师或助理律师。税务会计应结合自身优势对各类涉税案件进行梳理分析，在税收司法领域为纳税人解决涉税问题。

可以转型为税务师事务所或会计师事务所的审计人员。税务会计对企业的涉税工作比较熟悉，加之扎实的税收相关知识，必定能成为出色的税务师，为企业税收筹划、税收审计等提供服务。

可以转型做涉税培训师。培训是输出的过程，税务会计有了实务经验和理论经验后，可以在资格证考试培训、企业业务内训、公开课演讲等方面，做一个优秀的培训师。

可以著书立作，成为一个税务专家、作家。书籍是人类进步的阶梯，是知识更新传递的桥梁，税务会计可以把自己的知识、经验加以总结归纳，写出更多的作品，影响其他税务从业人员。

（二）未来税务会计人员转型存在的问题

1. 转变思维有难度

税务会计工作区别于其他工作的重要特点就是税法遵从性，就是要依照税法办事，但这往往成了税务会计的一个劣势，就是过于注重对合规合法程序的分析，缺少对新业务、新情况多角度的思维能力和实践能力。

另外，随着税务会计人员工作经验的不断积累，税务会计人员建立了固有的思维方式，有找熟人办事、路径依赖的习惯。这在一定程度上限制了税务人员的创造性思维能力。在转型过程中，税务会计人员也往往缺乏灵活性，总是先说不合法不合规不可行，而不是说怎么合法、怎样才能行。

2. 知识更新和部门融合有难度

税务会计人员需不断地学习国家相关政策和新的会计准则，否则就会影响日常工作。税务工作是一个不断学习的过程，需不断优化知识结构，相关人员的压力较大。

税务日常工作仅靠税务和财务部门自身是无法完成的，需要和销售部门、采购部门、技术支持部门等进行沟通和协调，才能确定各项业务的性质，合理划分业务类型，确定所计入的会计科目，进行各项税务的登记。但在实际工作中，较多的税务会计人员和其他部门沟通不积极，仅限于在本部门埋头苦干，对企业的各类业务并不熟悉。

3. 财务共享趋势下的转变与适应需要过程

财务共享中心最大限度地整合公司资源，已成为"互联网+"和大数据时代财务管理发展的大趋势。随着核算标准、工作量大、重复度高、低附加值的核算业务剥离到财务共享中心后，财务职能由交易处理向决策支持转变，由财务管控向创造价值转变，财务共享服务有效支持了财务职能转变。

税务会计作为企业财税管理的重要一环，势必要适应新的形势和局面。从财税核算人员转变为企业管理的"主动参与者""价值创造者"，对税务会计人员既是挑战，也是机遇。税务会计人员必须重新树立职业目标与标准，尽快培养和适应全新的理念、素质与能力，避免被淘汰的职业风险。

（三）未来税务会计人员转型对策

1. 转变思维，适应共享理念

在税务会计人员转型过程中，要树立正确的税务管理理念，充分调研市场需求，了解企业的需求点。在税务会计人员从业过程中，由于税务工作烦琐，政策约束力较强，税务会计人员已形成了固有的思维模式，但这显然不符合企业未来发展对员工的要求。

税务会计人员需在本职工作中跳出税务去管控税务，适应和实践共享理念，运用创新思维，将税务信息与企业管理相结合，为企业创造更高的价值。税务会计人员应当培养全局观，结合全局来思考问题，解决从业过程中面临的难题。

2. 完善知识结构，明确职业规划

随着中国特色社会主义税收法治体系的不断建立和完善，各项涉税改革和立法都在不断深化发展，持续学习和知识更新将是税务会计从业生涯过程中的主旋律。除学本专业外，还应学会计、学沟通、学管理、学科技信息等，持续完善知识结构，综合提升自身从业素质。

每一个税务会计人员都应该有成为企业税务总监的理想，把个人努力和企业发展紧密结合起来，做好职业规划，并为之不断付出努力。不管是提升学历，还是考取职称，付出和收获大多数是成正比的。

3. 加强沟通协作，强化业务融合

沟通协作能力是对税务从业人员的要求，也是业务本身需要。税务会计人员除了日常的税务管理工作之外，还要培养自身的沟通能力，通过和业务人员深入分享、交流来了解业务、管控各种涉税业务风险、提倡和践行业财税一体化理念，为未来的转型发展打下坚实的基础。

七、未来税务会计人员职业转型与发展建议

（一）企业多重视和支持税务会计人才的培养

国家税务总局对税收征管系统建设力度不断加大，"金税三期"工程全面实施，对企业的传统税收管理模式产生了巨大的冲击，企业的税务会计工作要面对的挑战也与日俱增，这就要求企业必须重视税务会计信息化管理系统建设，多方面支持税务会计人员就业从业，提高企业自身税务管理工作的水平和质量。

在新时代下，税务会计行业对高端人才的需求较大，人才将发挥重要作用。企业平台可作为孵化器，为税务会计人员的发展提供更大更多的舞台，着力促进税务会计人员向复合型税务人才方向转型，不断培养其全局思维、战略思维和业务综合管理能力，在成就税务从业人员个人发展的同时，也促进企业的持续稳健发展。

（二）税务会计人员抓住机遇，拥抱变化

税务机关正在积极推动"互联网+税务"工程，打造全方位、全流程、全覆盖的智能税务生态系统。通过智能税务生态系统，能减少办税时间，提高纳税服务质量，使得税务工作简洁化、智能化。

税务会计人员应抓住机遇，积极拥抱和适应多样化、智能化的税务工作。日常工作中应顺应"互联网+税务"的发展趋势，熟练掌握线上和线下融合的税务运行模式，适应更加全面、操作更加简便、个性化、智能化的税务平台。另外，税务会计人员应风物长宜放眼量，积极促进自身转型发展，以企

业平台为依托，推动我国某一税务体系的建立和完善，为国家整体税收制度改革作出贡献。

（三）社会其他机构积极保障和促进税务会计的转型

在一个较长的时期内，企业会计与税务会计适度分离将是财务会计未来发展的主要趋势。建议各级税务机关和协会组织为税务会计正常就业提供更多政策支持和权益保障，进一步加大高端或领军税务人才培养的规模和力度，建立准入门槛和淘汰机制，试行履职失信黑名单制度，从外部促进税务会计人员的转型和发展。

附录
APPENDIX

中国税务教育大事记（2019—2020 年）

2019 年

2019 年 1 月 3 日，西南财经大学财税学院与成都市温江区税务局共同主办个人所得税法校园知识竞赛。

2019 年 1 月 5 日，按照学位办〔2018〕16 号通知要求，全国税务专业学位研究生教育指导委员会（以下简称"教指委"）受国务院学位委员会办公室委托，编写税务专业学位《研究生核心课程指南》。为保证《研究生核心课程指南》的编写质量，全国税务教指委在厦门大学召开核心课程建设研讨会。

2019 年 1 月 10 日，国家税务总局党校举行 2018 年秋季学期毕业典礼。总局党委委员、副局长王陆进出席毕业典礼并讲话，他寄语全体学员带着党校丰硕的学习成果，奔赴税收改革前线勇立新功，热情拥抱新时代新税务的美好春天。

2019 年 2 月 27 日，国家税务总局 100 个直联点办税服务厅主任培训班在总局税务干部学院长沙校区开班。

2019 年 3 月 4 日，国家税务总局雅安市税务局国地税业务融合培训班在长沙税务干部学院举行开班入学教育，来自雅安市税务局的 60 名业务骨干进行了为期 13 天的专门业务培训。

2019 年 3 月 5 日，2019 年全国税务系统教育培训科研专项调研会议在国家税务总局税务干部学院长沙校区举行。

2019 年 3 月 31 日，"减税降费进高校 人人争做宣传员"——新疆税务系统第 28 个全国税收宣传月系列活动在新疆财经大学举行。

2019 年 3 月，为贯彻落实全国税务工作会议和税务系统全面从严治党工作会议精神，扎实做好2019年税务系统干部教育培训工作，国家税务总局印发了《2019年税务干部教育培训重点工作任务》。2019年税务干部教育培训工作总体要求是：以习近平新时代中国特色社会主义思想为指导，以建设高素质专业化税务干部队伍为目标，以《2018—2022年全国税务系统干部教育培训规划》为遵循，坚持和加强党对干部教育培训工作的全面领导，将学习贯彻习近平新时代中国特色社会主义思想作为教育培训的重中之重，坚决落实好学习贯彻习近平总书记关于税收工作重要论述的教育培训任务，突出党的理论教育和党性教育，扎实开展领导干部培训、税收专业化培训、领军人才培养、练兵比武活动、网络大学建设、培训保障体系建设等重点工作，为高质量推进新时代税收现代化提供有力保证，以优异成绩庆祝中华人民共和国成立70周年。

2019年4月3日，兰州财经大学2018级卓越税收人才实验班启动，共招收36名同学。

2019年4月10日，东北财经大学第十六届税法宣传月启动仪式暨税务大讲堂活动在校友之家举行。

2019年4月11日，为推进社区税法普及教育工作，北京哲学社会科学国家税收法律研究基地（首都经贸大学）与石家庄社区大学、中央统战部建言献策专家财金组、石家庄市鹿泉区税务局联合启动了第28个税收宣传月启动仪式，2019年税收宣传月的主题是"落实减税降费，促进经济高质量发展"。第十一届、第十二届全国人大常委、财经委副主任、基地首席专家郝如玉等出席启动仪式，石家庄社区大学副校长王文宝主持启动仪式。

2019年4月22日，中国注册税务师协会在首都经济贸易大学举办了中国税务师行业人才发展论坛暨2019年税务师职业资格考试报名启动仪式。

2019年4月23日，适逢税法宣传月和世界读书日，中国社会科学院大学税务硕士教育中心应邀到北京理工大学附属实验学校开展主题为"税法入童心"税法宣传活动。中国社会科学院研究生院公共政策与管理学院副院长、税务硕士教育中心执行副主任李为人为北京理工大学附属实验学校赠送其参与编写的《青少年税法知识读本系列丛书》，并鼓励同学们了解税法，学习税法，养成读书的好习惯。4名税务硕士研究生为同学们深入浅出地讲解了我国的税法。

2019年4月，"一带一路"税务学院·扬州挂牌，与北京、澳门、哈萨克斯坦的"一带一路"税务学院共同为"一带一路"各国各地区税务人员提供培训和能力建设项目,推进国际税收合作向更广范围、更高层次迈进。

2019年4月22日,中国注册税务师协会在首都经济贸易大学举办了中国税务师行业人才发展论坛暨2019年税务师职业资格考试报名启动仪式。国家税务总局纳服司调研员李敏,中税协副会长兼秘书长李林军,中税协副会长权芳楼,北京市税协会长姜信,全美在线(北京)教育科技股份有限公司总裁丁建民,首都经贸大学财政税务学院院长、党委书记李红霞,国家税收法律研究基地副主任丁芸教授等出席会议。部分税务师事务所及首都经济贸易大学师生约200多人参加了论坛。

2019年5月12日,四川大学经济学院王强副教授带领的两支学生团队在四川省教育厅主办、西南财经大学财税学院承办的2019年四川省大学生财税实务技能大赛决赛中表现突出,其中四川大学一队荣获唯一的一项一等奖,四川大学二队荣获二等奖。

2019年5月17日,西南政法大学商学院成功举办了第二届"大信谛威杯"财税法审职业能力大赛暨"财-税-法-审职业能力(2019)"训赛营。

2019年5月19日上午,"高质量推进新时代税法宣传新征程暨《社区税法知识读本》《青少年税法知识读本系列丛书(第二版)》研讨会"在中央财经大学学术会堂206报告厅召开。大会由中国税收教育研究会和中国法学会财税法学研究会主办,国家税收法律研究基地和中央财经大学税收教育研究所协办。国家税收法律研究基地是首都经济贸易大学与国家税务总局科研所、国家法官学院合作建立的研究机构。《社区税法知识读本》和《青少年税法知识读本系列丛书》是由国家税收法律研究基地和中央财经大学税收教育研究所共同编写的普法教材。《社区税法知识读本》是由国家税收法律研究基地首席专家郝如玉教授提议并参编的。国家税收法律研究基地副主任丁芸参加会议并主持会议总结环节。

2019年5月26日,"全球格局下的大国税改暨《大国税改》新书研讨会"在北京举行,论坛由华夏新供给经济学研究院、中国新供给经济学50人论坛、中信出版集团和首都经济贸易大学联合主办,经济观察报、证券日报、经济日报、人民网、搜狐财经和光明网等媒体协办。会议第一阶段为《大国税改》一书的新书发布会,由首都经济贸易大学党委书记冯培教授和中信出版社总编辑乔卫兵分别致辞。会议第二阶段为全球格局下的大国税改研讨会,中国人民大学财税研究所所长、首都经济贸易大学讲座教授郭庆旺教授、中国新供给经济学50人论坛成员冯俏彬研究员、中国民生银行研究院院长黄剑辉、中国新供给经济学50人论坛副秘书长金海年等学者，就中国税制改革的关键性问题、中美税制差别与借鉴、税制现代化与国家治理等主题发表演讲。

2019年6月6日，"高质量开启新时代大数据融合税务教育新征程暨《中国税务教育发展报告（2019—2020年）》编写大纲研讨会"在贵州财经大学召开。

2019年6月13日，河南财政税务学院与中汇开来（河南）税务师事务所共建实践教学基地协议签约暨授牌仪式在郑州举行。

2019年6月21日，由中国社会科学院大学公共政策与管理学院主办、由中国社会科学院大学（研究生院）公共政策与管理学院税务硕士教育中心、税收政策与治理研究中心共同承办的"减税降费背景下的税收与经济社会发展"主题论坛在京成功举办。朱青、刘桓、倪红日、贾绍华、刘佐、焦瑞进、付广军、邓远军等十余位来自国内财税界的嘉宾与百余位师生一起，围绕"减税降费背景下的税收与经济社会发展"主题展开了热烈的讨论。中国社会科学院大学王新清副校长向中国社会科学院大学税收政策与治理研究中心新聘任的特约研究员们颁发聘书。论坛由中国社会科学院大学公共政策与管理学院副院长、税收政策与治理研究中心执行主任李为人主持。

2019年6月，吉林财经大学税收学被评为吉林省一流专业。

2019年7月2日，兰州财经大学财税与公共管理学院与国家税务总局兰州高新区税务局联建大学生实习实训基地签约及挂牌仪式顺利举行。

2019年7月11日，兰州财经大学财税与公共管理学院与甘肃省注册税务师协会、税务师事务所联建的大学生实习实训基地三方签约及挂牌仪式顺利举行。

2019年7月16日，西南财经大学"税梦起航"项目启动仪式在深圳市税务局举行。8月16日，"税梦起航"项目暑期实习成果展示会在深圳市税务局智税实验室举行。

2019年7月18日，由全国税务专业学位研究生教育指导委员会主办、复旦大学经济学院承办的全国税务硕士专业学位培养单位2019年度工作会议在上海召开。会上公布了第三届全国税务专硕优秀学位论文获奖情况，中国社会科学院大学2018届税务硕士陈卓恒同学在刘颖教授指导下撰写的题为《缩小居民贫富差距的直接税体系研究——基于收入与财产双向互动关系视角》的毕业论文荣获一等奖。

2019年7月22日,国家税务总局税务干部进修学院与厦门国家会计学院成功举办交流座谈会。

2019年8月,全国税务系统"岗位大练兵、业务大比武"活动网络竞赛顺利开赛。本次竞赛分为综合检测环节和专业提升环节,报名人数创下税务系统最高纪录,达到663700多人,同时在线答题人数峰值为32100多人,成功交卷229110人次。这是为持续推进"人才强税"战略,根据素质提升"115"工程总体部署和《2018—2022年全国税务系统干部教育培训规划》有关要求,由国家税务总局教育中心主办,总局干部学院承办,依托中国税务网络大学进行的一次超大规模的在线竞赛。

2019年9月7日,"中国税务学会中青年税收研究会成立暨学术研讨会"在中央财经大学召开。

2019年9月8日,由上海国家会计学院、广东省注册会计师协会联合主办,广东省注册税务师协会、海华税务师事务所、海闻科技有限公司共同协办的财经讲堂广州站"近期税制改革与热点政策解析"活动在广州市粤财大厦成功举办。

2019年9月16日,北京市税务局企业所得税业务培训班在北京国家会计学院举行开班式。

2019年10月16日,北京工商大学财政系与北京中烨泽瑞税务师事务所共同举办"财政税务学科实习基地签约仪式暨论文颁奖大会"。

2019年10月19日,首都经贸大学财政税务学院主办,《财政研究》《税务研究》《经济与管理研究》编辑部协办的"新时代财政理论创新与学科建设研讨会"在北京召开。来自北京大学、中国人民大学、南开大学、中央财经大学、中国社会科学院、中国财政科学研究院、国家税务总局税收科学研究所等20余所高校、科研单位及媒体界的50多位代表参加了本次会议。

2019年10月至11月,兰州财经大学财税与公共管理学院举办"华为杯税收知识竞赛"初赛和决赛,100余名本科生参加了此次比赛。

2019年11月2日,安徽大学经济学院的财政、税收专业的两支参赛队伍在2019年第四届安徽省大学生财税技能大赛中均获一等奖。

2019年11月20日下午,国际税收领域知名专家、中国国际税收研究会会长、国家税务总局原副局长张志勇应邀为中国社会科学院大学2019级税务硕士作题为"国际税收规则演化和多边合作机制"的讲座。讲座主要从以下四个方面展开：BEPS行动计划与数字经济、传统规则及变革、规则共识基础上的多边征管合作、"一带一路"税收征管合作机制。讲座由中国社会科学院大学公共政策与管理学院副院长、税务硕士教育中心执行副主任李为人主持。

2019年11月23日，中国税收教育研究会2019年年会暨第13届学术研讨会在广西财经学院召开。来自财税部门的领导、财经院校的专家学者等160余名嘉宾参加了会议，与会人员围绕税收教育的"人才培养、专业建设、教学改革、理论政策"四个板块以及"税收专业培养目标、税收专业课程体系设置、本科毕业论文质量及规范、税收专业建设对标管理、税收教学方法创新、税收MOOC建设、精品课程教学改革、实践教学改革、新时代税收职能定位研究、中国减税目标实现方式研究、税制改革研究"11个议题，展开了热烈、友好的讨论，取得了丰硕的成果。开幕式由广西财经学院总会计师韦增忠主持。广西财经学院党委书记韦春北教授、国家税务总局广西壮族自治区税务局党委书记汤志水先生、国家税务总局原副局长郝昭成先生先后致辞。开幕式后，中国税收教育研究会随即举行《中国税收教育大事记（1949—2018年）》《中国税务教育发展报告（2017—2018年）》的新闻发布会。发布会由中央财经大学税收教育研究所所长贾绍华教授主持，国家税务总局原副局长郝昭成、中国税收教育研究会会长李俊生、中国税收教育研究会副会长汤贡亮教授、首都经贸大学丁芸教授、西北大学王鸿貌教授、中国社会科学院大学李为人教授分别从新形势下，税收教育如何贯彻落实党的十九届四中全会精神，适应新时代社会发展的要求，如何提升税收教育的质量和水平、加强对青少年和社区居民的税法宣传教育，以便更好地体现税收教育在国家治理中的重要性等方面作了详细解答，并就税收教育改革与发展面临的机遇与挑战和中国税收教育发展70年特点、取得的重要成果等回答了记者提问。大会主题演讲环节由中国税收教育研究会副会长、江西财经大学匡小平教授和暨南大学沈肇章教授主持。中央财经大学樊勇教授、复旦大学杜莉教授、广西财经学院李静敏教授和贵州财经大学杨杨教授，分别从完善税务专业学位水平评估指标体系、税务专硕教材建设、校企合作与科教融合、构建我国基于主权区块链的税收作用体系等方面作了主旨演讲。当日下午，大会分三个小组分别就《中国税收教育大事记（1949—2018年）》《中国税务教育发展报告（2017—2018年）》、税收专业教育方法与改革、税收基础理论与当前税制改革热点等进行了专题讨论与交流。会议闭幕式由中国税收教育研究会副会长兼秘书长、中央财经大学杨志清教授与吉林财经大学张松教授主持，三个专题研讨小组的代表进行了交流发言。中国税收教育研究会副会长、中央财经大学汤贡亮教授作会议总结，提出税收教育影响税收思想，税收思想影响税制改革，财税改革意义深远，税收教育责任重大，并寄希望于全体税收教育战线学者，为中国税收改革、教育发展不懈努力。广西财经学院财政与公共管理学院院长蒙强教授代表本次大会承办方致闭幕词。

2019年11月，吉林财经大学率先在全国成立第一家区块链税收治理研究中心，成立一年以来，先后在"区块链+税务""区块链+信用""区块链+农业"等领域发表论文、决策咨询报告多篇，并承接了吉林省发改委"十四五"规划重大课题。

2019年12月7日，国家税务总局组织开展2019年度数字人事业务能力升级和领导胜任力测试（以下简称"两测"）。此次"两测"共设36个考区、131个考点。参测单位包括税务总局机关各司局、各省（区市）税务局和总局驻各地特派员办事处，共有5.9万多人次参加测试。2019年税务系统全面推行数字人事，是总局党委进一步贯彻落实党中央有关完善干部考核评价机制、加强税务干部队伍建设的重要举措。"两测"是实现数字人事制度中业务能力和领导胜任力量化指标的有效途径，激发了广大税务干部钻研业务、干事创业的积极性。

2019年12月7日，内蒙古财经大学代表队在"第二届华北地区高校财税知识竞赛"中获二等奖。

2019年12月8日，"掣帆税海，登峰道山"第三届首都高校税务案例大赛在中国人民大学明德楼顺利闭幕，对外经济贸易大学两支代表队分别获得一等奖和二等奖。

2019年12月8日，厦门大学经济学院、王亚南经济研究院和厦门大学法学院在厦门大学经济楼共同主办了"税收治理现代化与增值税立法研究"专题研讨会，邀请了来自财政部门、税务部门、司法部门、企业、高校的代表以及律师事务所、会计师事务所等中介机构的代表近30人参与研讨。

2019年12月22日，上海财经大学举办了"增值税法/消费税法/个人所得税汇算清缴办法（征求意见稿）"研讨会，来自校内外专家代表参与了研讨。

2019 年，西南政法大学首次招收税务硕士学生，录取学生 44 人。

2019 年，江西财经大学大力推进一流本科专业建设，在财政学获得国家一流本科专业建设点的基础上，税收学申报 2020 年国家一流本科专业建设点。

2019 年，西南财经大学税收学本科获得教育部一流专业建设点。

2019 年，云南财经大学税收学专业入选 2019 年省级一流本科专业建设点。

2019 年，江西财经大学税收学专业入选省级一流本科专业建设点。

2019 年，贵州财经大学税收学专业入选贵州省一流本科专业建设点。

2019 年，中国人民大学经济学教材研究基地成功入选教育部首批国家教材建设重点研究基地。陈共编写的《财政学》、朱青编写的《国际税收》荣获特等奖，岳树民编写的《中国税制》荣获二等奖。

2019 年，南京财经大学参加"德勤税务精英挑战赛"，以位列前六的成绩获得本次比赛的"卓越奖"。

2019 年厦门国家会计学院邓力平教授的英文论文刊发在首届"一带一路"税收征管合作论坛专刊。

2019 年，上海海关学院研究生处组织校内 5 个优质研究生教学师资骨干团队奔赴兰州、哈尔滨、南宁、乌鲁木齐、大铲 5 个海关，开展上海海关学院一流税务硕士研究生项目边关送教上门工作。

2020 年

2020 年 4 月，国家税务总局印发《全国税务系统脱产培训项目操作指引》，为教育培训管理者和相关人员在提升全国税务系统脱产培训项目组织实施的规范化和科学化方面提供指导和参考，进一步提高培训管理工作的质效。本指引对教育培训主管部门、项目主办部门、项目承办机构和学员选派单位的工作任务和要求作了基本界定，内容紧扣项目主办部门培训项目计划和经费预算等基本要素获得批准（立项）后项目的组织实施和相关管理工作。本指引按照业务流程和工作事项将培训项目分为项目策划、需求调研、项目实施、项目评估和经费报销 5 部分，并提供了常用模板、表单、工具和模型。

2020 年 4 月 15 日，首都经贸大学财税学院税收宣传月开幕式暨朱青教授讲座以特殊的网络直播形式举行。科研处处长姚东旭、财政税务学院院长李红霞、党委书记刘学伟出席了开幕式。开幕式由财政税务学院党委副书记刘玉梅主持。参加开幕式的还有财政税务学院税收系、财政系部分教师，学院专职辅导员以及财税学院本科及研究生同学们。

2020 年 4 月 23 日，浙江大学与国家税务总局宁波市税务局举行税务专业学位研究生教育实践基地的共建交流会议和授牌仪式。

2020 年 4 月 25 日，由中国社会科学院大学公共政策与管理学院税务硕士教育中心、税收政策与治理研究中心主办，中国社会科学院大学科研处协办的"笃学税务，尚行社科——国家治理现代化视角下的税收理论与实践"线上学术论坛以腾讯会议和哔哩哔哩直播形式圆满举行。论坛分为三个板块，分别是：推进税收立法，完善治理体系；加快税制改革，助力疫情防控；提升税收征管，优化营商环境。论坛筹备期间征集到来自国内十余所高校百余名研究生的论文，论坛评审专家对征文进行了认真评审和严格遴选，确定了中国社会科学院大学、中央财经大学、吉林大学、中国财政科学研究院、首都经济贸易大学、北京工商大学等高校的 14 名硕士和博士研究生围绕其论文作论坛交流。李为人、贾绍华、蔡昌、郝琳琳、曹静韬、韩莉、孙晓等嘉宾老师们结合三个板块的研讨议题，就 14 位同学的论文和报告进行现场点评、提问与指导。

2020 年 4 月 26 日，山东大学经济学院承办了由财政部财政学类专业教学指导委员会主办的财政学类专业骨干课程教学分享会"基于学生能力培养的财政学类课程建设与改革",以李齐云教授为负责人的教学团队的 5 位教授(李齐云、陈东、李华、李一花、汤玉刚)分别从不同侧面介绍了人才培养中的经验和对人才培养的思考。

2020 年 5 月,按照"学习日常化、工作学习化、测试随时化、成果累计化、应用挂钩化"工作要求,国家税务总局组织建设了学习兴税平台(税务干部 V1.0 版),在辽宁、上海、江苏省市税务系统顺利完成功能试点并在国家税务总局机关正式上线运行的基础上,在全国税务系统推广使用。学习兴税平台已经完成全国税务系统机构及人员数据初始化工作。各省税务局教育培训主管部门负责建立省、市、县三级学习兴税平台管理员体系,负责组织安装、运营、使用工作,结合本地实际,充分发挥学习兴税平台在干部教育培训特别是网络培训中的优势作用,自主组织开展学习资源建设、网络培训实施、直播课堂授课、在线测评考试等网络培训活动。

2020 年 6 月 13 日,由中国社会科学院大学公共政策与管理学院税务硕士教育中心主办的第一届税务案例大赛以腾讯会议的形式圆满举行。案例大赛分为两大板块:专家讲授板块和学生展示板块。大赛筹备期间征集到来自国内多位税务专家学者的实务案例和数十名研究生的税务案例,大赛评审专家对案例进行了认真评选,确定了 5 篇优秀导师案例和 7 篇优秀学生案例进行展示交流。邓远军、高金平、王彦珍、谭伟、佟毅 5 位专家学者展示了在实务工作和教学工作中遇到的代表性税务案例,何杨、张春平、何辉、李为人 4 位评委老师就 7 篇优秀学生案例展示进行点评和指导。

2020 年 6 月,国家税务总局税务干部学院(中共国家税务总局党校)举行挂牌仪式。根据中央编办《关于税务系统事业单位机构编制核定有关事宜的批复》(中央编办复字〔2019〕151 号)和国家税务总局党委有关工作要求,整合税务系统干部培训资源,将湖南税务高等专科学校、辽宁税务高等专科学校并入国家税务总局税务干部进修学院,国家税务总局税务干部进修学院(中共国家税务总局党校)更名为国家税务总局税务干部学院(中共国家税务总局党校)。税务干部学院(总局党校)采取"一院三区"的办学模式,主校区在扬州,挂"国家税务总局税务干部学院""中共国家税务总局党校"牌子;长沙、大连为分校区,原湖南税务高等专科学校、原辽宁税务高等专科学校分别挂"国家税务总局税务干部学院(长沙)""国家税务总局税务干部学院（大连）"牌子，同时分别加挂"中共国家税务总局党校（长沙）""中共国家税务总局党校（大连）"牌子。税务干部学院（总局党校）是税务总局直属正厅级公益二类事业单位，具备独立法人资格，接受税务总局党委领导。

2020年上半年，武汉大学财税与法律研究中心开设了两门财税法学课程，分别针对本科生和硕士生。由于新冠肺炎疫情原因，两门课均以线上会议方式开展，采取专题讲授、交流答疑、总结汇报等形式进行授课教学活动。中心在4月份联合厦门大学法学院举办了5场"财税法高级实务系列讲座和模拟法庭活动"。

2020年7月14日，中南财经政法大学举办"国家税务总局湖北省税务局2019年新招录公务员初任培训班"。

2020年7月16日上午，江西财经大学财税学院召开财政学（智慧财税）（跨学科交叉专业）人才培养方案研讨论证。会议围绕财政学（智慧财税）专业方向的人才培养目标、定位、课程体系设置、师资队伍建设等进行研讨交流。

2020年7月20日，浙江财经大学与浙江省注册税务师协会签订战略合作协议。

2020年7月23日，中国社会科学院大学公共管理学院税务硕士教育中心通过腾讯会议形式顺利召开了"税务硕士培养方案修订暨教学培养工作研讨会"。

2020年7月，吉林财经大学在开设了4年国际税收方向实验班的基础上，根据自身专业优势和未来发展需要，向教育部申请开设国际税收新专业，以满足高水平对外开放对高素质税务人才的需求。

2020年8月27日，重庆工商大学经济学院3位同学在国家税务总局主管、中国注册税务师协会主办的2020年度"减税费促发展——第十届全国税法知识竞赛"中获得优胜奖。

2020年9月9日，全国税务（MT）专业学位研究生教育指导委员会公布了第三届全国税务硕士教学案例大赛的获奖名单，中国社会科学院大学税务硕士教育中心实践导师王彦珍撰写的《破产清算涉税实务案例研究——S税务局与J公司破产债权确认纠纷判决案例》和学术导师邓远军撰写的《一种特殊的代理型常设机构认定——以国内首例境内母公司被认定为常设机构为视角》分别荣获一等奖和三等奖。这是继中心实践导师刘兵撰写的案例荣获第二届全国税务硕士教学案例大赛三等奖之后，中国社会科学院大学税务硕士教育中心导师们再创佳绩，标志着中国社会科学院大学税务硕士教育中心在案例教学的组织和实施中取得了阶段性成效。

2020年9月15日，第六批全国税务领军人才学员财经管理专题培训班在上海国家会计学院正式开班。

2020年9月23日，"数字经济与税收治理"学术研讨会在海口举行。天津财经大学财税学院陈旭东教授带领的"税收学专业教学团队"获2020年市级教学团队。

2020年9月28日，上海国家会计学院教师在全国税务专业学位研究生教育指导委员举办的第三届全国MT优秀教学案例大赛中获教学案例奖。

2020年9月29日，中国社会科学院大学2020年开学典礼暨科教融合学院成立大会在北京举行。税务硕士教育中心并入商学院。

2020年9月，为培养一支"政治坚定、素质优良、规模适当、结构合理、专兼结合"的师资队伍，按照《2018—2022年全国税务系统干部教育培训规划》（税总党委发〔2018〕115号）中关于师资培养的有关要求，国家税务总局组织开展全国税务系统"比知识、比技能、比效果、展风采"（以下简称"三比一展"）竞赛活动。据统计，全国共有17133名税务培训师参加知识测试，其中12142名税务培训师成功进入技能初赛。在技能初赛阶段，各省局精心筹划、严密组织，在本省知识测试成绩合格人员中优中选优，共推荐72名税务培训师参加效果决赛；税务总局组织专家对各省局推荐人选的申报资料进行评审后，最终确定56名税务培训师晋级效果决赛。在效果决赛阶段，税务总局抽调系统内部分五星级税务培训师组成评审组，并特邀全国税务专业学位研究生教育指导委员会专家对评审工作进行指导；来自各地的税务培训师认真筹备，积极展示，"三比一展"竞赛活动取得了明显成效。为激励先进，经研究决定，将进入决赛且符合要求的税务培训师纳入税务总局教育培训师资人才库，并对排名前20位的税务培训师分别授予一、二、三等奖，其他36位税务培训师予以通报表扬。

2020年9月，为加强税务系统培训项目质量评估（以下简称"项目评估"）管理，提升培训质效，促进项目评估工作科学化、制度化、规范化，根据《干部教育培训工作条例》和其他有关法律法规，结合税务系统实际情况，国家税务总局制定印发了《税务系统培训项目质量评估管理办法（试行）》。本办法适用于各级税务机关在境内组织的所有脱产培训项目、网络培训项目和混合培训项目。本办法所称项目评估是指培训项目主办部门或教育培训主管部门按照标准和程序，收集处理有关数据信息，对培训项目组织实施情况进行的质量评价。项目评估分为一般评估和重点评估。一般评估是指通过问卷调查及相关数据分析，对培训项目进行的简易评估；重点评估是指对重点培训项目进行的更加全面深入的评估。项目评估由税务机关教育培训主管部门归口管理，主办部门和承办机构各司其职、各负其责。

2020年10月12日，重庆工商大学经济学院汤凤林副教授在2019—2020年第三届全国税务专硕教学案例评选大赛中荣获三等奖。

2020年10月25日，四川大学经济学院王强副教授带领的学生团队四川大学一队，在四川省教育厅主办、西南财经大学财税学院承办的2020年四川省大学生财税实务技能大赛决赛中表现突出，荣获二等奖。

2020年10月29日，山西财经大学财政与公共经济学院财税知识大赛决赛于坞城校区顺利举行。

2020年10月31日，由中央财经大学、《经济研究》杂志社、首都经济贸易大学、国家税务总局税务干部学院联合主办的"新时代税收改革与发展学术研讨会"在国家税务总局税务干部学院顺利召开。

2020年10月31日，由江西财经大学王乔教授领衔、组织团队编撰的《共和国税收征管70年》一书在"2020年税票与财税文化研讨会"上正式发布。

2020年10月，全国税务系统"岗位大练兵、业务大比武"活动比武展示环节圆满结束。国家税务总局党委高度重视人才培养工作，自2016年实施干部素质提升工程以来，各级税务机关持续开展"岗位大练兵、业务大比武"活动，树立了爱岗敬业、勤学精业的正面导向，营造了比学赶超、进取成才的良好氛围，有力激发了广大干部职工的学习热情，练兵比武活动取得预期成效。面对疫情特殊形势，税务系统积极探索抽选与推荐相结合、网络攻防对抗等新方式，充分发挥学习兴税平台新优势，实现优质资源共建共享，促进网络学习日常化，确保了练兵比武各项工作在常态化疫情防控中持续有序推进。各级税务机关合理把握工、学、赛三者关系，多措并举、勇于创新，努力引导干部职工在更好地服务"六稳""六保"大局和构建新发展格局中

"真学、真比、真干",掀起了全员学习的新高潮,为高质量推进新时代税收现代化建设积聚了力量、增添了风采。2020年全国税务系统"岗位大练兵、业务大比武"活动分为岗位练兵竞赛和业务比武展示两个部分。本次比武展示在国家税务总局税务干部学院举办,来自全国各省区市税务部门的252名选手参加了展示。

2020年11月11日下午,山东大学经济学院第四十一期齐鲁税务讲坛举行。德勤北京、德勤山东税务合伙人蒋晓华为经济学院师生带来了题为"税收征管新趋势及企业税务风险管理"的报告。

2020年11月14日,重庆工商大学经济学院教师参加"重庆市法学会财税法学研究会成立大会暨学术研讨会",尚可文教授当选为副会长,经济学院教师白玉博士、杨娟博士当选为理事。

2020年11月15日,北京工商大学财政系应邀首次参加"第四届首都高校税务案例大赛"。

2020年11月15日,"芍才品税,聚惠战疫"第四届首都高校税务案例大赛在对外经济贸易大学举行。中国社会科学院大学由税务专硕研究生和本科生组成两支队伍"流金税月"队和"滴税穿石"队,经过激烈的角逐和评委的认真鉴别,"流金税月"队喜获大赛二等奖,"滴税穿石"队荣获优秀奖。通过参赛,不仅提高了在校学子的税务专业知识水平、案例分析、团队协作和现场展示能力,有利于培养全面发展的税务专业人才,更是充分展示了在科教融合的新战略下、在本硕博一体化培养模式下,中国社会科学院大学师生积极进取、昂扬奋斗、争创"双一流"的蓬勃风采。

2020年11月15日,北京大学在"芍才品税,聚惠战疫"杯第四届首都高校税务案例大赛中派出两队,分别获得大赛二等奖、三等奖的优异成绩。

2020年11月27日,由国家税收法律研究基地和中国税收筹划研究会主办,湖北经济学院与首都经济贸易大学财政税务学院承办的"疫情期间财税政策研究与税收法制化论坛——暨第十四届中国税收筹划研究会年会"在武汉采用线上、线下相结合的方式隆重举行。第十一届、第十二届全国人大常委、财经委副主任、中国税收筹划研究会会长、国家税收法律研究基地首席专家郝如玉教授,湖北经济学院副校长鲁晓成教授,国务院参事、中央财经大学刘桓教授,全国政协委员、中国注册税务师协会副会长、尤尼泰税务师事务所总裁蓝逢辉,中国注册税务师协会副会长李林军,中国税务杂志社总编辑李万甫，国家法官学院副院长李晓民教授，首都经济贸易大学科研处长姚东旭教授，中国法学会财税法研究会副会长贾绍华教授，国家税收法律研究基地主任曹静韬教授，中国税收筹划研究会副会长兼秘书长丁芸教授以及来自全国高校、基层税务机关、税务师事务所等100余人参加本次年会。

2020年11月28日，西南政法大学商学院代表队参加了由中国高等教育学会高等财经教育分会举办、浙江衡信教育科技有限公司提供技术支持的2020年"衡信杯"全国税务技能大赛总决赛，并获得了一等奖。

2020年11月28日，河北经贸大学代表队在2020年"衡信杯"全国本科云端税务技能大赛总决赛中取得优异成绩。

2020年11月，吉林财经大学王君教授主持的国家精品在线开放课程（国家级"金课"）"国际税收网链上的舞者"，由教育部认定为国家级一流本科课程。

2020年11月，上海海关学院2019届税务硕士学生撰写的学位论文《CAFTA框架下关税减让对中国机电产品出口影响的实证研究》荣获"全国税务专业学位研究生教育指导委员会第四届全国优秀税务硕士学位论文"一等奖。

2020年12月4日至6日，由中国税收教育研究会和江西财经大学主办，财税与公共管理学院承办的中国税收教育研究会2020年年会暨第十四届学术研讨会在南昌召开。会议采取线上、线下方式进行。国家税务总局原副局长郝昭成，江西财经大学原党委书记王乔教授、副校长李春根教授，中国税收教育研究会会长李俊生教授，中央财经大学副校长马海涛教授，国家税务总局江西省税务局张建平总经济师等出席年会。来自武汉大学、中国人民大学、中国社会科学院大学、西安交通大学、山东大学、上海财经大学、中央财经大学、西南财经大学、暨南大学等62所高校及科研院所的代表140余人参加会议。会议开幕式由江西财经大学财税与公共管理学院院长张仲芳教授主持。江西财经大学副校长李春根教授、国家税务总局江西省税务局张建平总经济师、中国税收教育研究会会长李俊生教授、国家税务总局原副局长郝昭成分别致辞，中央财经大学副校长马海涛教授受李俊生会长委托作《中国税收教育研究会年会工作报告》。中国税收教育研究会2020换届工作会议由第二届副会长张松教授主持，副会长兼秘书长杨志清教授作《换届工作报告》，新任第三届中国税收教育研究会会长马海涛教授对新一届理事会的工作提出了设想，希望中国税收教育研究会各项工作不断取得新的发展。年会主题演讲环节由第三届中国税收教育研究会常务副会长兼秘书长樊勇教授主持，江西财经大学原党委书记王乔教授就"共和国税收征管70年"发表主题演讲，国家税务总局原副局长郝昭成、广东财经大学校长于海峰教授、上海财经大学朱为群教授、教育部财政学教执委秘书长、山东大学石绍宾教授分别就税收教育的新发展、数字化人才的培养、税务专硕课程教学模式、财政学类专业建设等作主旨发言。下午，大会分5个小组分别就《中国税务教育发展报告（2019—2020年）》、税收教育方法与改革、税收理论与税制改革等专题进行了深入的讨论与交流。会后，与会专家参观了江西财经大学中国税收票证博物馆。

2020年12月6日，浙江财经大学举办"税联网杯"全国大学生财税论坛。

2020年12月16日下午，国家税务总局原副局长、中国国际税收研究会会长郝昭成应邀为中国社会科学院大学2020级税务硕士作财税前沿专题讲座，讲座题目为"国际税收治理新格局的构建"。

2020年12月17日，山西财经大学财政与公共经济学院举办主题为"中国个人所得税改革历程与未来展望"的学术沙龙活动。

2020年12月18日至19日，浙江财经大学举办第三届全国本科院校税收风险管控案例大赛。其中，云南财经大学代表队、安徽财经大学代表队、吉林财经大学代表队、湖南大学代表队获一等奖，华中科技大学代表队获二等奖。

2020年12月22日，山东财经大学财政税务学院举行实务分享会议，邀请了大力税手法税团队发起人、大力税手网创始人、中翰中国税务集团合伙人郝龙航，就税务实践经验与当前税务热点进行了分享和报告。

2020年12月26日，第三届华北地区高校财税知识竞赛在内蒙古财经大学成功举办，内蒙古财经大学代表队取得二等奖。

2020年山东大学依据学校"立德树人、服务需求、提高质量、追求卓越"的要求，修订了税务专业硕士的培养方案。

2020年，南京财经大学税收学专业被评为"江苏省一流专业建设点"。

2019—2020年，山东大学本科专业分流后，2019年进入财政学（含税收）专业学习的学生共计40人；2020年进入财政学（含税收）专业学习的学生共计 62 人。税务专业硕士 2019 年招生 19 人，2020 年招生 20 人。毕业本科生和研究生的就业多数专业非常对口，近两年相关毕业生培养质量调查显示，用人单位对山东大学税务专业毕业生的满意度近年来一直保持在 95% 以上。

2019—2020 年，兰州财经大学开始招收税务专业硕士研究生，其中，2019 年共招收 22 人，2020 年共招收 30 人。

2019—2020 年，兰州财经大学税收学专业连续两年获批甘肃省一流专业建设点。

2019—2020 学年，广东财经大学税收学专业获国家一流专业建设点，税收学本科生招生 236 人，税务硕士招生 76 人，获批了与西澳大学联合的"税收学'3+1'本、硕连读国际实验班"项目并开始招生。目前，学院税收学专业及学术团队共 28 名专任教师。学院组织税收学专业编写国家级一流专业建设方案；安排并组织财政税务学院教师进行国家级一流课程和省级一流课程的建设和申报工作；财政税务学院申报了 11 项校级质量工程项目，其中税收学专业获得 4 项立项；疫情期间积极做好在线教学各项工作，保障线上教学与线下教学同质等效。

2020 年，中国人民大学财政金融学院税收学专业入选"2020 年度国家级一流本科专业建设点"。

2020 年初，上海海关学院税收学专业获批省级一流本科专业建设点。

2020 年，西安交通大学经济与金融学院与陕西省注册税务师协会签署产教融合战略合作协议，进而更有力推动税务师行业和有关高等院校产教融合工作的深入开展，促进育人和用人的有效结合，促进教育事业和涉税服务不断发展。

2020 年中国财政学会与中国知网联合举办"第四届财税知识网络答题竞赛"（2020 年 8 月 25 日—2021 年 3 月 25 日）和"财政业务知识学习月"活动（2020 年 9 月 1 日—2020 年 9 月 30 日）。

参考文献

[1] 祝智庭，魏非. 教育信息化 2.0：智能教育启程，智慧教育领航[J]. 电化教育研究，2018（9）.

[2] 郭文革. 在线教育研究的真问题究竟是什么——"苏格拉底陷阱"及其超越[J]. 教育研究，2020（9）.

[3] 王建华. 高等教育学的知识重建[J]. 厦门大学学报（哲学社会科学版），2020（5）.

[4] 付小华. "智"用信息技术，"慧"见课堂变革[J]. 教育科学论坛，2020（10）.

[5] 徐晓雄. 当技术遇到教育——教育与技术的互动方式解析[J]. 现代教育技术，2013（8）.

[6] 许文，施文波. 税收征管中的区块链技术应用：基于"不可能三角"的思考[J]. 财政科学，2019（2）.

[7] 黄荣怀，王运武等. 中国教育改革 40 年——教育信息化[M]. 科学出版社，2018.

[8] OECD 教育研究与创新中心主编，张怀浩译. 技术驱动，教育为本 技术革新教育的系统方法[M]. 华东师范大学出版社，2016.

[9] 托马斯·弗里德曼. 世界是平的[M]. 何帆等译. 湖南科学技术出版社，2015.

[10] 魏忠. 教育正悄悄发生一场革命[M]. 华东师范大学出版社，2014.

[11] 魏忠. 教育正悄悄发生一场怎样的革命[M]. 华东师范大学出版社，2016.

[12] 魏忠. 静悄悄的教育变革[M]. 华东师范大学出版社，2017.

［13］魏忠．智能时代的智慧教育［M］．华东师范大学出版社，2019．

［14］上海教育博览会组委会主编．互联网＋教育：教与学的变革［M］．华东师范大学出版社，2018．

［15］李俊生．中国税务教育发展报告（2017—2018年）［M］．中国财政经济出版社，2019．

［16］李俊生：中国税收教育大事记（1949—2018年）［M］．中国财政经济出版社，2019．

［17］李俊生．中国税务教育发展报告（1949—2012年）［M］．中国财政经济出版社，2013．

［18］李俊生．中国税务教育发展报告（2013—2014年）［M］．中国财政经济出版社，2015．

［19］李俊生．中国税务教育发展报告（2015—2016年）［M］．中国财政经济出版社，2017．

［20］李俊生．中国税务教育发展报告（2017—2018年）［M］．中国财政经济出版社，2019．

［21］国家税务总局．中国改革开放30年税收大事记（1978—2008年）［M］．中国税务出版社，2009．

［22］中国税收教育研究会．中国税收教育研究（2009）［M］．中国税务出版社，2010．

［23］中国税收教育研究会．中国税收教育研究（2013）［M］．中国税务出版社，2014．

［24］中国税收教育研究会．中国税收教育研究（2014）［M］．中国税务出版社，2015．

［25］国家税务总局．中华人民共和国税收大事记［M］．中国财政经济出版社，2012．

［26］国家税务总局．新中国税收70年［M］．中国税务出版社，2019．

后　　记

　　为了做好《中国税务教育发展报告（2019—2020年）》的编撰出版工作，遵照中国税收教育研究会的工作部署，2019年6月编委会在贵州财经大学召开了研讨会，初步确定了该报告的框架体系和编写大纲；同年11月，在广西财经学院召开的中国税收教育研究会2019年年会上进行了进一步研讨，明确了撰稿要求和完稿时间。2020年6月、10月分别在海南、北京召开线上撰稿座谈会，认真讨论了初稿，提出了具体的修改建议，并于2020年12月在江西财经大学召开的中国税收教育研究会2020年年会上，对编写大纲、报告主要内容进行了深入的研讨和交流。在此基础上，编委会又进行了修改补充，始得付梓面世。

　　总报告"新技术视角下的中国税务教育发展展望"由上海海关学院崔志坤教授主笔；分报告一"中国税务学历教育——税务专业学位研究生教育专题研究报告"由中国社会科学院大学李为人副教授和暨南大学余英副教授主笔；分报告二"中国税务公务员教育发展报告"由国家税务总局税务干部学院田建利副教授主笔，西北大学法学院研究生王雨彤参与了资料收集与部分内容的撰写工作；分报告三"中国税务服务执业教育发展报告"由首都经贸大学丁芸教授主笔；分报告四"纳税人社会宣传与教育发展报告"由北京工商大学郝琳琳教授主笔；专题研究报告一"中国税务教育的数字化转型：趋向及思考"由贵州财经大学杨杨教授主笔；专题研究报告二"中国税务教育70年：历程、成就与展望"由贾绍华、王鸿貌教授主笔；专题研究报告三"企业税务会计人员职业发展分析"由中央财经大学樊勇教授主持的课题组编写；附录"中国税务教育大事记（2019—2020年）"由王鸿貌、贾绍华、李为人、何杨教授组织西北大学硕士研究生李凌云、王雨彤，中国社会科学院大学硕士研究生何浩、马慧，中央财经大学硕士研究生鞠孟原、董名玉等分别整理。北京盈科律师（兰州）事务所主要合伙人、税法律师刘兵研究员，中央财经大学税收教育研究所学术秘书李旭，中国社会科学院大学硕士研究生王倩倩、李双莹参与了本报告部分章节的资料收集工作。中国税收教育研究会顾问、国家税务总局原副局长郝昭成，中国税务学会顾问、国家税务总局原副局长程法光，全国人大常委会第十一届、第十二届财经委员会副主任委员、国家税收法律研究基地首席专家郝如玉教授对进一步做好本报告的撰稿工作先后提出了重要的指导性意见。在此表示衷心的感谢！

本报告由中国税收教育研究会会长、中央财经大学党委常委、副校长马海涛教授担任主编并作序，由中国税收教育研究会副会长兼秘书长、中央财经大学财政税务学院党委书记樊勇教授和中央财经大学财政税务学院副院长、税收教育研究所所长何杨教授担任副主编。

本报告的编撰得到了中国税收教育研究会各理事单位的大力支持，这也是中国税收教育研究中各兄弟院校协同创新的重要研究成果。中国财政经济出版社在本报告的编辑出版方面鼎力相助，在此表示衷心的感谢！

《中国税务教育发展报告（2019—2020年）》肯定会有不尽如人意的缺憾，本报告的编撰需要不断更新理念，与时俱进。衷心期待本报告能得到更多社会各界人士，尤其是广大税务教育工作者、纳税人以及从事税收理论和实务研究的学者们的关注，并提出宝贵意见和建议，为不断推进我国税务教育事业的繁荣发展、推动我国教育事业的繁荣发展而不懈努力！

编者

2021年9月